Enno Johann Heinrich Tiaden

Das gelehrte Ost Friesland

Dritter Band

Enno Johann Heinrich Tiaden

Das gelehrte Ost Friesland
Dritter Band

ISBN/EAN: 9783743396104

Hergestellt in Europa, USA, Kanada, Australien, Japan

Cover: Foto ©ninafisch / pixelio.de

Weitere Bücher finden Sie auf **www.hansebooks.com**

ENNO JOHANN HEINRICH TIADEN.
*Königl. Preuß. Criminal und Resitenz Rath
in Aurich.
geboren den 18ten July 1722. gestorben den 3ten April 1761.*

Das Gelehrte Ostfriesland.

Musa vetat mori!
Horat. Carm. IV. Od. VIII.

Dritter Band.

Aurich, 1790.
Gedrukt bei Johann Hinrich Ludolph Borgeest,
Königl. Preußl. Ostfriesl. privil. Buchdrukker.

Haio Conring.

Gestorben 1666. den 31ten December.

Haio Conring ist den 18ten October 1616. gebohren, sein Vater war Joost Warner Conring, Landrentmeister der Grafschaft OstFriesland und seine Mutter M. H. aus der ansehnlichen Familie von Cankebehr, aus welcher auch Quirinus von Cankebehr Hofgerichts-Assessor vom Jahre 1625 — 1630 gewesen ist. Sein Gros-Vater war Warner Janßen Conring, Rathsherr unserer Stadt Norden, ein Bruder des Herrmann Conrings, Predigers zu Norden, des Vaters des Weltberühmten Herrmann Conrings zu Helmstädt, welcher also ein voller Vetter oder Bruders Sohn seines Vaters war.

Johannes Conring
Rathsherr zu Norden.

Warner Janssen Conring Rathsherr zu Norden.	**Herrmann Conring** Prediger zu Norden.
Joost Warner Conring Land-Rentmeister.	**Herrmann Conring** Professor zu Helmstädt.
Haio Conring Vice-Hofrichter.	

(1) Den ersten Grund seiner Wissenschaften wird er wol in Aurich oder in der Schule zu Norden geleget haben, woselbst er aber studiret hat, das ist mir völlig unbekannt, indes ist es wahrscheinlich, daß solches die Universität Helmstädt gewesen, woselbst er einen so berühmten Verwandten hatte. Auch ist mir unbekannt, auf welcher Universität er die Doctor-Würde erlanget hat.

In der ersten Zeit nach den academischen Studien hat er sich mit der Rechtspraxi beschäftiget, ist darauf im Jahre 1645. zu der Ehren-Stelle eines Hofgerichts-Beysitzers gelanget und im Jahre 1655. würklicher Vice-Hof-Richter geworden. (2) Dieser Conring ist ein

(1) Aus der mir von dem jetzigem Herrn Land-Rentmeister Conring mitgetheilten Stamm-Tafel der Familie.
(2) Ravingas Chronick in dem Anhang Seite 4. in der zweyten Columne.

ein Mann, welcher sich in seinem Vaterlande, nach dem Eppio, in der Juristischen Praxi vorzüglich ausgezeichnet und hervorgethan hat. Er war ein sorgfältiger Anmerker zweifelhafter und merkwürdiger Rechts=Fälle, ein richtiger und scharfsinniger Beurtheiler derselben und wenn ich mich kurtz und gut ausdrucken soll, der OstFriesische Lyncker. —— Nicht so trocken, sondern viel einnehmender, als Lyncker, jedoch in einer gedrungenen Kürtze schrieb dieser unser Conring 3 Bücher practischer Anmerkungen in Lateinischer Sprache, die theils gedrukt, theils noch ungedrukt vorhanden sind. Johann Friederich Pollmann, ein Edelmann aus der an Grönninger=Land liegenden Herrschaft Drenthe (3) hat von diesen rechtlichen Anmerkungen zwey Bücher im Jahre 1698 zu Grönningen abdrucken lassen und seinen Racemationibus ad Institutiones Juris angehänget; allein so fehlerhaft und unrichtig, wie fast nicht zu beschreiben ist.

Unrichtig ist es vorerst überhaupt, wenn er die beide Bücher lib. 1 und 2 nennet. Das erste Buch dieser Conringschen Anmerkungen ist niemalen gedrukt, und was Pollmann das erste nennet, solches ist das dritte, was aber bey ihm das zweyte ist, das ist auch würklich das zweyte.

Fehlerhaft auf eine ungemeine Art sind aber diese beyde Bücher, nemlich das 2te und 3te abgedrucket.

---

(3) Auf meinem Exemplar von *Pollmann Racemationibus ad Institut. Juris* ist unter dem Namen und den Worten *Nobile Drensino* beygeschrieben, *In Garnewehr, Balckewehr & Dammona Capitale.* Ferner ist nach den Worten *& iam pridem Seniore Senatore Emdensium post autblatum autem Consulatus sui Decennium mort.* Consul. Emd. Sen.

Pollmann muß eine schlechte und unvollständige Handschrift gehabt haben. — Keine einzige der Observationen ist richtig abgedruckt, zum Theil sind sie auch nicht mal in den Rubriken derselben richtig, ja es gibt einige derselben, welche nicht bloß Schreib- oder andere Fehler an sich haben, sondern woraus gantze Stellen ausgelassen sind. Alle Fehler des gedachten Abdrucks der beiden Bücher anzuzeigen, das wäre zu weitläuftig; ein Beyspiel von einer mangelhaften Observation will ich doch anführen. Bey der Obs. 39. lib. 2. fehlet folgendes:

In causa Johann Eyben contra Gossel und Becke Burmans ubi dictus Eyben à Senatus Emd. Sententia 27 Jan. 1657. appellaverat, processus v. 15. Aprilis qui erat dies Mercury appellatis insinuati erant itaque 29 ejusd. mensis reproduci o. poterant, quo tempore fatalia elapsa erant, cum n. processibus 22 Apr. reproductis Beylage comparuisset & supplicationis loco gravaminum repetitæ copiam petyisset, desertionis non fuit habita ratio, ita decisum 20 Januar. 1658. quod si post elapsa fatalia reproductio fiat & ideo vel etiam ex inde quod citatio justo tempore insinuata o. sit appellatio deserta sit o. nocet comparitio sed etiam ex officio attenditur desertio. In Sachen Tammen Ayelts contra Haye Focken &c. ubi citatio ad recessum 7 Jan. 1663. insin. d. 14 ejusd. reproducta erat petitum proclama suit denegatum.

Bey der wichtigen Observation von der OstFriesischen Erbfolge der Schwester mit den Brüdern in den Gütern

tern eines verstorbenen Bruders Obs. 77. ist ausgelassen:

haec extensio eam quae pagina sequenti posita e. sequi debet & intelligenda, quod eo casu quo in successione parentum praerogativa duplicis portionis prohibita, talis prohibitio adhereditatem fratris non extendatur, licet frater bona, quae ipsi a parentibus obvenerunt, tempore mortis suae cum fratribus pro indiviso possederit.

Falsche Rubricken: 71. de Appellatione in Land-Sachen muß heissen Land-Gerichts-Sachen, in der 75sten ist ausgeblieben das Wort ipsum, in der 86sten ausgeblieben, die Worte in causis, in der 44sten lib. 2. das Wort matris &c. und die 45ste Observ. lib. 1. (eigentlich lib. 3.) ist gantz ausgeblieben; im übrigen aber ist keine einzige Observation vorhanden, worin nicht theils Worte fehlen, theils unrichtig gesetzet sind.

Uebrigens kann ich nicht umhin, aus den Observationen, welche die Formalien des Prozesses betreffen, ein paar sonderbare Merkwürdigkeiten mitzutheilen.

In vorigen und damaligen Zeiten konte nicht allein die Parthey verlangen, daß die Acten zur Abfassung des Spruchs Rechtens an eine Juristen-Facultät, oder an einen Schöppen-Stuhl versandt werden möchten, sondern sie konte auch wider einige Universitäten protestiren, verlangend, daß an diese oder jene die Acten nicht gesandt werden möchten. Nicht minder konten die Partheyen nach denen Landes-Verträgen (4) verlangen, daß die Acten an 6 oder 7 inländische Rechts-Gelahrte verschicket werden möchten.

Im Jahre 1656. wurde in Sachen Procuratoris generalis (oder wie es jetzo heist Fisci) contra Hero Moritz von Closter Verschikkung der Acten von dem Fiscal verlanget und zwar nicht an inländische Rechts-Gelahrte, sondern an

"Licentiat Hagemeyer, Gräfl. Oldenburgischen "Rath,
"den Professor Gerhard Kock zu Grönningen,
"den Doctor Nikolas Drachter,

es wandte aber der Herr von Closter dawider ein, daß nach dem 25ten §. des Osterhus. Accordes es einländische Rechts-Gelehrte seyn müsten. — Welches auch so erkannt wurde. (5)

Noch schöner! —

Im Jahre 1661 verlangte in Sachen Coop Lüpckes uxorio nomine contra Jelsche Remmers und Consorten, nun Tobias Bockelmann, wider gedachten Coop Lüpckes der Bockelmannsche Sachwalter Verschickung der Acten, welche auch bewilliget und erkannt wurde, er kam nachhero mit seinem Memorial ein, worin er anzeigen muste, wider welche Universitäten er exipirte. Er protestirte aber darin nicht blos wider einige Universitäten, sondern
   wider alle Universitäten des ganzen Heilig. Römischen Reichs Teutscher Nation

und

(4) Osterhus. Accord. Ostfr. Hist. *Tom.* 2. *Lib.* 1. No. 47. S. 359.
(5) *Obs.* 126.

und begehrete, daß die Acta in die Niederlande verschicket werden möchten. Es ist leicht zu erachten, daß dieses übertriebene und muthwillige Gesuch abgeschlagen wurde. (6)

Die Nachwelt kann hieraus sehen, wie schändlich man in vorigen Zeiten hier zu Lande die Processe in Verzögerungen und Weitläuftigkeiten verwickelt, ja offenbaren Muthwillen damit getrieben habe.

Gar habe ich in den alten Acten
    in Sachen Bürger=Meisters Hinrich Rocus
    & consf. contra Gerjet Tonies ꝛc.
gefunden, daß über die Frage, ob der Advocat das Juramentum Calumniæ abzustatten schuldig sey, oder nicht? am Hof=Gericht der Proceß gantze 20 Jahre hingehalten worden. Unglaublich wird dieses vielleicht einem jeden vorkommen, allein die Acta zeigen es, wenn man sich die Mühe geben will, solche nachzusehen.

Die noch heutiges Tages brauchbare Rechts=Anmerkungen unsers Conring betreffen vorzüglich die Erbfolge nach unsern statutarischen Rechten, den Pflicht=Theil der Eltern, den doppelten Theil der Söhne, Ehegewinst und Eheverlust, die Beheerdischheiten, das Mäher=Recht, Land=Pacht, Zerreissung der Heerde und andere beträchtliche Materien.

Dieser berühmte Rechts=Gelahrte ist am 31ten December 1666 verstorben.

A 5   Jodo-

──────────
(6) Obs. 244.

Jodocus Edzards von Glan.

Gestorben den 24ten März 1667.

Jodocus Edzards ist in Ost-Friesland und zwar zu Tettens in der Herrschaft Jever den 24ten März 1595 gebohren. Sein Vater war Edzard Ludolff von Nitdoch, Prediger zu Tettens und seine Mutter Dorethea von Glan, eine Tochter des Jodocus von Glan, (1) der Anfangs Prediger zu Bremen, nachhero, weiln er im Jahre 1582 von den Reformirten von da vertrieben wurde, (2) Prediger zu Hohenkirchen in Jeverland und zuletzt Superintendent der gantzen Herrschaft Jever war.

Schon in seiner zarten Jugend, in dem 5ten Jahre seines Alters verlohr er seinen Vater; es sorgete aber sein Mütterlicher Gros-Vater, der Superintendent von Glan, für seine Erziehung, daher er auch nachhero den Namen von Glan, oder lateinisch Glanäus annahm.

Den ersten Unterricht erhielt er in der Stadt-Schule zu Jever, wie er aber etwas weiter herangewachsen und unterdessen sein Gros-Vater verstorben war, nahm Johann Glaser, erst zu Ovelgünne, damals aber an seinem Geburths-Ort Tettens Prediger, sich seiner an, und schickte ihn auf die Schule zu Celle, woselbst er bis zum Jahre 1615 blieb.

Von

---

(1) Dieses Geschlecht blühet noch jetzo in Ost-Friesland.

(2) *Moller in Crimbria litterata Tom.* 2. pag. 181.

Von hier ging er, mit dessen und seines Oheims Lubberts von Glan Vorwissen und Genehmigung, nach Hamburg, woselbst damals kurtz vorhero das noch jetzt blühende Gymnasium angeleget war. Hier erlangte er bald den Prediger an der Nicolai Kirche, Nicolaus Hardkopf (Communem exterorum & sigillatim Frisiorum Patronum (3)) und andere vortrefliche Männer zu Gönnern. Als er nun hier mit dem besten Vergnügen studirete, traf ihn das Unglük, daß das Haus, worin er wohnete, in einer Feuersbrunst aufging, wodurch er um seinen Bücher-Vorrath und um alle seine Hefte kam; dieses störete aber seinen Fleiß gar nicht, daß er vielmehr noch in demselben Jahre unter Laurembergs Vorsitz eine öffentliche Dissertation de Tactu hielte.

Um Ostern 1617 begab er sich auf die Universität Wittenberg, woselbst er unter Jacob Martini, Balthasar Meisner, Friderich Balduin, Wolfgang Frantzius und Nicolaus Hunnius die philosophische, philologische und theologische Wissenschaften studirete, lag aber in dem zweyten halben Jahre gantze 6 Wochen an einem sehr heftigem und auszehrendem Fieber krank darnieder, erholete sich jedoch bald. Kaum hatte er daselbst 2 Jahre studiret, als er seinen Lehrer, Professor Frantzius bat, ihm einmal die Erlaubnis zu predigen zu geben. Frantzius frug mit einer herben Miene: Wolt ihr predigen? Was wolt ihr denn predigen? Gottes Wort, antwortete er, nach meinem Vermögen!

(3) *Joh. Alb. Fabricius Memoriæ Hamburgenses Tom. 2.* (Hamburg 1690 in 8.) Seite 1021; woselbst überhaupt unsers Edzardo Leben am vollständigsten vorhanden ist.

mögen! Er gab ihm darauf die Bibel und zeigte ihm einen schweren Text, den er nicht allein paraphrasiren, sondern auch aus dem Grund-Text erklären und mit allen Folgen der darin enthaltenen Lehren zur Anwendung bringen solte. Diß that er aus dem Stegereif und Franzius erwiederte mit überraschter Freudigkeit: Nun ihr solt predigen!

Auf dieser Universität nahm er im Jahre 1620 die Magister-Würde an und unter denen damaligen 32 Candidaten dieser Würde, (4) wurde ihm die erste Stelle ertheilet. Von da begab er sich im Monat August nach Magdeburg, woselbst er sich, so wie auch nachhero zu Oldenburg und dann wiederum von neuem zu Hamburg bis zum Jahre 1624 aufgehalten hat.

In diesem Jahre 1624 bekam er einen Beruf, als Prediger, nach der Insul Billwerder an der Elbe und bald darauf, nemlich 1626, nach Hamburg, als Prediger an der Michaelis Kirche in der Neustadt, woselbst er am 11ten September durch seinen alten Gönner Nicolaus Hardkopf in sein Amt eingeführet wurde. (5)

Hier hatte er in dem Pest-Jahre 1628 einen harten Stand. Die Pest griff überall um sich, er muste die Kranken besuchen und das Abendmahl austheilen, es starben blos in seinem Kirchspiel 4200 Menschen, seine eigene Familie blieb von der Seuche nicht verschonet; er selbst aber konte bey vollenkommener Gesundheit seine Amts-Verrichtungen wahrnehmen.

Wie

(4) *Fabricius memoria citat.* Hamb. pag. 1024.
(5) Ebendaselbst Seite 1025.

Wie Hamburg bald nachhero und zur Zeit des Anfangs des dreissigjährigen Krieges zugenommen und welchen Wachsthum diese grosse Stadt in der Handlung und in der Volksmenge von solcher Zeit an erlanget habe, solches ist aus der Staats-Geschichte Deutschlandes bekannt. Dieser zunehmende Flor der Stadt und der Wachsthum der Bevölkerung verbreitete sich in der Parochie der Michaelis-Kirche von Zeit zu Zeit dermassen, daß die Kirche die Zuhörer nicht fassen konte. Die Predigten musten mit offenen Fenstern gehalten werden, ein grosser Theil muste auf dem Kirchhofe bleiben, und wie dieses von Jahr zu Jahr weiter ging, dergestalt, daß die Eltern ihre Kinder und Gesinde des Sonntags aus der Kirche und zu Hause halten musten, diese indes unter der Predigt auf den Gassen herumliefen und Muthwillen trieben, auch die Catholiken, Mennoniten und Reformirte die Leute an sich zu locken suchten; so nahm endlich im Jahre 1646 Edzards sich der gemeinen Sache an und betrieb es bey den Oberen der Stadt mit unablässigem Eifer, daß eine neue grössere Kirche gebauet werden muste, ja er hielt darüber eine öffentliche Predigt, welche auch gedrukt ist. Im Jahre 1649 wurde der erste Stein zu dieser neuen Kirche geleget (6) und im Jahre 1661 wurde sie fertig und mit vielen Solemnitäten eingeweihet. Bey beiden Gelegenheiten hielt er feyerliche Predigten. Das erstemal über Esaias Cap. 58, Vers 12 und das zweytemal über Psalm 84.

Die Pest brach im Jahre 1664 von neuem in Hamburg aus. Edzards lag dabey seinen Amts-Verrich-

---

(6) Die dabey vorgefallene Feyerlichkeiten erzählet Fabricius Seite 894.

richtungen in Besuchung und Bedienung der Kranken
ununterbrochen ob, als er aber einst von der Cantzel
kam und einen jungen Menschen besuchte, sagte dieser
zu ihm: Mein Herr, ich liege an der Pest krank; er
blieb unerschrocken, tröstete ihn und versprach ihm,
bald wiederzukommen und ihm das heil. Abendmahl
zu reichen, er war aber kaum zu Hause gekommen, als
er schon selbst an der Pest bettlägerig wurde, er wurde
jedoch glüklich wieder hergestellet.

Von Hamburg ist er nie weggekommen, sondern
hat daselbst 40 Jahre das Predigt-Amt verwaltet,
viele Juden, Türken ꝛc. zur Christlichen Religion be-
kehret und überhaupt viel gutes gestiftet. Er starb
an seinem Geburts-Tage den 24ten März des Jahres
1676 in dem hohen Alter von 72 Jahren und liegt
in dem Chor der Michaelis-Kirche vor dem Altar begraben.

Er hat sich schon frühzeitig im Jahre 1624 mit
Barbara Graveley aus einer vornehmen Hamburgi-
schen Familie verheyrathet, aus welcher Ehe ihm ein
Sohn, Esra (oder Edzard) übrig geblieben ist, welcher sich in der gelehrten Welt gar sehr berühmt gemachet hat. (7)

Seine Schriften sind:
1) Disputatio de Tactu Præside Laurembergio
   Hamburgi 1616. in 4to.

2) De

(7) Seine Lebens-Beschreibung hat Fabricius ebenfalls
mitgetheilet am angezogenem Orte Seite 1633 ꝛc.

2) De mediis interpretandi S. Scripturam, Præside Martini. Wittemberg. 1619. in 4to.
Ist nachhero dem 1sten Bande der Dissertatt. Theolog. Wittenberg. einverleibet.

3) Nothwehre für die Kinder-Taufe, welche die Wieder-Taufer den Kindern wehren, den Mündigen zweyfelhafftig machen und eine gefährliche Wieder-Taufferey anrichten, in zwey Theilen, darinnen unsere Beweisthume für die Kinder-Tauffe wider sie verthädiget, ihre aber hergegen widerlegt werden, mit einer ausführlichen Vorrede von der gantzen Wiedertaufferischen Schwermerey auch ihren eigenen Büchern verfaßet. In Verlegung Tobias Güntermann. Anno 1636. in 8.

4) Feuer-Predigt, darinn gehandelt wird, was von denen, in dieser guten Stadt, unlängst bey den offtmals entstandenen Feuers-Brünsten zu halten, und was hinferner zu Abwendung deroselben in Acht zu nehmen vonnöthen sey. Gehalten am XX Sontage nach Trinitat. über dem Evangelischen Spruch, der Herr zündet ihre Stadt an, in der Kirchen S. Michaelis, und auf etlicher Busbeyfrigen Begehren in Druk gegeben, Anno 1637. bey Jacob Rebenlein in 4.

5) Lutherischer Wiederhall, das ist, warhaffter und gründlicher Bericht vom Ursprung der Streitigkeiten in Religions-Sachen, zwischen den Lutherischen und den Calvinisten, und worauf dieselben noch beruhen: Alle der Evangelischen Warheit liebenden Einfältigen zur gründlichen Nachrichtung, dem Baselerschen Hall, das ist, ungründlichem

lichem Bericht eines Nahmlosen Calvinisten gerad entgegen gangen. Gedrukt bey Rebenlein Anno 1643 in 12.

6) Tempel-Predigt Haggai erkläret und wiederhólet, die Christliche Gemeine in der Neüen- oder Vor-Stadt, und anderer Christliebender Hertzen anzumahnen, dem Herrn Salvatori daselbst sein Haus zu bauen, gehalten am Sonntage Quasimodogeniti Anno 1646. 5 Aprilis. Gedrukt bey Henrich Wernern. in 4.

7) Dehmüthige kurtze Erinnerung der Einwohner der neuen Stadt an die gantze Christliche Gemeine der löblichen Stadt Hamburg, um Hülffe und milde Handbietung dem Salvatori der Welt zu Ehren ein Haus und Kirche daselbst zu bauen. Gedrukt bey Hinrich Wernern. 1647. 4.

8) Grundlegungs-Predigt, da der erste Stein zur neuen Kirchen in der Neüen-Stadt Hamburg gelegt worden, welche dem großen Nahmen des heiligen Michaelis, des Gros-Fürsten, und lebendigen Sohnes Gottes zu Ehren soll gebauet und consecriret werden. Gehalten in der Versamlung vieler tausend Menschen in der alt S. Michaelis Kirchen, am 26ten Tage Monaths April Anno 1649. Gedrukt bey Heinrich Wernern sel. Witwe. 4.

9) Geistliches Bad-Tuch den neuen Wiedertaufferischen Tauchern, welche nach des falsch genannten Pontani und dessen Vermehrers des Mehrnings Lehre, an der Besprengung oder Begießung in empfangener Tauffe in tieffen Ströhmen oder Fisch-Teichen durch Ein- oder Untertauchung vorhaben,

haben, zur Abtrokuung, und andern Einfältigen zur Warnung, zugerichtet an den Fest-Tagen der Heyl. Dreyfaltigkeit und S. Johannis in zwo Predigten, gehalten in S. Michaelis Kirchen in Hamburg. Gedrukt 1651 bey Georg Papen.

In der Handschrift hat er hinterlassen viele Bände Predigten, worin er den ganzen Psalter, den Propheten Zephanias, die Epistel Pauli an die Römer und andere Bücher der heil. Schrift erkläret hat.

Jodocus Edzards scheinet ein sehr gelehrter Mann und von einem vortreflichem Hertzen gewesen zu seyn, wobey er für die Grundsätze seiner Kirche mit vielem Eifer gearbeitet hat. Ich kann ihn, ohne von ihm etwas weiter zu sagen, sicher verlassen, wenn ich nur noch sein Epitaphium hieher setze, welches ihm in dem Chor der Michaelis Kirche gestiftet ist.

D. O. M. S.
Adm. Rev. & clarissimus Vir
Dominus
M. Jodocus Edzardi Glaneus,
Auctor huius templi & primus Pastor cum Ecclesiæ huic summa fide dextraque dexteritate per XL annos præfuisset, & raro exemplo per spiritus sancti gratiam, Turcam, Aethiopem, Judæos non paucos, multosque alios antidiatidemenos, Christo Salvatori suo lucri fecisset, hic ante Altare

tare cum fideliſſ. Coniuge Barbara Graveleia
reſurrectionem exſpectat Obiit A. Dn. 1667.
XXIV ætatis LXXII.
Parenti opt. mer. poſ. filius Esdras Edzardus
S. Th. L.
Haggæum ſpectas & noſtri temporis Esdram:
Hic templi primus Paſtor & autor erat. (8)

Meno

(8) *l. Ab. Fabricii Memoriæ Hamburgenſ. Tom. 2.* von
Seite 1020 bis 1032. *Moller Cimbr. litterat.*
Tom. 2. pag. 181. ſq.

Meno Hanneken.

Gestorben den 17ten Februar 1671.

Menno oder Meene Hanneken ist den 1 März des Jahres 1595 in Buttjabingerland in dem Dorfe Blexen (1) gebohren. Seine Eltern waren Gerhard, 40jähriger Prediger daselbst und seine Mutter Tette oder Theda, des Predigers Ulrich Mennen, Gräflich Oldenburgischen Consistorial-Raths und vormaligen Predigers an eben dem Orte Tochter. Schon sein Gros-Vater Gerhard und sein Elter-Vater Tilemann Hanneken waren in dasiger Gegend und zu Varel Prediger gewesen.

Sein Vater schikte ihn zuerst nach Bremen in die Schule, weiln er aber bemerkte, daß die dasige Lehrer seinem

---

(1) Blexen ist ein uraltes und in unserer Geschichte sehr merkwürdiges Dorf. Der erste Christliche Bischof, welchen Kaiser Carl der Grosse denen Friesen bestellet hatte, Willehad, ist in diesem Dorfe im Jahre 790. verstorben und begraben. *Ubb. Emmius Rer. Fris. lib.* 4. *pag.* 66. *Winckelmann Notis. Veteris Westphal. cap.* 5. *num.* 47. 48. *pag.* 281. Auch ist an diesem Orte im Jahre 1368 eine für die Bremer und Oldenburger unglükliche Schlacht mit den Friesen vorgefallen. *Cæsa est magna manus Nobilium cum Bremensibus a Rustringis Frisonibus in Blexen. Albert Cranzius, Emmius,* Hamelmann an denen bey Winckelmann angeführten Oertern.

Hic natus est, fähret Winckelmann Seite 282 num. 53 weiter fort, *Meno Hannekenius, SS. Theolog. D., olim Professor Marpurgensis, iam Superintendens Lubecæ, Vir Clarissimus, Moribus, Vita & doctrina valde venerabilis, orientalium linguarum peritissimus, Amicus & Fautor meus.*

seinem Sohne Grundsätze der reformirten Religion bey=
brachten, nahm er ihn von da weg und schikte ihn nach
Stade. Auf dieser Schule brachte er 7 Jahre mit
allem Fleis zu, begab sich aber im Jahre 1614 wie=
derum nach Bremen auf das dasige Gymnasium, wel=
ches damals wegen der berühmten Männer, Mathias
Martinius und anderer im grossen Ruf stund. Zur
Universität erwählete er Giessen, woselbst er vom Jah=
re 1617 — 1619 unter Balthasar Mentzer die Got=
tes=Gelahrheit studirete.

Nach geendigten Universitäts=Studien wurde er
alsbald (1619) Conrector zu Oldenburg, hielt aber
daselbst nicht lange aus, sondern ging nach Verlauf
von ein paar Jahren nach Wittenberg, um seine theo=
logische Kenntnisse weiter auszubreiten. Hier wandte
er sich an Nicolaus Hunnius, der sein Lehrer wurde
und ihn in sein Haus aufnahm. Dabey ließ er es aber
nicht bewenden. Von Wittenberg ging er weiter und
besuchte die Universitäten Leipzig, Altdorff, Tübingen
und Basel, machte mit den grösten Gelehrten auf die=
sen hohen Schulen sich bekannt und setzte sich in den
orientalischen Sprachen feste, worauf er nach Straß=
burg ging, sich daselbst 3 Jahre aufhielt und sich be=
rühmt zu machen anfing, dergestalt, daß ihm daselbst
1625 der Lehr=Stuhl in den orientalischen Sprachen,
nebst einem Predigt=Amt angeboten wurde, welches er
aber ausschlug, weiln sein ehemaliger Lehrer Mentzer
ihn zu etwas anders empfohlen hatte.

Im Jahre 1626 erhielt er einen Beruf als Pro=
fessor der Moral nach Marpurg, das war die Stelle,
wozu Mentzer ihn bey dem Land=Grafen Ludwig vor=
geschla=

geschlagen hatte. In dem ersten Jubel=Jahre dieser Universität 1627 nahm er also hier die Doctor=Würde an, ward darauf Stadt=Prediger, Professor der Gottes=Gelahrheit und der Hebräischen Sprache daselbst.

Im Jahre 1633 bekam er den Ruf als Stadt=Prediger an der Cathrinen Kirche zu Hamburg. Hunnius rieth ihm, diesem Beruf zu folgen, allein, als der Land=Graf ihn in einem eigenhändigem Schreiben ersuchte, seine Universität nicht zu verlassen, sondern daselbst beständig zu bleiben, schlug er sowol diesen Beruf, als auch diejenige, so im Jahre 1636 aus seinem Vaterlande von Jever, Knyphausen an ihn ergingen, aus; wie aber im Jahre 1646 von Lübeck an ihn zum General=Superintendenten, an seines Lehrers des Nicolaus Hunnius Statt, der Ruf erfolgte und durch den damaligen 30jährigen Krieg das Hessen=Land sehr mitgenommen war, der Land=Graf ihm den Abzug von seiner Universität also nicht füglich versagen konte, nahm er diesen Ruf an.

In diesem Dienst hat er sich sehr eifrig für die Lutherische Religions=Parthey gezeiget. Diese Reichs=Stadt Lübeck war damals voller Schismatiker, Socinianer und dergleichen Schwärmer, welche heimliche Zusammenkünfte hielten, in denen Männer und Weiber predigten, auch die heilige Sacramente verwalteten, welchen er sich mit allen Kräften widersetzte, die Verbreitung ihrer Irrthümer und Anhänger auszurotten suchte, auch dafür sorgte, daß die reformirte Religions=Parthey vor der lutherischen nicht die Oberhand bekam. Bey allen diesen Handlungen verfuhr er aber nicht mit dem Bannstrahl und mit der dictatorischen

Gewalt eines Calovius, sondern hörete einen jeden, mischte sich auch nicht in Streitigkeiten an fremden Orten, allein in seinem Lübeck war er mit Ernst darauf aus, die Orthodoxie des Lutherthums ungekränkt zu erhalten.

Er hat nur in einer Ehe mit Justina Eleonora, einer Tochter seines Lehrers, des Professors Balthasar Mentzers, und zwar 41 Jahr lang, gelebet, aus welcher ihm drey Söhne, Balthasar Meno, Nicolaus und Philip Ludewig, von welchen der erste ein berühmter Arzt zu Hamburg gewesen, die übrige beide aber sich in der gelehrten Welt berühmt gemachet und besonders der letztere sehr viele Schriften hinterlassen hat. (2) Er starb den 17. Februar 1671 an einer Colic.

Aus seiner Schule sind die vortreflichste Männer gekommen, ein Dannhauer, Schupp, Hülsemann, und andere. Sein Bildnis hängt vor dem Chore in der Marien-Kirche zu Lübeck. Sein Leben ist von sehr vielen: Abr. Tribbechov, Doctor Rudrauv, Herrmann Nottelmann, Herrmann Lebermann, Georg Henrich Goeze, Witten, Maccius, Erdmann Uhsen und in dem Buddelschen historischen Lexicon, am vollständigsten aber von Moller in *Cimbria literata* (3) beschrieben, woraus ich diesen Artikel genommen habe. Auf sein Absterben verfertigten viele Gelehrte Trauer-Gedichte. Abraham Calovius schrieb folgendes:

Anti-

(2) Das Leben derselben stehet in Mollers *Cimbria litterata* Tom. 2. von Seite 279 bis 284.

(3) In der angeführten *Cimbria litterar.* Tom. 2. Seite 274.

Antistes tibi magnus erat, præluftre, Lubeca
Res inter publicas gloria prima, decus,
Hanckenius noster, quo non antiquior ullus

und Samuel Benedict Carpzov machte ihm folgendes Epitaphium:

Quem nemo exactis Doctor superaverat annis,
Quo meritis maior nemo priorve fuit,
Hic iacet extinctus sacris Entellus in armis,
Hac cestum, hac posuit pulchra trophæa scobe.

Er hat viele Schriften hinterlassen. Die vornehmste derselben sind:

Scutum Veritatis Catholicæ contra Thomam. Henrici Præside Froereisenio, Prof. Theol. Argentinenf., Argent. 1625. Von neuem aufgelegt 1645. in 4to.

Synopsis Theologiæ, qua vera & orthodoxa sententia de omnibus & singulis Christianæ religionis articulis, eiusque solida fundamenta, e S. scriptura proponuntur. Marp. 1629. in 4.

Expositio Epistolæ Pauli ad Ephesios, cum doctrinis theoreticis & practicis, & singulis capitibus derivatis. Marpurg. 1630. in 4.

Doctrina de iustificatione hominis coram Deo, contra Pontificiorum, inprimis Bellarmini, Becani & Sanderi sophisticationes, XII Disputationibus proposita. Marpurg. 1634. in 4.

Grammatica Hebræa, fiue Tabulæ synopticæ Grammaticæ & radicum hebraicarum in Academia Marpurgensi propositæ.
    Marpurg. 1640 in 4.
    Lubecæ 1660 in fol.
    Francofurt. 1676. in 4.

Examen manualis Catholici Martini Becani, de S. scriptura & traditionibus Pontificiorum, ad normam S. Scripturæ institutum. Marpurg. 1637.

Jerenicum Catholico-Evangelicum, oder allgemeiner recht Christlicher Religions-Friede, das ist Evangelische Probe des Jerenici Catholici Thomæ Henrici, Bischofen zu Chrysopoli, ob, und wie weit der Augspurgischen Confessions-Verwandte mit der heutigen Römischen Kirche zu einem Gott wohlgefälligen Religions-Frieden in Glaubens-Sachen sich mit einem guten Gewißen vereinigen können. Lubeck 1663. in 4.

Geistliches güldenes Kleinod und Glaubens-Triumph S. Pauli in sechs Predigten über Römer VIII. v. 28. ausgelegt und dem Calvinisten Theophilo Neubergern entgegen gesetzet. Marp. 1635. in 4.

Catechismus-Uebung, wie der kleine Catechismus D. Martin. Lutheri durch kurtze einfältige Fragen in den Kirchen und Schulen der Stadt Lübeck getrieben werden soll. Samt kurtzen Unterricht, wie sich die Christen zur Beichte und heil. Abendmahl recht schicken sollen. Lübeck. 1648. 1656. 1668. 1650. 1654. in 8.

Christ-

Christliche Probe der neuen Schwärmerey, da etliche Manns- und Weibes-Persohnen eigene kleine Zusammenkünffte halten, darinne nicht alleine unberuffene Männer, sondern auch Weiber das H. Abendmahl austheilen, welche Thomas Tanto in einer gedrukten Chartecke zu verthädigen sich unterstanden hat. Lubeck 1669 in 8. imgleichen 1692.

Theologisches Bedenken, ob der Stadt Lübec zu rathen, daß sie zu Beförderung des Commercii und zeitlicher Nahrung fremde jedoch im Römischen Reiche zugelassener Religions-Verwandte aufnehmen solle. Gestellet durch das Predigt-Amt daselbst. Lübeck 1670. in 4to.

Viele andere Dissertationen, Episteln, Leichen-Reden, auch hat er in der Handschrift hinterlassen:

Annotationes in novum Testamentum Bezæ.

Anmerkungen über das Glaubens-Bekänntnis der Socinianer.

Responsa Theologica varia.

 Meno Hanneken war ein Mann von langer schöner Leibes-Bildung, von heiterem und lebhaftem Verstande. (4) Die Ernsthaftigkeit seines Lehrers Hunnius verband er mit der Freundlichkeit und Klugheit seines andern Lehrers und Schwieger-Vaters, Balthasar

---

(4) *Natura ipsi donaverat*, sagt mein Schriftsteller, *habitum corporis procerum & eleganti membrorum symmetria commendabilem ingenium vero perspicax & vividum, admiratum iam a primis ipsius Praeceptoribus.* Moller Seite 274.

sar Mentzers. Er predigte populär und in seinen Schriften wider die Catholiken enthielt er sich aller Schimpfwörter. Er besuchte fleiſſig die Schulen. Das Chaldäische, Arabische, Syrische lernete er von selbst und unterrichtete auch gerne andere darin. Er las auch die Rabbinen fleiſſig. Er führete ein überaus exemplarisch Leben; (in terris ita vixit, quasi esset in coelis, inter homines, quasi esset apud Deum, ut, si prisca illum secula tulissent — nunquam a regia veritatis via digressus, non ad similitudinem aliorum, sed ad rationem, compositus, nec quo itur, sed qua eundum, pergere solitus) und um die Lutherische Religion hat er das Verdienst, daß dieselbe in der groſſen und vornehmen Reichs-Stadt Lübeck die herrschende geblieben ist. (5)

So, wie die ganze gelehrte Welt der Gelehrsamkeit und der Würde dieses Mannes Hochachtung schuldig ist und bleibet; so schreibet der gelehrte Johann Hinrich

---

(5) *Doctrinæ Lutheranæ* assertor illic fuit constantissimus, suaque Senatum autoritate permovit, ut & Socini aseclæ, qui in urbem petebant admitti, eoque sine fidei suæ exhibuerant Confessionem, aris sociisque prohiberetur & Reformatis non exercitio solum sacrorum, quo per Septennium, Magistratu Connivente, gavisi erant, domestico, sed urbem etiam ipsa ac ditione illius universa Anno 1673 biennio post ipsius obitum interdiceretur. Pari Zelo coetus Fanaticorum privatos, in quibus non viri solum illiterati, sed & mulieres scripturam interpretabantur, ac symbola distribuebant eucharistica, post gradus admonitionum observatos, Magistratus auxilio, aliquot ante obitum annis, dissipavit, patronosque istorum Thom. Tanzovium & Jac. Tankium scripto confutavit publico.

Hinrich a Seelen in seinen Miscellaneen (6) gewiß vollkommen mit Recht von ihm:

> In eiusdem (Nicolai Hunnii) gloriæ societatem se offerre poteſt, qui ſimili præſtantia, eademque ſummorum meritorum magnitudine quam maxime inclaruit, *Meno Hannekenius*, Sacrorum Lubecenſium Ephorus nulli ſecundus — Gratulor tibi (Lübeca) (7) magnum decus, quod magni nominis, magnorumque meritorum præſules conciliaverunt. Celebraris iure propter Hermannum Bonnum. — Nomen tuum amplificavit Valentinus Curtius. — Ornavit te Andreas Povchenius. — Ad laudem tibi valet & perennem gloriam, quod habueris Nicolaum Hunnium, *habueris Menonem Hannekenium*, habueris Samuelem Pomarium, habueris Auguſtum Pfeifferum, *Theologos, qui ſunt tota Dei civitate ſumma propter ſumma merita honore ac nomine!*

Nico=

---

(6) *Miscellanea, quibus Commentationes varii argumenti, Sacri, Philolog., Hiſtor., Antiquarii, Litterarii continentur* (Lübec. 1734 — 1739. in 8.) *Pars. 3. Num. 5. pag. 77. sq.*

(7) Ebendaselbst Seite 132.

Nicolaus Gerlach von Freese,

aus dem Geschlecht der Häuptlinge zu Hinthe.

Gestorben den 26ten August 1674.

Claes Garrelt Freese, das ist sein eigentlicher Name, (1) ist auf dem adelichen Hause Hinthe in OstFriesland geboren, er ist zwar keiner von denen Ost-Friesen, welche sich durch Schriften berühmt gemachet haben, er hat aber durch seine Gelehrsamkeit und Geschicklichkeit, sich bis zur höchsten Ehren-Stelle, welche ein Rechtsgelehrter erreichen kann, einer Beysitzer-Stelle in einem der höchsten Reichs-Gerichten, empor geschwungen und solche Männer rechne ich mit Recht eben sowol unter diejenige, welche ihrem Vaterland zur Ehre gelebet haben und eine Zierde Deutschlandes gewesen sind, als diejenige, welche sich durch Schriften berühmt gemachet haben.

Ursprünglich stammet derselbe her aus dem adelichem Geschlecht der Freesen von Weyhe, aus dem Stift Bremen, von welchem des Wilke Freesen Sohn, Victor, in OstFriesland bey dem Grafen Enno dem ersten im Jahre 1488. in Dienste kam und mit demselben im Jahre 1489., wie auch nachhero mit Grafen Edzard dem ersten 1491. nach dem gelobten Lande reisete.

Dieser

---

(1) *Leringa Genealog. Famil. Nobil. Fris. Orient. in Tabula: Genealogia* der Hovetlingen Allena Seite 3.

Dieser Victor von Freese heyrathete sich in die uralte hiesige Häuptlings-Familien thom Brock und Beninga ein, indem er erstlich Tetta thom Brock, Erb-Fräulein zu Rysum und Loquart, (2) nachhero Foske Beninga, des Häuptlings Aylt Beninga zu Hinte und Uttum Tochter zur Ehe hatte.

Seine Söhne Wilke zu Rysum und Aylt zu Uttum, Häuptlinge, wurden im Jahre 1533. in der Schlacht bey Jemgum mit dem Grafen von Geldern Kriegs-Gefangene, sein Sohn Occo, Häuptling zu Loquard, blieb auf dem Schlachts-Feld. Sein jüngster Sohn Claes war Häuptling zu Hinthe, woselbst er auch gestorben ist.

Dieser Claes Freese, Häuptling daselbst, (3) war der Vater unsers von Freese. Seine Mutter war Oriane Cornelie Frey-Frau von In- und Knyphausen.

Ich kann es nicht eigentlich bestimmen, in welchem Jahre er gebohren, woselbst er in der Schule unterrichtet worden, und woselbst er studiret habe, jedoch vermuthe ich, daß das erstere zu Emden, das leztere zu Marpurg geschehen sey, weiln, wie ich an einem andern Orte zeigen werde, (4) der Zug der Embder Studen-

---

(2) *Loringa Genealogia Familiarum Nobilium Frif. Oriens. in Tabula:* Stammlinie der Hovetlingen von Brockmerland.

(3) War 1620. Administrator aus der hiesigen Ritterschaft. Brenneys. OstFrl. Hist. Tom. 2. Seite 567, §. 8.

(4) In dem Artikel Engelbert Kettler.

Studenten zu damaliger Zeit reissend nach Marpurg ging.

Im Jahre 1654. kam er an den Chur-Pfältzischen Hof, woselbst der damalige Churfürst Carl Ludewig ihn zu seinem Hof-Rath, im Jahre 1657. zum Regierungs-Rath und im Jahre 1660. auch zum Consistorial-Rath ernennete. (5) Er heyrathete Magdalene von Calandrini, aus dem adelichen Geschlecht in der Grafschaft Lucca. (6)

Im Jahre 1663. präsentirte ihn Chur-Pfaltz zum Reichs-Cammer-Gerichts-Beysitzer, er wurde zu denen gewöhnlichen Proben gelassen und im Jahre 1667. durch einhellige Stimmen erwählet.

Er beschlos zu Speyer, woselbst damals noch der Sitz des Reichs-Cammer-Gerichts war, in dieser grossen Würde sein Ruhmvolles Leben den 26ten August 1674. und lieget in der reformirten Haupt-Kirche daselbst begraben.

Fran-

---

(5) Harkenroth *Geschiedenisse behoorende tot de Moederkerke in Emden en Oostvriesland III Hoofstuk §. 23.* Seite 99. Dieser Harkenroth war einige Jahre Prediger zu Hinthe, hatte auf dem adelichen Hause vielen und grossen Umgang, seine Nachrichten kommen also aus der Quelle.

(6) Bischof Burnet in seinen Reisen durch Italien und die Schweitz redet Seite 142 von dieser Familie.

Franciscus Junius
der dritte.
Gestorben 1674.

Drey Männer haben in der gelehrten Welt gelebet, welche den Namen Franziskus Junius geführet haben, von welchen der Vater Professor der Gottesgelahrheit zu Leiden, der Sohn ein berühmter Sprach-Forscher zu Oxfurt und der Enkel Professor der Rechte gewesen ist. (1)

Dieser letztere war ein Sohn Johann Casimirs Junius, der in Holländischen Kriegs-Diensten lebete und ein Sohn Franciscus Junius des ersten war. Er wurde 1624 zu Emden, (2) woselbst sein Vater damals mit unter der Holländischen Guarnison lag, gebohren, gründete auf der Schule zu Grönningen den Anfang seiner Wissenschaften, hielt sich eine Zeitlang bey Johann Gerhard Vossius im Hause, der mit ihm verwandt war, indem derselbe mit seines Vaters Schwester verheyrathet, also sein Oheim war. (3)

Er studirte zu Utrecht und Leiden, zu Grönningen nahm er die Doctor-Würde der Rechte an und that darauf eine Reise durch Frankreich und die Schweiz. Es ist wol wahrscheinlich, daß er seinen Oheim, Franciscus

---

(1) Bayle im Wörterb. 2. Band Seite 636. 937.
(2) Jöchers Gel. Lexic. 1. Band.
(3) Bayle in der Anmerk. M. am angezogenem Ort.

ciscus Junius den 2ten, zu Orfurt besuchet haben werde.

Nach seiner Zurückkunft von seinen Reisen wurde er Professor der Rechte zu Grönningen, woselbst er auch ungefähr um das Jahr 1674. verstorben ist. (4)

Von seinen Schriften ist mir weiter nichts bekannt, als, daß er herausgegeben hat:

Supplementa in Johannis Steinbergii Collegium Wesembecianum. Gronningen 1658. in 4.

Johann

---

(4) Wir vermuthen, daß das Sterbe-Jahr, welches von dem Verfasser nicht angegeben worden, in diese Zeit zu setzen sey, weil wir das Manuscript in der Ordnung, nemlich zwischen von Freese und J. Schmid gefunden haben.

Anmerk. des Herausgebers.

Johann Schmid.

Gestorben den 28ſten Februar 1675.

Es iſt gantz natürlich, daß man von allen Gelehrten ſeines Vaterlandes nicht gleich hinlängliche, geſchweige gleich vollſtändige Nachrichten haben kann. Daher man denn auch nur gleichſam von ferne von ihrem Geiſte, Character und Gröſſe ihrer Gelehrſamkeit zu urtheilen vermag. Bey einigen iſt bey dem Mangel der Nachrichten es genug, ihren Namen und das Wenige, was noch von ihnen bekannt iſt, entdecket zu haben. Und das trift bey einem berühmten Lehrer der Geſchichte aus unſerm Vaterlande, dem Johann Schmidt ein. Ich weis keinen eintzigen Schriftſteller, der von ihm etwas gemeldet hat, als den Morſchmann in Erfordia litterata. Johann Schmidt iſt in der Oſt-Frieſiſchen (obwol anjetzo unter anderer Bothmäſſigkeit ſtehenden) Stadt Jever den 10ten Julius 1643. gebohren. Auf den Schulen zu Quedlinburg und Stettin wurde er Anfangs unterrichtet, nachhero aber im Jahre 1663. begab er ſich zu Erlernung der höheren Wiſſenſchaften nach der Univerſität Leipzig. Hier war ſein Fleis ſo ſtark und ſein Geiſt ſo emſig, daß er bereits im folgenden Jahre (1664) die erſte academiſche Würde eines Baccalaureus erhielt. Zwey Jahr nachher erwarb er ſich die höchſte academiſche Würde in der Welt-Weisheit, indem er im Jahre 1666. Magiſter wurde. Darauf kam er zwar wiederum in ſein Vaterland zurück, wird ſich, ohne Zweifel, auch wohl beliebt genug gemachet haben; allein der heftige Hang und die eifrige Liebe zu den Wiſſen-

Wissenschaften trieben ihn gar bald wieder nach Leipzig zurück. Daselbst that er nun wieder sich dermassen hervor, daß er im Jahre 1672. einen Beruf nach Erfurth, als Professor der Politic und Beredsamkeit erhielt. Und nicht lange nachhero wurde er ordentlicher Professor der Geschichte, auf eben dieser Universität, woselbst er auch den 28 Februar 1675 in der besten Blüthe seines Lebens, nemlich im 32ten Jahre seines Alters gestorben ist.

Die wichtige Stellen, zu welchen ein so junger Mann gleichsam zusehends sich hinaufgeschwungen hat, geben genugsam zu erkennen, daß er ein vorzüglich grosses Genie, feurig, einnehmend, beredt, von unermüdetem Fleis und dadurch erworbener grossen Gelehrsamkeit, überhaupt ein Mann gewesen seyn müsse, der sich sehr ausgezeichnet haben würde, wenn der frühe Tod, die Laufbahne, in welcher er so rühmlich einherging, nicht unterbrochen hätte. Schade ist es, daß man nicht mehrere Nachrichten von ihm hat.

Von seiner scharfsinnigen und launichten Denkungs-Art zeuget jedennoch eine Schrift, welche er drucken lassen:

Joannis Barclaii principem præceptis & exemplis in Argenide nobiliter informatum, S. Aphorismi Politici ipsis Barclaii verbis nervose concepti & exemplis ipsi nativis explicati.

Auch hat er verschiedene Dissertationen herausgegeben.

Caspar

Caspar Habermann.

Gestorben den 3ten Junius 1676.

Caspar Habermann gehöret mit zu den Ost Friesischen Gelehrten, denn er ist von Jever gebürtig, ich weis aber von ihm weiter nichts zu sagen, als was Witte im Diario Biographico von ihm aufgezeichnet hat.

Er ist daselbst 1645 gebohren, studirete die Rechte, wurde darin Doctor und brachte es durch seinen Fleis und seine Gelehrsamkeit so weit, daß er auf der Universität Rostock ordentlicher Professor der Rechte wurde.

Er hat daselbst sich durch verschiedene Dissertationen, als de Ratificatione &c. und andere Schriften berühmt gemacht und ist daselbst sehr jung, nemlich schon den 3ten Junius 1676 (1) verstorben.

Engel-

――――――――――――――――――――

(1) Gundling in der vollständigen Histor. der Gelehrh. 3ter Theil pag. 4675.

Engelbert Kettler.

Gestorben 1676.

Engelbert Kettler ist um das Jahr 1618. gebohren. Sein Vater war Johann Vollrath Kettler, J. U. D. und Amtmann zu Pewsum in unserem Ostfriesland. Die Anfangs-Gründe der Wissenschaften wird er in der Stadt Norden erlernet haben, woselbst die Schule damals in schöner Verfassung war. Er studirete Anfangs zu Rostock, sodann zu Marpurg (1) einer Universität, wohin der Zug der Ostfriesischen Studenten um die Zeit vorzüglich ging und von welchen Holtermann in seinem Commentar über den Lucius Annæus Florus (2) zu unserer Landes-Leute Ruhm folgendes schreibet.

Inter Studiosos autem, præciscine dicam, quando apud nos commorati sunt Frisiones Orientales, ex vestro Comitatu & Republica uti adhuc hodie apud nos commorantur, eos ego ob ingenia genti vestræ si cui alteri in Germania, læta, acria, amoenia, singulari semper favore sum prosequutus & adhuc prosequor: qui si doctrina studio se dedant & manus moveant cum Minerva, facile ad summam eruditionem perveniunt & excellunt: dignissimi Academiæ nostræ alumni in quorum sinceræ amicitiæ memoriam

(1) Man sehe den Artikel Edzard Stamler, im 2ten Band Seite 356.

(2) In der Dedication dieses Tractats an Bürgermeister und Rath der Stadt Emden.

riam hic redire cogor, Vobisque gratulari: &c. &c. Favete porro ACADEMIÆ noſtræ, FAVETE & mihi, cui volupe nil magis erit, quam ex fideli chariſſimorum pignorum veſtrorum informatione, quovis tempore famam captare. Quam vobis promiſſionem bona fide, oblatione & inſcriptione huius commentarioli publicè obſigna.

Auf dieſer Univerſität gab er ſchon glänzende Zeichen, daß aus ihm ein treflicher Juriſt werden würde, er gab vor Endigung ſeines academiſchen Lebens daſelbſt eine ſchöne Diſſertation heraus de Neceſſaria & Privata Defenſione, (3) erlangte die Doctoral-Würde und begab ſich darauf wieder in ſein Vaterland, woſelbſt er gar bald einer der berühmteſten Sachwalter wurde. Dieſer ſein alsbald ausgebreiteter Ruhm machte, daß er auch Land-Syndicus wurde. Im Jahre 1652 gelangte er ferner zu einer andern wichtigen Bedienung, indem er Amtmann und Rentmeiſter zu Norden wurde, wobey er zugleich noch immer in ſeinem alten Fach blieb und die Rechts-Praxin ungemein ſtark fortſetzete. Bey dieſer Amtmanns- und Renthey-Bedienung gerieth er zuletzt in groſſe Verdrießlichkeiten.

Im Jahre 1658 wurde er durch den damaligen hieſigen Fiſcal vor Gericht peinlich belanget, daß er neulich die Herrſchaftliche Lande nicht öffentlich ſub haſta verpachtet, ſondern gegen ein Geſchenk von etlichen

(3) *Marpurgi Heſſorum* 1641;

lichen Reichsthalern es bey der alten Miethe gelassen, daß er als Amtmann in solchen Processen gehandelt und Urtheile gesprochen, in welchen er vorhero selbst Sachwalter gewesen war, daß er wider die Gerichts-Ordnung übermäßige Sporteln genommen, daß er dem Magistrat zu Norden in seiner Gerichtsbarkeit beständig Eingrif gethan, daß er wider verschiedene Personen eigenmächtige Gewalt gebrauchet, seinem Schwager Dirck Muhlen verstattet, ein Haus auf Landesherrlichen Grund zum Nachtheil des Heuermanns dieses Landes zu bauen, auch andern Leuten vergönnet, auf Herrschaftlichen Grund ihre Gebäude um einige Fus hinaus zu rücken, daß er für einen Schein wegen der Verpachtung des Norder Zolls, so nur 30 Rthlr. beträget, sich einen Rosenobel bezahlen lassen, an Renthey-Gefällen mehr genommen, als er berechnet, sich von denen Personen, welche nicht mit alten Reichsthalern bezahlen können, einen Albertiner Reichsthaler und 2 Stüber Aufgeld genommen, und was dergleichen mehr ist. Daher denn der Fiscal bittet, daß der Beklagte

"andern zum Abscheu, Ihm selber aber zur
"wolverdienten straff an Leib und Leben, oder
"nach Befindung zu verdammen sey. (4)

Kettler war vor Anstellung der Klage schon in Verhaft gezogen, zwey Soldaten bewachten ihn Tag und Nacht, mit der angebotenen Caution de Judicio sisti wurde er nicht gehöret, niemand durfte zu ihm kommen, auch nicht einmal sein Schreiber und seine Papiere

---

(4) *Acta Dicasterialia de Ao.* 1658. *Fiscalis contra Engelbertum Kettler num.* 2.

Papiere hatte er nicht bey der Hand. Ein Zug aus der barbarischen Justitz-Verwaltung jener Zeiten des vorigen Jahrhunderts! — Er vertheidigte sich aber dennoch meisterhaft. Unter andern führete er auch den Satz aus, daß ein Rechts-Gelahrter in seiner eigenen Sache nicht so gut zu schreiben im Stande sey, als in andern, daher es eine grosse Ungerechtigkeit wäre, daß er sich mit niemanden besprechen dürfe. (5) Er kla-
get

(5) Weiln es jetzo unaufhörlich mit mir so bewandt ist, daß 1) ich, so lauten die Worte seiner Vertheidigungs-Schrift, unaufhörlich von zweyen Soldaten dermaßen hart bewachet werde, daß sie auch nicht einst des Nachts von mir kommen. Bey solchem Zustande 2) ich mir in Rechten und Schreiben allein rathen muß, da es ohnedas unter dem Tumult der Soldaten sich nicht wohl *advociren* läßet, *& alias quoque Doctores in propriis Caussis minus sciant & magis errent* 3) kein Mensch, auch nicht meine nächste Verwandte, mein eigener Diener und Schreiber bey mir seyn mag, dergestalt, daß ich alles selbst copiren müssen. Ferner ich nicht allein von allen meinen zu Ausführung einer so großen Sache mehr den hochnötigen Bücher und *instructam Bibliothecam* umb mir hätte, und daraus nach Belieben allemahl erwehlen könte, Sondern auch insonderheit von allen meinen Amtsregistern und dabey gehörigen Schriften und Nachrichtungen, wodurch sonst meine *innocenz* und der Angebern groben Unfueg und *calumnien inconsinenti* leichtlich darthun könde, und vornemlich darthun muß, nicht ein einig Stück alhie bey mir habe, noch auch von Haus anhero bringen laßen kan, da dieselbe mehrentheils in einer verschloßenen Kiste (worin zugleich alle übrige meine gantze Wohlfarth betreffende *Originalen* item meine und meiner sel. Eheliebsten Kleinodien, Silberwerck und andere dergleichen beste Sachen sich befinden, wobey

get auch über den unglaublichen Schaden, **welchen
durch Versäumnis die Partheyen in seiner
bekannten übergroßen Advocatur**
leiden müsten.

Der damalige Hofgerichts-Beysitzer, Doctor von Bobart, ein Schwager des Fürstl. Raths und Cantzley-Directors Bluhm, erklärete vor der vollen Versamlung des Hofgerichts, daß er aus der am 22ten Mart. 1658 eingekommenen Schrift mit Leidwesen ersehen, als wenn sein Schwager Reinhold Bluhm in diesen Proceß eingeflochten werden solle und demselben alles Unheil wegen des Arrestes ꝛc. beygemessen werden wolle, daher er aller Berathschlagung in

wobey dan einen fremden kommen vnd sonderlich die Brieffe durchgrübeln zu laßen billich bedencklich) bey guten Leuten verwahrlich hingesetzt, die Vbrigen aber in meiner Stuben anitzo dermaßen untereinander verworffen seyn, daß ein ander alß ich selbst damit unmöglich zu recht kommen kan ꝛc. ꝛc. *act. cit. Num.* 5. Ich muß aus der Schrift eben dieser *Acten sub n.* 2. noch ein paar Zeilen hersetzen:

Mit Hindansetzung der alsbald in *Continenti* anerbötigen überflüßigen *Caution de se quotiescunque sistendo,* wiewol er dazu *ob possessionem bonorum immobilium,* womit er in diesem Fürstenthum in denen Aemptern Norden, Emden, Blesumb und Pewesum auf etzliche Tausend Reichsthlr. *notorie* gesessen, nicht eins gehalten gewesen, *sicuti quod reus incarceratus, si bona immobilia possideat in illo Territorio absque ulteriore Cautione iudiciali debeat:*
  Concord. art. 48.
  Osterhus. *Accord. Art.* 16.
  Carpzov. ꝛc. ꝛc.

in dieser Sache sich enthalten wolle. Dieser Antrag wurde aber verworfen.

Nachdem die Acten zum Spruch gebracht waren, erfolgte dieses Urtheil:

Auf übergebene peinliche Klage, dawieder eingewandte exceptiones auch darauf gethane Antwort und fernere Schrifften in Sachen Fürstl. Ostfriesländischen Fiscalis Klägers an einem D. Engelbert Kettlern Beklagten anderstheils.

Erkennen wir verordnete Hoffrichter und Adsessores des Fürstl. Ostfrießl. Hoffgerichts auf gehabten Rath der Rechtsgelarten vor recht, daß Beklagter, vor allen Dingen gestalten Sachen nach gegen Bestellung gnugsamer caution, deß arrestes zu entledigen, maßen ihm auch Cläger den titulum Doctoralem zu geben schuldig. Und dieweil in übrigen Beklagter auff die überreicheten Clagepuncte Sich albereit eingelaßen, und derselben maßen Sie Vorgebracht nicht geständig auch dabey seine defensionales übergeben, So ist Cläger seine Clagepuncte gebürend zu erweisen, auch uff Beklagtenß defensionales sich einzulaßen pflichtig, darauf ferner zu beschehen Waß Recht ist. V. R. W.

(L. S. Scobinatus.) Daß dieses Urthel den Rechten und Buß zugeschickten acten gemäß bekennen Wir Churfürstl. Sächsische Schöppen zu Leipzigk. Urkundlich mit Unserm Insiegel besiegelt.

Publ. am Hochfürstl. Hofgericht den 7 Septb. 1658.

Und darauf noch folgende:

In reviſion ſachen Anwalden D. Engelbert Kettlers provocanten an einem, des Fürſtl. Oſtfrl. Fiscalis provocaten anderntheils.

Erkennen Wir Hoffrichter vnd Aſſeſſores des Gräffl. Oſtfrießl. Hoffgerichts auff gehabten Rath der Rechtsgelahrten vor recht, das es, der eingewandten reviſion vngeachtet, bey dem am 7 7bris ao. 1658 publicirten Vhrtheil billig vorbleibet, vnd iſt Beklagter D. Kettler ſeines übrigen einwendens vngehindert, nunmehr auf die vom Fiscali am 24 january jüngſt übergebene probation ſchrifft cum documentis ſich einzulaßen ſchuldig. Es wird ihme aber der gebetene ſaluvs Conductus billig mitgetheilet vnd dem Fiscalen ſich aller anzüglichen Worter in ſeinen Schrifften zu enthalten, bey willkürlicher Straffe inhibiret. V. R. W.

(L. S. Scabinaeus.) Daß dieſe Vrtheil den Rechten und zugeſandten Acten gemäß, bekennen Wir Churfürſtl. Sächſiſche Schöppen zu Leipzigk ꝛc. Vhrkundl. mit Vnſerm Inſiegel beſiegelt ꝛc.

Publ. am Hochfürſtl. Hofgericht den   7bris 1660.

Womit die Sache liegen geblieben und niemals definitive entſchieden iſt.

Kettler ſchrieb dieſen ſeinen perſönlichen Arreſt, worin er gezogen war, als er in Advocatur-Sachen einſt anhero nach Aurich reiſen müſſen, und die gantze peinliche Anklage dem Geheimten Rath und Cantzley-Director

Director Reinhold Bluhm zu, declarirte solches öffentlich in seinen Schriften sowol bey dem Fürstlichen Hofe, als auch bey dem Hofgericht, grif ihn mit einer Injurien=Klage an und sprach laut davon, (6) wogegen denn dieser eine Note denen Acten beyfügen ließ, die ich zur Aufklärung der Sache hieher setzen muß.

"Demnach D. E. Kettler in der anjetzo vor-
"schwebenden peinlichen sache, und zwar in exceptio-
"nibus ctra libellum gantz odiose & invidiose
"vorgeben durffen, daß er ob potentiam meam in
"aula potentis seine nottburft vorzustellen nicht raht-
"samb befunde. So befinde ich zu rettung meiner
"Ehren mich genöttrenget hiemit super injuriis zu
"protestiren, auch zu bezeugen, daß ich mein Lebtage
"keine potentiam in aula gesuchet, noch zu suchen
"Willens bin

"Stet quicunque volet potens
" Aulæ in culmine lubrico.
"Ebenwenig begehre ich einigen Menschen auch den
"geringsten zu scheuchen, sondern ich laße mich an
"Verrichtung meiner Amtsgeschäffte begnügen und
"gönne einem andern sein Glück und recht, so gut es
"Ihm werden mag, Absonderlich habe ich Dri Kett-
"lern sagen laßen, daß ich bey wehrenden seinem ar-
"rest

(6) Die Landesstände thaten desgleichen in einer Beyl. der Schrift *Num. 5. der Acten Fiscalis contra Dr. E. Kettler*, welche ich aus dem Grymersauer Manuscript völlig, unten im Text, mittheile. Nach beschuldigte der damalige Hof-Richter, Carl Friderich Freyherr von Kupphausen-Jennelt ihn, den Geheimten Rath Bluhm, daß er ihm Fiscalische Händel *in puncto fractæ pacis publicæ & Criminis læsæ Majestatis* gemachet. Beylage L. ebendaselbst.

"rest kein entfremdetes Gemüht wolte blicken laßen,
"dem ich ehrlich bin nachgekommen, habe seine Sup-
"plicationes Celsissimo Principi getrewlich vorge-
"tragen, sein Bestes geredt vnd gesuchet, so weit es
"die sache immer leiden kan, Jhm mundlich und durch
"andere ein Hertz eingeredet, und mit einem Worte
"einen stillstand des aufgetrungenen streits redlich und
"auffrichtich gehalten; Dem zu folge Er dieses anzä-
"pfens sich wohl hette überheben mügen, zum wenig-
"sten hat mir obliegen wollen, daß dem Gericht und
"beßen Gliedern, welchen es nicht bekand seyn mag zu
"entdecken. Vnd ruffe ich über obiges alles zu Zeu-
"gen Dris Kettlers eigen gewißen, deßen Procura-
"torem Ennonem Verlagen, meine sämptliche Her-
"ren Collegen und meines Gnedigen Fürsten und
"Herren F. Gn. selbsten. Sonst mag ich, da es
"dem Gericht gefält, wol leiden, daß die acta in
"caussa injuriarum Kettlers contra me, diesen
"peinlichen actis alß ein exempel D. Kettlers leid-
"samkeit und frömmigkeit, und zu unterrichtung eines
"ausländischen Richters (denn innerhalb Landes ist
"Er ohne das bekant) mügen beygefügt werden, je-
"doch mit diesem Beding, da das injuriosum pro-
"ductum, welches zu verwerffen ich gebeten habe, bey
"den Actis solte gelaßen werden, daß ich zufórderst
"darauf meine Verantwortung thun und Dri Kettlern
"waß ich auf guten Glauben zugesagt halten möge,
"Oder ich stelle es zu des Gerichts erkäntnüß wie die-
"ser newen zunötigung die ich schmertzlichst zu gemüthe
"ziehe, abzuhelffen

      Darüber
       2c. 2c.
     Reinhold Bluhm.
        Selbst

Selbst die Landes-Stände beschwereten sich wegen des Arrestes, wie in der Anmerkung 6 bereits gedacht worden, gar sehr über den Geheimten Rath Bluhm.

In einem weitläuftigen Schreiben an Fürst Enno Ludewig klagen sie mit vieler Heftigkeit aus verschiedenen Ursachen wider ihn. In demselben kommt auch zuletzt das Verfahren wider Kettler vor. Ihre Worte sind diese. (7)

"Auch Durchleuchtiger Hochgebohrner Fürst und Herr!
"Kombt obigen allen noch hinzu, daß Dr. Engelber-
"tus Ketteler vor etzlicher Zeit, als er seiner Advo-
"catur halber nacher Aurich gereiset, aus kundbah-
"ren Haß des Raths Blumen und deßen feindtschli-
"ges Angeben in Haften genommen, und auf den
"Schloß in einer Kammer durch Soldaten bewahret
"wirdt, Jhme auch auf des Hofgerichts am 23 dieses
"vnd folgenden Tagh angestellte mündtliche Verhöra
"persöhnlich zu erscheinen vnd seine eigene Sache zu
"defendiren, nicht verstattet werden wollen; Wan
"dan solches aller natürlichen Billigkeit undt den
"Rechten wiederstrebet. E. F. Gnaden auch nicht
"vnbekant daß solche gefängliche Einziehung in dem
"14 art. des Nordischen Executions-Recesses, und
"48 art. der Concordat. in den Verträgen außtrük-
"lich verboten; Zu dem hat Er auf anerbottene gnug-
"sahme Caution nicht entlediget werden mögen, son-
"dern durch processe vom Hofgerichte daß Er die Ur-
"sachen

(7) Aus einem Manuscript, so auf dem hiesigen Adelich e.n Hause Grimersum befindlich, Seite 159.

"sachen seiner Anhaltung und daß ein ordentlicher
"proceß wieder Ihn angestellet werden mögte zu
"wege bringen müßen, daraus dan abermahls gleich
"vor diesem geschehen, durch Verdruß der langweili=
"gen Gefängniß zu verfänglichen Reversen, oder
"Herausgebung großer Summen Geldes zu zwingen
"welche unbillige Proceduren in diesem Fürstenthum
"dabevor nimmer erhöret, zu dem sein die löbliche
"Stende, wegen dieser gefänglichen Detinirung ge=
"dachten Dris Kettelers in genere und in specie
"interessiret, maßen Er, als der **vornembsten**
"Advocaten einer, sowoll dem meißten Theil von
"der Ritterschafft, alß auch vielen aus den Städten
"und 3ten Stande advocando bedienet ist, deren
"Sachen jetzund allesammt bey denen jetzo angefange=
"nen audientzen, entweder gar verlohren gehen,
"oder zum wenigsten auf ein gantzes Jahr retardiret
"werden, daran manchem armen Menschen seine gantze
"Haabseligkeit hanget Niemandt der Stende auch we=
"der seine Persohn noch Güter halber auf die Weise
"versichert seyn könte, wenn Er dergleichen zu ge=
"wartten hätte.

"Alß gelanget an E. F. Gn. Unsere unterthä=
"nige gehorsahme Bitte, erwehnten Ketteler zum
"wenigsten auf Caution der Hafften zu entlaßen, und
"die Stende von solchen Beschwehren zu entfreyen,
"damit man nicht genöthiget sey, die in natürlichen
"Geist und weltlichen Rechten erlaubte Mittel zu er=
"greiffen, und sich bey Leib, Leben, Ehr und Guth,
"auch den theuer erworbenen Accorden und Verträ=
"gen zu mainteniren, wollen auf solchen unverhofften
"Fall von aller Ungelegenheit, so daraus entstehen
"mögte,

"mögte, unschuldig seyn, sondern unsern Herrn Prin-
"cipalen solche auf den Beruhrsachern zu verholen
"protestando vorbehalten haben, solte auch hierauf,
"wie vielmahls geschehen, nur ein blos recipisse,
"oder gahr nichts erfolgen, kan es nicht anders als
"vor eine abschlägliche Antwort gehalten werden.
"Datum ut in literis.

E. Fr. Gn.

      vnterthänige vndt gehorsame
     die aus den Stenden verordnete
    Ordinarii Deputirte vndt Ad-
   ministratores Collegii
       Quorum Jussu
         F. Westendorph S.

Des persönlichen Arrestes wurde Kettler durch obige Urtheil der Schöppen zu Leipzig gegen Caution entlassen und weiln er über die Relaxation desselben einen besondern summarischen Proceß veranlasset hatte, so wurde auch darin solche erkannt und der Fiscal noch dazu in die Kosten verurtheilet. Die Urtheil lautet folgendergestalt:

In Sachen Fürstl. Ostfrl. Procuratoris generalis gegen und wider den Drem Engelbert Kettler eins- und anderntheils. Relaxationis Arresti. Wird mit Rath hierzu sonderlich erforderten Rechtsgelahrten zu Recht erkandt, daß Arrestatus gegen Caution und erbieten, se toties quoties sistendi alsbald auff freyen Fuß zu stellen sey. Wie Wir Ostfrl. Hofrichter und Adsessoren arrestatum Drem Engelbert Kettler hiermit relaxiren, Procurat. general. in die aufgegangene Unkosten, moderamine salvo, condemniren, zugleich fals Ihn Drem Kettler Spruchs-
nitt,

nitt erlaßen wolle, solches förmlich vorzubringen, acht Tage Zeit pro omni termino sub poena absolutionis bestimmen und ansetzen. Pron. am Fürstl. Ostfrl. Hofgerichte den 23ten Martii 1658.

(L. S.
Univers.)
Daß vorgesetztes Urtheill denen Rechten und Unß zugeschickten Actis (So in 10 numeris sampt Extractu prothocollari begriffen) gemaes Bezeugen Wir Dechant Senior. fort andere Doctores, und Professores in des Heil. Römi. Reichs frey Stadt Cölln am Rhein. Urkundt unsers aufgetruckten großen Insiegels. Sic actum & conclusum in consilio Collegii nostri Anno post Christum natum. MDC.LVIII. die ibid. Martii.

Im Jahre 1660 kam unser Kettler von neuem in Fiscalische Inquisition in puncto violatæ Urphedæ & perjurii, er wuste sich aber so gut zu vertheidigen, daß er völlig frey gesprochen, auch der Fiscal in die Kosten des Processes verurtheilet wurde. Hier ist die Urtheil, welche in dieser neuen Inquisition erging.

Auf Anklage, darwider eingewandte Exceptiones und fernere Wechselschrifften, In Sachen beschuldigten Meyneides und gebrochenen Urphedens des Fürstl. Ostfrl. Fiscalis anklägers, an einem D. Engelbert Kettlers angeklagten anderstheils, Erkennen Wir Hoff-Richter und Assessores des Gräfl. Ostfrl. Hofgerichts auf gehabten Rath der Rechtsgelahrten für Recht, daß Angeklagter vom Anklägers an und Zusprüchen billig zu absolviren und loszuzehlen, immaßen Wir ihn hiemit

mit davon absolviren und loszehlen und ist ankläger demselben die verursachte Unkosten auf vorgehende Liquidation und unsere ermeßigung zu verstatten, imgleichen auf die von angeklagten angestalte Wiederklage mit seiner nothdurfft sich einzulaßen pflichtig. V. R. W.

(L. S. Scabinatus)

daß dieses Vrtheill den Rechten und uns zugeschickten acten gemeß, bekennen Wir Churfürstl. Sächsische Schöppen zu Leipzigk rc. Vhrkundlich mit Vnserm Jnsiegel besiegelt rc.

Publ. am Hochfürstl. Hofgericht den 7ten Sept. 1660.

Diese Urtheil wurde aber auf eingewandte Revision des Fiscals dahin abgeändert, daß der Fiscal die Kosten zu erstatten nicht schuldig sey.

In Sachen Fürstl. Ostfrl. Procuratoris Fiscal. provocanten ctra Drem Engelbertum Kettler provocaten, Revisionis in caa. accusationis violatæ urphedæ & periurii. Läßet man es bey ged. Fiscalis erklärung, gestalt Jhro Fürstl. Gnd. dieses Processus sich anzunehmen nicht gemeinet seyn, bewenden, darauf vnd allem Vorbringen nach erkennen Wir Hoffrichter vnd assessores des Fürstl. Ostfrl. Hofgerichts zu recht, daß die, auff eingeholeten Rath der Churfürstl. Sächsischen Schöppen zu Leipzig den 7 Septbr. ao. 1660. ausgesprochene Vrtheill dahin zu reformiren, gestalt vorberürter Fiscalis die verursachten Vnkosten zu erstatten, imgleichen auf die von provocaten angestellte wiederklage mit seiner Nothdurfft sich einznlaßen nicht pflichtig, sondern davon zu absolviren sey; Inmaßen wir dan angeregte Vrtheil hiemit also reformiren vnd den provocanten absolviren vnd erledigen, Jedoch

Gel. Ostfrl. 3. B. D mit

mit dem Anhang, daß derselbe dem provocaten den von seiner relaxirung ausgegebenen revers, wofern selbiger annoch vorhanden, wiederumb ausfolgen zu laßen schuldig seyn solle. V. R. W.

Publ. am Hochfürstl. Hofgericht den 4ten Octbr. 1662.

In eben demselben Jahre 1660. kam er noch weiter in Inquisition, wegen eines ihm angeschuldigten Stupri qualificati und zum zweytenmale in persönlichen Arrest.

In dieser Inquisition wurde er beschuldiget, daß er ein als Amtmann in Fürstl. Diensten stehender Mann, seine Magd Taelcke, des Sivert Hanßen zu Hesel im Amt Friedeburg Tochter, zu einer Zeit, da er Bräutigam gewesen und in Palatio Principis in eben dem Orte seiner Gefangenschaft, woselbst er jetzo (unter der Wacht zweyer Soldaten) sitze, geschwängert habe, daß er auch sonst zu Norden und Emden mit dieser Magd, nicht weniger auch mit andern, Unzucht getrieben. Der Fürst und dessen Räthe hätten ihn lange genug getragen und ihm das Maas dermaßen vollmessen lassen, schreibt der Fiscal in seiner Anklage,

"bis die Göttliche Rache über Ihn reiff wehr,
"vnd er wie ein fauler apffel von sich selbst her-
"vnterfallen möchte mit Gedult vnd Langmuth
"bey allem seinem Truß, Hoffarth, vnleidlicher
"Frechheit und pochen auf seinen Reichthumb,
"vnd artes rabulisticas.

Er schildert ihn in eben der Schrift (8) folgendermaßen:

"Den

---

(8) *Num. 5. der Hofgerichts-Acten Dr. Kessler contra den Fürstl. procuratorem generalem.*

"Den ersten Grund nehme Ich von seinem biß
"daher geführtem Leben vnd Wandel, da sich
"befindet, daß er fluchs auff Academien in sei-
"nen Studenten Leben sich mit einer geringen
"vergessenen bejahrten Persohn behangen, verlo-
"bet, vnd ohne seiner Eltern Consens, wie sie
"nach Emden gefolget, da er ihr sonst gerne ver-
"geßen, vnd Sie verlaßen wollen, verehelicht
"hatt, Als er mit derselben im Ehestande gele-
"bet, vnd Sie fast an allen gliedern ihres leibes
"verlahmet, ist er in der Stadt Embden fast in
"bösem ruff gewesen, alß wenn er mit Dero
"Schwester in verdächtiger Kundtschafft lebete,
"welche Kundschafft er in seinem andern Ehe-
"stande, auch bey Leben seiner Schwiegerinnen
"Ehemanß, Capitains Doco Grevingß Derge-
"stald continuiret, daß seine sehl. Hauß=Frau
"gegen seine Nächste Verwandten geklaget, wel-
"chergestald obgedachte Schwiegerinn offt von
"Embden nach Norden kähme, vnd in verschlos-
"sene Cammer mit Ihrem Manne sich ziemblich
"lang aufhielte, darüber Sie sich schmertzlich be-
"trübet, vnd so wol deswegen alß anderer Vhr-
"sachen halber, welche vielleicht hernachmahls
"zu specificiren, in stetiger Traurigkeit gelebet;
"Nach absterben seiner ersten Hauß=Frawen hat
"er nicht, ut decet virum gravem & publici
"Decoris studiosum, das Trauer=Jahr außge-
"wartet, Sondern innerhalb deßelben gefreyet,
"vnd Hochzeit gemachet, auch innerhalb ziemblich
"kurtzer Frist tauffen laßen, Vnd als diese an-
"dere, welche auß ehrlichem, vornehmen, be-
"kannten Geschlecht gewesen, vnd daher Ihres
"nahmens

"nahmens vnd Zunahmens geschonet wird, da-
"mit eß nicht scheine, alß wan Ich der Familie
"einen Kleck anhangen wolte, (de quo prote-
"stor) auch todes verblichen, hat er diese Magd,
"mit welcher er jetzund beschuldiget wird sambt
"seinem zweyJhärigen Kinde, allein bey sich in
"der Cammer, dero thür verschloßen gewesen,
"schlaffen laßen, biß er alhier auff dem Hauße
"Anrich in arrest gerathen, da er loco specia-
"lis gratiæ begehret, daß diese Magd sambt
"angeregtem seinen Tochterlein möchte zu ihm ge-
"laßen werden, welches nachdem er eß erhalten,
"hat er Sie vnverwarneter Sache, procul du-
"bio tentus libidine in der Cammer des ar-
"rests sambt dem Kinde bey sich pro solatio
"Viduarum & tristium noctium schlaffen laßen,
"vnd sich so mit Ihr verhalten, daß Sie nach
"außrechnung der wochen vnd monathen Mitler
"Zeit von Ihm Schwanger geworden, Nemb-
"lich er ist zu anfang des Monats February
"anno 1658. in arrest genommen vnd darin biß
"den 1ten Juny geblieben, Die Magd aber ist
"vmb Faßnacht Anno 1659. niedergekommen,
"da dan die Rechnung auch ohne eine Wehe-Mut-
"ter leichtlich anzulegen, vnd das Facit zu ma-
"chen. ꝛc. ꝛc.

Ueberhaupt ist dieses eine gantz bittere Schrift.
Es wird ihm hier gerade ins Gesicht gesaget, daß seine
Mutter wo nicht mehrere, doch ein uneheliches Kind
gehabt und daß diese seine Schwester qualiscunque
soror inquam, schreibt er, wiederum gleichfalls ihre
Jungferschaft unehelich verlohren habe. Der Verfasser
dieser

dieser Schrift ist indes ein sehr geschickter Mann, ohne Zweifel der Geheimte Rath Bluhm selbst gewesen. Da auch in dieser Klage von der äusserlichen Gestalt unsers Kettlers etwas vorkommt; so kann ich solches nicht vorbeygehen.

"Den Sechsten grundt nehme Ich von seiner
"eußerlichen gestald, flüchtigen vnd vnsteten au=
"gen, fechten mit den Händen, wanckelhaffter
"rede, vnd andern gebehrden, welche eines vnru=
"higen Jhm selbst alles bösen bewusten gemüths
"anzeigen seyn. Menoch. de præsumpt.
"lib. 1. qu. 15. n. 6. &c. &c.

Noch einen lustigen Zug aus dieser Schrift will ich abschreiben.

"Den zehenden Grund nehme Ich Daher daß die
"Häuser welche er bewohnet, wegen gespänste be=
"rüchtiget worden cum ante id tempus infa-
"mes non essent, alß der Fräwlein Hoff zu
"Norden, deß H. Obristen Ehrenreuters Hauß
"zu Embden, Jmgleichen daß allerhand ruff ge=
"gangen, Bald der Teuffel hette Jhn zu Embden
"vom Bette gezogen Seine Hauß=Fraw hette zu
"Norden einen Kerl mit einem Pferde=Fueß
(**damals hatte der Teufel noch einen Pferde-Fus, jetzo nicht mehr**) "bey ihm am
"Tisch sitzen gefunden, vnd were dafür so er=
"schrocken, daß Sie nimmer wiederumb gesund
"geworden, vnd waß dergleichen vielmehr. Nun
"aber ist bekandt, daß der Vernine böse Geist
"diejenigen, deren er mächtig ist, vornemblich
"vnd am allerersten vnd meisten zu Fleisches=Lust
"vnd Bnzucht reißet, testantibus sagarum

(da=

(damals war Thomasius noch nicht in der Welt) historijs & actis judicalibus "&c. &c.

Vor allen Dingen mus ich aber nicht das Petitum dieser Klage übergehen, weiln es gantz romantisch ist.

"Bitte demnach, Drem Engelb. Kettlern dahin
"zu verdammen, daß er, Ihm selbst zu wollverdienter straff, vnd anderen zum Exempel,
"an den Pranger zu stellen, mit staupen zu schla-
"gen vnd dieses Fürstenthumbß zu ewigen tagen
"zu verweisen, juxta Carpzov. pr. Crim.
"part. 2. qu. 74. n. 2. & qu. 56. n. 45. 46.
"& p. 3. q. 117. n. 84 & seqq. Oder ie, da
"an der probation etwas zu fehlen solte erach-
"tet werden, Ihm die scharffe Frage anzulegen,
"Carpzov. cit. n. 28. sola fama fortis &
"vehemens ad torturam sufficit. Damhoud.
"pr. rer. crim. c. 36. n. 25. per Br. & Bl.
"ibi alleg. Dann daß er ad juramentum
"purgatorium solte gelassen werden können, dazu
"vermeine Ich Ihn alzuhart beschweret, vnd als
"zuviel erwiesen zu haben, vnd erweisen können,
"juxta Menoch de præsumpt. lib. 1. q. 77.
"& q. 92. per totum, Et reum ex præ-
"sumptionibus violentis ac semiplena pro-
"batione gravatum puniri posse, licet con-
"fessus aut convictus non sit, docet Carp-
"zov. pr. Crim. p. 3. q. 116. n. 52. It ex
"solis indicijs in delictis occultis ad condem-
"nationem procedi posse, n. 56. &c.

Kettler

Kettler war, wie der Procurator Berlage in einem protocollarischen Vortrage vom 30ten Januar 1660. öffentlich behauptete, mit Gütern an Werth über 15000 Rthlr. angesessen, welche er zur Caution darbot, er stellete daneben zwey der vornehmsten aus hiesiger Ritterschaft, den Carl Friderich Freyherrn zu In= und Knyphausen (9) und Boyung Beninga zu Grimersum (10) zu Bürgen; jedoch alles dieses sehr klug, unter der ausdrücklichen Protestation, daß er dadurch die Rechtmäßigkeit des persönlichen Arrestes nicht anerkennen, noch von seiner Bitte, daß solcher als null und nichtig cassiret werden müsse, abgehen wolle.

Diese Urtheil erfolgete hierauf:

In Sachen Fürstl. Ostfrl. procuratoris Generalis Anklägers ctra D. Engelbertum Ketler angeklagten, accusationis qualificati stupri.

Lässet man es bei von gemeltem Fiscali beschehener und von procuratori Berlag angenommener Wegebung der VerSchikung, wie auch bei der von dem angeklagten Vermittelst Verpfändung seiner Güter gethaner Caution, und zum Ueberflus producirten BürgSchafften bewenden, darauf und allem Vorbringen nach erkennen Wir Hoffrichter und Assessores des Fürstl. Ostfrl. Hof=Gerichts zu recht, daß der angelegte arrest zu cassiren, und mehr berurter Fiscalis den angeklagten desselben alsobald zu erlassen schuldig und gehalten seye, Inmaßen Wir dan hiemit den arrest cassiren und Fiscalem dazu condemniren und Schuldig ertheilen. Was im übrigen die geforderte Kosten und

(9) Num. actor. 10.
(10) Num. actor. 12.

nnd Schaden anlanget, bleibet der Bescheidt noch zur Zeit ausgestellt. V. R. W.

Publ. am Hochfürstl. Hofgericht den 7ten Febr. 1660.

Sobald Kettler diese Urtheil vor sich hatte und wiederum auf freyem Fuß war, sprach er aus einem andern Ton. Nun wolte er sich auf die Haupt-Sache und Klag-Puncte gar nicht eher einlassen, bevor ihm die durch den persönlichen Arrest verursachte Kosten und Schaden erstattet worden. Er triumphirte auch hierin wider den Fiscal:

Auf Vorbringen und übergebene Wechsel-Schrifften in Sachen beschuldigten stupri undt Adulterij Anwälden D. Engelbert Kettlers, angeklagten an einem, Gräffl. Ostfrießl. procuratoris Fiscalis Anklägers anders theilß, Erkennen Wir Hoffrichter Vnd Assessores des Gräflichen Ostfriessländischen Hoffgerichts, auff gehabten Rath der Rechtsgelahrten Vor Recht. Würde ankläger angeklagten die durch jüngsteren arrest verursachte schaden vnd vnkosten auff vorgehende Liquidation vnd vnsere ermessung erstatten, auch ein ander Vnd formilicher Claglibell mit Vnterlaßung aller Vndienllchen Vnd injuriosischen Vmbstände übergeben, Jmmaßen ihme zu thun obliegt, So ist angeklagter seines Vorwendens ungeachtet sich darauff einzulaßen Vnd zu antworten schuldig, zu welchem ende ihme das gesuchte sichere Geleite billig mitgetheilet wird. V. R. W.

Daß

(L. S. Scabinatus.) Daß dieses Urtheil den rechten und uns zugeschickten acten gemäß, bekennen Wir Churfürstliche Sächsische Schöppen zu Leipzigk ꝛc. Uhrkundlich mit unserm Insigull besiegelt ꝛc.

Publ. am Hochfürstl. Hofgericht den 7 Septbr. 1660.

Wider diese Sentenz führete der Fiscal ein Remedium ein und damit blieb der Proces liegen. Die Haupt=Sache ist nie zur Entscheidung gekommen, noch Kettler, wie in den Beyträgen zur Juristischen Litteratur in den Preußischen Staaten (11) irrig gemeldet wird, von der Anklage frey gesprochen. Der Fiscal zeigte an, daß der Fürst diesen Proces weiter fortzusetzen nicht gemeinet sey, bey welcher Anzeige es durch einen am 4ten October 1662. eröfneten Bescheid gelassen wurde.

Der Grund zu der grossen Feindschaft zwischen dem Geheimten Rath Bluhm und Kettler scheinet wol darin zu finden zu seyn, daß sie beide zugleich nach der Rebecca Wiarda, geboren den 11ten December 1630, des Amtmanns Tilemanns Wiarda zu Leer Tochter, freyeten, letzterer aber selbige zur Braut erhielte. Wenigstens gibt Kettler dieses vor die Quelle derselben an. Daher sie denn auch schon im Jahre 1657. mit einander in Injurien=Sachen verwickelt waren, worin Kettler verlangte, daß jener in Person einen öffentlichen Wiederruf thun und sodann ihm zur Entschädigung seiner beleidigten Ehre Ein Tausend Reichsthaler, iudicial-

(11) Im 6ten Abschnitt Seite 342.

diciali moderatione salva, erlegen solle, woraus aber nichts geworden ist, indem der Proceß nicht entschieden, sondern von dem Fürsten den 11ten Junius 1658. niedergeschlagen ist. (12)

Was die erstere Inquisition anlanget, in puncto Concussionis, übermäßigen Sportalirens ꝛc. ꝛc. saget der Herr Geheime Rath Bluhm in seinen Memoires (13) Doctor Kettler, mit dem ich nach Fürsten Enno Ludwigs Tod in Proceß gerieth, war wegen vieler Missethaten verklaget, die er nimmer abgelehnet hat. Ob Fürst Georg Christian eine Abolition ertheilet habe, weis ich nicht. Die Räthe Dr. Witikopf und Ammerbeck, die ich befördert und ihnen allen guten Willen beständig ohne einigen Wandel erwiesen, ohne welche weder in dieser, noch in andern Sachen nichts bey der Canßley vorgenommen worden, zogen zurück und wolten die Hände waschen, und der Verfasser der Nachricht in den kurß vorhero angezogenen Beyträgen zur Juristischen Litteratur vermeldet, daß Kettler von angestellter Klage los- und freygesprochen worden; allein beide haben Unrecht. — Die Sache ist weder entschieden, noch durch Abolition abgethan, sondern so liegen geblieben.

Ein Mann von solcher Gelehrsamkeit und so grosser Rechts-Erfahrung konte wider alle dergleichen Widerwärtigkeiten leicht triumphiren.

Fürst

(12) Hofgerichts-*Acta Dr. E. Kettler contra* Geh. Rath Bluhm *de anno* 1657.

(13) Des Geh. Raths Bluhms Aufsatz von seinen OstFrl. Bedienungen und dabey gehabten Vorfällen. Wobey der damalige Zustand des Hofs und verschiedener Bedienten Character mit befindlich. Manuskript. In meinem Exemplar Seite 25.

Fürst Georg Christian machte ihn ein paar Jahre nachhero, nemlich im Jahre 1663, zu seinem Rath, in welcher Bedienung er auch im Jahre 1676. sein Leben beschlossen hat.

Er hat sich dreymal verheyrathet, und zwarn auf eine sonderbare Art. Die erstere Frau war von der Universität, die zweyte machte ihm der Geheimte Rath Bluhm so streitig, und die dritte hat er selbst aus der Taufe gehoben. Von der ersteren kommt vorhin die Nachricht schon vor, daß sie ihm von Marpurg nachgekommen. Von der zweyten habe ich genug gesaget. Die Anecdote von der letzteren aber ist diese: Ein Doctor und Bürgermeister Diederich von Berck, zu Dordrecht, hatte hier zu Lande einen weitläuftigen Proces, worin Kettler sein Sachwalter war. (14) Dieser muste solcher Sache halber eine Reise nach Dordrecht thun und dies traf zu einer Zeit, da des von Berck Ehefrau mit einer Tochter niederkam. von Berck bat ihn zu Gevatter, welches er annahm. Nach geendigter Taufe ersuchte er ihn, daß er ihm, wenn er einst Wittwer werden solte, diese seine Pathin zur Frau schenken möchte, welches jener ihm versprach. Als Kettler viele Jahre nachhero würklich Wittwer wurde, erinnerte er sich dieses Versprechens, schrieb an den Doctor von Berck und erhielt

(14) Er führet auch in seinen *Decisionibus* selbst diesen Proces an, indem er in *Decis.* 38. Num. 63. Seite 373. schreibet: *Es ita quoque iuxta pradicta obtinui in Causa Domini Soceri mei D. Diederici a Berck contra Colonum eiusdem Dirck Jobsten in Contradictorio Judicio, primum in prafectura Nordana, & deinde in Curia Ostfrisica in instantia appellationis.*

erhielt sofort zur Antwort, er wolle sein Versprechen erfüllen, er solle nur nach Dordrecht kommen, um zu sehen, ob seine Tochter Neigung zu ihm habe. Dieses that Kettler, die Sache fiel von Seiten seiner Pathin glücklich für ihn aus, er wurde Bräutigam mit derselben und heyrathete sie. Auf diese Vermählung schrieb ein abgesetzter Prediger zu Middels, der sich in Aurich aufhielt, Christopher Uphof, folgende Verse:

Prosit Coniugium, sic dant duo verbula votum:
Quod tuus ex animo vovet & hicce cliens. (15)

Seine Schriften sind:

1) Dissert. de Necessar. & privata Defensione.

2) Joseph von Arimathias.

Das Jöchersche Gelehrten Lexicon (16) saget davon, es sey ein Roman, allein ich denke, es ist eine Stachelschrift; sie ist aber so überaus rar, daß ich sie nie gesehen habe.

3) Centuria Decisionum Ostfrisicarum. Bremæ 1675.

4) Centuria altera Decisionum Ostfrisicarum.

Diese ist aber nie gedruckt, sondern lieget noch in der Handschrift, wovon man auch fast im gantzen Lande keine Copey findet.

Kettler

(15) Reershemius in dem OstFries. Luth. Prediger-Denkmahl Seite 123.

(16) Im 2ten Bande Seite 2075.

Kettler war ein Mann, wie man aus allen Umständen sehen kann, von grossem und feurigem Geiste, entschlossen und beredt, welches letztere ich daraus schliesse, weiln er in den Acten sich darüber mehrmalen beschweret, daß er nicht persönlich zur mündlichen Vertheidigung seiner Sache zugelassen werden wolle, jedoch dabey aber auch allem Ansehen nach von einem despotischen Kopf und brausendem Geblüt, so daß nach meinen obigen Erzählungen aus den Acten hier allenthalben durchschimmert, daß die Warheit des Satzes: **Grosse Leute haben grosse Leidenschaften** bey ihm eingetroffen. Er war ein gründlicher Rechtsgelahrter, ein Mann von ausserordentlicher Arbeitsamkeit, Würksamkeit, Fleis und unstreitig der gröste Practicus seiner Zeit in gantz OstFriesland. Ich will nicht erwehnen, daß er so fleissig und sorgsam, auch mit guter Wahl Præiudicia der hiesigen Gerichte gesamlet und wodurch eben er sich in den Stand gesetzet hat, Zweyhundert Decisiones auszuarbeiten, welches schon was verdienstvolles und rühmliches ist; sondern ich will hauptsächlich nur anmerken, wie gros sein Ruhm sich allenthalben ausgebreitet haben müsse.

Zu vorigen und damaligen Zeiten waren in Proces-Sachen die Partheyen befugt, Verschickung der Acten an einen graduirten Rechts-Gelahrten zu begehren. Fast alle diese Verschickungen giengen an unsern Kettler, wie ich aus vielen alten Amt-Gerichtlichen Acten ersehen habe. Seine Rechts-Praxis war beynahe bis zur Unglaublichkeit gros. Als er in dem persönlichen Arrest war, beklagte er so viele Personen hohen und niederen Standes, deren Processe er führete, die durch diesen unrechtmäßig verhängten Arrest leiden müsten,

müsten. In einer der Schriften, welche er in diesem puncto Relaxationis arresti übergeben hat, (17) saget er: daß er

"jetzo dieße Stunde sowoll an Kayserl. Hoff-
"und Cammer-Gericht zu Speyer, als diesem
"Wollöblichen Hoff-Gericht und allen Amt-
"Gerichten dieses Fürstenthumbs, wie nicht we-
"niger an der Schwedischen Cantzley zu Stade
"und Oldenburgischen Cantzley, und sonst in und
"außerhalb Landes in mehr denn Sechs-Hundert
"lauffenden Processen würcklich bedienet sey.

Was muß das nicht vor ein Mann gewesen seyn, der 1) seine Amtmanns-Bedienung, 2) seine Renthey wahrgenommen, 3) in so vielen Sachen, als ein unpartheyischer Rechts-Gelahrte Processe entschieden, 4) so viele eigene privat Processe selbst gehabt, (18) 5) über Sechshundert Processe für andere Partheyen geführet und dennoch 6) Zweyhundert Decisionen ausgearbeitet hat? — Diese Decisiones sind auch auswärtigen Rechts-Gelahrten nicht unbekannt geblieben, Buder in Bibliotheca Juris selecta cap. 9. pag. 366. (edit. 8.) wie ich denn irgendwo gefunden, daß der Helmstädtsche Professor von Göbel seiner mit Ruhm erwehnet, Peter Müller ad Struv. in Not. ad Excerc. 37. Th. 35. lit. 8. führet ihn an, auch setzet Joh. Adam Beck in seinem Tractat de Collatione bonorum die gröste Auctorität einer seiner Hypothesen,

daß

(17) Den 3ten April 1658. num. actorum 15.
(18) Wovon man in dem Register der hiesigen Hofgerichts-Acten mehr denn eine gantze Seite in Folio findet.

daß nemlich an Zinsen von der Conferendis fordern zu können, nicht eine Interpellation genug sey, sondern daß ein Tag zur Erbtheilung und Collation unter den Erben angesetzet gewesen, auf Kettlers Decisionen. (19)

Sie sind auch mit vielem Fleis ausgearbeitet, haben in den Materien von Näherkauf und der Erbfolge ohne Testament nach OstFriesischen Rechten Auctoritaet in Foro und man kann Kettler gantz gut den OstFriesischen Gaillum nennen.

Er hinterlies keine männliche Erben. Die jetzige Kettlersche Familie stammet von seinem Bruder, dem Amtmann zu Beerum, Johann Vollrath Kettler, her.

Johan=

───────────────

(19) Capitel 3. §. 21. num. 4. Seite 185.

Johannes Habbeus.

Gestorben den 29ten October 1680.

Johann Habben, welcher sich nachhero nach dem Gebrauch damaliger Zeit, Johannes Habbeus schrieb, ist hier in Ostfriesland geboren. Die Gelehrten Lexicons melden zwar von ihm, als wenn er zu Lichtenstein in Deutschland geboren sey; (1) allein dieses ist unrichtig und offenbar falsch. Schon der Name Habbe beweiset dieses, als welcher ein alter Ost-Friesischer Name ist, (2) den man in Deutschland nicht findet. Sodann ist Herrmann Conring hier der unverwerflichste Zeuge. Derselbe schreibet von ihm an den berühmten Churfürstlich Maynzischen Geheimten Rath Freyherrn von Boineburg unter den 13ten December 1662. eben dasjenige, was er an einem andern Orte (3) von dem Ubbo Emmius, welcher doch unstreitig zu Greetsyhl in Ostfriesland gebohren ist, saget: Habbeum novi familiariter, natum scilicet patre

---

(1) Menckens Gelehrt. Lexic. Seite 907. Jöcher im 2ten Band Seite 1298.

(2) *Job. Seger in Epitome Onomastci Phrisici Coldenburg.* 1650. in 8. Seite 37. *Cadovius in Memoriale Linguae Frisicae Antiquae* Mscpt. S. 265. Das Jöchersche Gelehrten Lexicon führet unter dem Buchstaben H. einige Hundert Gelehrte aus Deutschland auf, man wird aber keinen einzigen, ausser unserm Habben, finden, welcher die Ostfriesische Namen Habben, Hibbe, führet.

(3) *In Tractat. de orig. Jur. Germanici cap.* 28. *pag.* 168. *Civis meus Ubbo Emmius &c.*

patre *Cive meo* (4) und eben dieses versichert der Hannöversche Geheimte Justitz-Rath Gruber: Johannes Habbeus *Ostfrisius*. (5)

Wer sein Vater war, ist mir auszuforschen nicht möglich gewesen, Conring aber saget: Habbei pater cum esset tenuissima sorte natus, ut nonnihil corrigeret fortunam, ducta uxore Coloniensi, ad Pontificias partes transiit. Filius ad nostras rediit, uxore ducta Lutherana. Ita mariti sequuntur mulierum. (6)

Den ersten Grund der Wissenschaften wird er wol auf der Schule zu Norden geleget haben, weiln Conring, der selbst aus Norden gebürtig war, die Umstände, worin sein Vater und er selbst gelebet hat, so gantz genau kennet, woselbst er aber studiret haben mag, solches ist schwerlich zu errathen. Zu Helmstädt vielleicht eine Zeitlang, weiln Conring, der beständig zu Helmstädt Professor gewesen, saget: novi familiariter, und nachhero vielleicht zu Greifswalde eine Zeitlang, weiln der Freyherr von Boineburg, der doch zu Helmstädt studiret hat, ihn nicht kennet, sondern bey Conringen sich nach ihm erkundiget.

Sein Fleis und seine Fähigkeiten brachten ihn gar bald empor.

Anfangs

(4) Beym Gruber *in Commercio epistolico Leibnisiano Tom. prodrom. pars.* 2. Seite 1029.
(5) Ebendaselbst Seite 1023. in der Anmerkung.
(6) Ebendaselbst Seite 1035.

Anfangs wurde er Königl. Schwedischer Secretarius zu Stockholm, ging hernach als Abgesandter an verschiedene Höfe in Deutschland, besonders war er residirender Minister bey den Fürstlichen Häusern am Rhein, im Jahre 1662. trat er in Churpfälzische Dienste, (7) nachher wurde er Dänischer und zulezt Kayserlicher Rath. Vermuthlich ist er auch in den Adelstand erhoben, und hat dabey den Zunamen von Lichtenstein erhalten; denn so hat er sich geschrieben. (8)

Er ist den 29ten October 1680 (9) gestorben.

Von seinen Schriften ist mir weiter nichts bekannt, als die folgende:

>Causæ, ob quas Rex Sueciæ commotus fuerit, Curlandiæ Ducem custodiæ tradere & captiuum Regiam abducere. 1658.

Dieselbe ist auch den Actis publicis Londorpii (10) einverleibet.

Es muß derselbe ein sehr gelehrter Mann und kluger Kopf gewesen seyn, der sich aber in zu viele Staats-Sachen gemischet. Conring schreibet von ihm: In

---

(7) *Illum vero esse in servitio Palatini nondum acceperam*, Seite 1029.

(8) Gundling in der Hist. der Gelahrh. 3ter Band Seite 4102.

(9) Jöcher am angezogenem Ort. Gruber 1023. in der Anmerkung.

(10) Im 8ten *Tomus* Seite 432 ꝛc.

In illo puto me deprehendisse variarum linguarum peritiam & ingenium ad res gerendas non ineptum. Bodiniana non speraverim ab ipso probari, quamquam id genus hominum hodie sit passim frequentissimum. (11) Und Gruber (12) Vir callidus, nec indoctus, sed quod negotiis variis se ingereret, postremo varie inter flatores iactatus.

(11) Beym Gruber Seite 1035.
(12) Ebendaselbst 1023.

Hinrich Stürenburg.
Gestorben 1680.

Hinrich Stürenburg (1) ist hier zu Aurich in dem Jahre 1614. gebohren. (2) Sein Vater war Egbert

(1) Dieses Geschlecht hat sich in den ältesten Zeiten Sternborg geschrieben. Es führet auch einen Stern im Waapen. Dieses unsers Stürenburgs Groß-Vater, hat, wie der grosse in Sark ausgehauene Leichen-Stein auf hiesigem Kirchhofe gegen die Cantorey-Schule über liegend zeiget, sich noch Johann Sternborg geschrieben, sein Vater schrieb sich Stürenborg und er selbst Stürenburg. Ich finde auch, daß noch um die Mitte des vorigen Jahrhunderts sich noch einer Johann Hinrich Sternberg geschrieben hat. Dieser muß ein Vaters-Bruder des Lüppo Stürnberg, Sohn, gewesen seyn. Eine Juristische Inaugural-Dissertation, welche dem Fürsten Georg Christian zugeeignet ist, bewähret solches.

Dissertatio Juridica inauguralis de Hereditatis Petitione; quam ex Authoritate Magnifici Dn. Rectoris
D. *Arnoldi Verhel*
J. U. D. L. A. M. *Huiusque Facultatis in Illustri Frisiorum Academia, qua est Franekera, Professoris Primarii, Acutissimi*
Nec non
Amplissimi Senatus Academici unanimi Consensu & Nobilissimæ Facultatis Juridicæ Decreto
Pro summis in utroque Jure honoribus, Privilegiis ac immunitatibus Doctoralibus rite capessendis Publico Eruditorum Examini in Templo Academico subiicit
Johannes Henricus Sternberg, *P. L. Cos. Frisius Orientalis*
ad diem *Junii* CIƆIƆCLXIII.
Franekeræ *ex officina Joh. Wellens* 1663.

(2) Aus der Stamm-Tafel der Stürenburgischen Familie.

Egbert Stürenburg, vornehmer Kaufmann hiesiger Stadt. Im zehnten Jahre seines Alters verlohr er zwar schon seinen Vater, als welcher im Jahre 1624. verstorben, seine Mutter Wopcke, des hiesigen Bürgermeisters Hinrich Everts Tochter sorgete aber für seine gute Auferziehung gantz ausnehmend. Den Schul-Unterricht wird er wol bald nach seines Vaters Absterben in der Schule unserer Stadt Norden gehabt haben, einer Schule, welche damals in sehr blühender Verfassung war, und in welcher Stadt sein Vaters-Bruder lebete. (3) Nach geendigten Schul-Studien bezog er

E 3 die

---

(3) Da ich dieser Schule mehrmalen erwehnet habe, so will ich hier eine kleine Anmerkung machen.

Die Schule zu Norden war zu den Zeiten des Ubbo Emmius, welcher selbst Rector derselben von 1579 bis 1587 gewesen, sehr berühmt. Er saget davon *in Tract. de Statu reip. & eccles. in Fris. Or. pag. 27: Schola literaria per complures annos illic non infrequens, nec incelebris, cæteras certe omnes istius regionis inter Amasum & Visurgim superans.* Nach seiner Zeit in dem folgendem Jahrhunderte blühete sie immer noch sehr mit Ruhm fort. Ein Mesander, ein gelehrter Mann und guter lateinischer Poet, ein Rachel, der erste und zugleich vortrefliche Satiren-Verfasser in der Hochdeutschen Sprache, und andere gelehrte Männer waren Rectores dieser Schule. Und was das sonderbareste ist und von dem damaligen Glantz dieser Schule zeuget, davon kann ich zwey einleuchtende Beweise beybringen.

a) daß noch gegen das Ende solchen Jahrhunderts ein Rechts-Gelahrter, Laurentz Schnellius, beyder Rechten Doctor, Rector dieser Schule gewesen, (Meershemius Luther. Pred. Denkmahl S. 515. Norder Catechismus von dem dasigem Prediger Fr. Hinr. Hoyer, Hamburg 1698. in 12. woselbst das

demdie Universität Rostock und widmete sich vorzüglich der Rechts-Gelahrheit unter der Anführung des Johannes Schnobelius. Dieses beweiset ein lateinischer Glück-Wunsch, welchen er zu seines Lands-Mannes, des Herrn Gerhard von Kloster Dissertation. de Testamentis verfertiget hat. Diese academische Abhandlung ist (4) jetzo so sehr selten, daß ich diesen in latei-

demselben vorstehende Epigramm unterschrieben ist: *Laurentius Schnellius J. U. D. Scholæ Ulrico Nordanæ Rector.*)

b) daß noch in dem Jahre 1707. ein Doctor der Artzeney-Gelahrheit, Eugenius Eiben, ein Mann von gesetzten Jahren, indem er in der Zueignung an den Fürsten Christian Eberhard selbst saget, *hos qualescunque laborum suorum fructus post totos triginta annos in patriam redux — offert — fidelissimus, obedientiss.* — *Indigena subditus,* an dieser Schule eine öffentliche Rede gehalten hat.

Eugenii Eiben, M. D.
Oratio
de
Præstantia
et
Dignitate
Artis
Medicæ
Habita Nordæ in Illustri Schola Ulricana
Die 22 Junii Anno 1707.
Auricæ Typis Samuelis Bötzgeri, Sereniss. Princ. Or. Fris. Typograph. aul. 1707.

(4) Der gantze Titul derselben lautet folgendergestalt: *Dissertatio Juridica de Testamentis, Quam Præside Dn. Joachimo Schnobelio J. U. D. & Professore Publico Respondens Gerhardus von Kloster, Nob. Fris. Oriens. Publico Examini subiicit in Auditorio maiori ad diem 27 Julii, horis matutinis Rostochii M.DCXLIV.*

lateinischen Versen abgefaßten Glückwunsch hieher setzen will. Derselbe kann zugleich mit ein Beweis von seinen frühzeitigen Kenntnissen in den schönen Wissenschaften und Verstandes-Fähigkeiten seyn.

Extollant alii iuvenem quem cernere bello
Delectat? Laudent alii qui turgida vento
Aequora metitur puppi, per Saxa perignes
Currens, quo maſſam fulvi fibi congerat auri.
Hunc ego non laudo, Potius ſed praedico
    ſumnis
Laudibus in Clariis quem non diſtædet arenis
Pugnaſſe atque bonas didiciſſe fideliter artes
Nam tibi cum pereunt gazæ, certiſſima laus eſt
Muſis, quam mala ſors, nec Mars aufferre va-
    lebunt.
Quod *Meus a Cloſter* ſecum reputaſſe videtur,
In quo næ ex facili cuivis ſpectare licebit,
Quid ſtudium in ſtudiis, quid ſedula cura le-
    gendi
Efficiant ſubito cui ſic volitare per artes
Contigit, inque ſuis ſtudiis feciſſe repente
Tantos Progreſſus. Quare precor ut tibi Numen
Aſpiret, recte nec non tua coepta ſecundet.
Macte age ſic ſtudiis transmittere pergito vitam
Nobilitet quo *Nobilitatem* ſplendida virtus.
Et fias Patriæ lumen columenque tuorum.
    Hoc precor
    Hoc voveo
  Henricus Stürenburg. J. V. C.

Es ist dieselbe dem damalen hier zu Lande regierenden Grafen Ulrich dem andern zugeeignet und unterschrieben: *Gerhardus* von Kloster,
   Autor.

Es ist auch gantz wahrscheinlich, daß er auf dieser hohen Schule die Würde eines Doctoris der Rechte, welche er in seinem Leben geführet, angenommen habe, zumalen da er sich hier schon als Candidat unterschreibet.

Nach vollendeten Studien kam er gar bald zu wichtigen Ehren-Aemtern. Erst wurde er Gräflicher Land-Richter der Aemter Aurich, Norden, Beerum und Friedeburg, im Jahre 1658 Amtmann zu Norden, nachhero aber im Jahre 1667 wurde er Beysitzer des hiesigen Hof-Gerichts. Verheyrathet hatte er sich mit des Hofgerichts-Assessors Doctor Alteneich Tochter, Sibilla Alteneichs. (5) Verstorben ist er im Jahre 1680. mit Hinterlassung eines Sohnes, Caspar Hinrich Stürenburg, welcher beyder Rechten Doctor gewesen, und ohne Kinder verstorben, womit diese Linie der Stürenburgischen Familie erloschen ist.

Es hat zwar derselbe sich in der gelehrten Welt durch Schriften nicht berühmt gemachet, allein sein Verdienst um die hierländische Rechts-Praxis versetzet ihn, so wie vorhin, den Eppius und Conrad Pauls in meinen Plan.

Allen denenjenigen, welche in der Juristischen Litteratur unsers Vaterlandes sich etwas umgesehen haben, wird bekannt seyn, daß ein Stürenburg practische Anmerkungen aus den Entscheidungen des hiesigen ehemaligen Hof-Gerichts gesammlet und hinterlassen habe.

(5) Aus oben angezogener Geschlechts-Stamm-Tafel.

habe. Davon ist unser Hinrich Stürenburg [der Verfasser. Dieselbe sind nie gedruckt und selbst die Handschriften derselben sind so selten, daß ich es mir zur Pflicht mache, für diejenige, welche sie nicht kennen, etwas mehreres davon zu sagen.

Es sind derselben 115 an der Zahl, sie sind mehrentheils von gedrungener Kürtze, allein alle überaus practisch, besonders verrathen sie einen Mann von grosser Urtheils-Kraft, der den hierländischen damaligen Hofgerichts-Proceß bis zur grösten Präcision gebracht und die feineste Kenntnisse überall in der Rechts-Gelahrheit gezeiget hat.

Der gröste Theil dieser Observationen betreffen den Proceß und dessen damalige Formalien, welche durch die Einführung des Codicis Friderici nunmehro von keinem Nutzen sind, es bleiben aber dennoch sehr viele andere übrig, die noch heute zu Tage von Wichtigkeit sind. Ich will in alphabetischer Ordnung die beträchtlichste namhaft machen.

Incola non Advena gaudet privilegio. 84. de Cautione ufu fructuaria 57. Consors litis alterius nomine appellans. 34. 51. Communio lucri & damni inter Coniuges, ubi obtineat. 58. Dos durante matrimonio nec incrementum nec decrementum capit. 58. De Juramento a Judice iniuncto, quod pars parti iam remiferat. 17. pro adipifcenda poffeff. Hypothec. ex Interdicto Salvi ausu fructuarius edere tenetur. 57. Judex an ex officio supplere debeat, quæ in statutis fundata. 60. de Juramento Mennonitarum. 66.

Inventarium tantum edere tenetur Coniux de relictis a marita ufufructuarie non proprietarie. 72. iterato iurare debet teſtis in 2da inſt. examinatus. 76. Loßkündigung iſt nicht nötig, wenn der Debitor das pactum nicht hält. 83. Poſſeſſorium ordinarium vel ſummarium intentaturus, quid ipſi obſervandum. 65. Retractus rerum a patre venditarum non habet locum ſi filius heres patris ſit. 2. de Succeſſione liberorum. 59. Si ex L. 2. C. de reſcind. Vendit. agitur, quando reus amittat electionem, an pretium ſupplere, remve retinere malit. 6. Uſumfructum an pater amittat in bonis coniugatorum. 55. Uſumfructum in peculio adventitio filii pater dum vivit retinet. 56. quid de uſufructu alibi filio acquiſito iuris ſit. 56. An in locis, ubi Communio lucri & damni inter Conjuges obtinet uxor debita mariti ſolvere teneatur, ſi pactis dotalibus aliter ſibi proſpexit. 62. von der Caducitæt. 14.

Stürenburg hat den Ruhm eines groſſen practiſchen Rechts=Gelehrten, eines unpartheyiſchen Richters und eines rechtſchaffenen Mannes hinterlaſſen.

Johann

Johann Wübbena.

Gestorben den 27sten Februar 1681.

Das Geschlecht derer Wübbena blühet noch jetzo in OstFriesland und es sind an verschiedenen Orten daraus Prediger gewesen. (1) In der Mitte des vorigen Jahrhunderts that sich aus demselben hervor Johann Wübbena. Derselbe ist ungefehr im Jahre 1624. zu Leer gebohren, woselbst sein Vater ohne Zweifel ein Kaufmann gewesen; denn ich finde nicht, daß ein Wübbena ein Prediger oder ein Schul-Lehrer gewesen sey. Die Schule zu Leer war durch Ubbo Emmius gut eingerichtet, also zu seiner Zeit von der Beschaffenheit, daß er den ersten Unterricht in den Wissenschaften an diesem Ort seiner Geburt sehr gut haben konte. Er studirte zu Grönningen, von dannen begab er sich nach Franeker, woselbst er auch die Magister-Würde annahm.

Hier fing er an, sich hervorzuthun und öffentlich zu zeigen. Er stellete in den philosophischen Wissenschaften mit vielem Beyfall Vorlesungen an, wurde darauf im Jahre 1664 ausserordentlicher und im Jahre 1666 ordentlicher Professor der Welt-Weisheit. Er gelangte auch zu andern academischen Würden dasigen Orts; (Inspector Bursæ) allein er that einen schweren Fehltritt, worüber er in einen fiscalischen Proces gerieth und im Jahre 1678 aus dem Verzeichnis derer Professoren zu Franeker weggestrichen wurde. Er

(1) Reershemius im OstFries. reformirten Prediger-Denkmahl Seite 124. 156. 211.

Er lebete und lehrete aber dennoch daselbst noch einige Zeit bis 1681, in welchem Jahre er den 27. Februar plötzlich verstarb. (2)

Von seinen Schriften ist mir nichts bekannt; daß er aber ein sehr gelehrter Mann, besonders in den philosophischen Wissenschaften gewesen seyn müsse, solches fällt daraus in die Augen, daß er auf einer damals im vollem Glantz stehenden Universität Professor geworden. Schade ist es, daß er seinen Ruhm beflecket hat.

Ulrich

Ulrich von Werdum,
zu Werdum, In= und Roshusen Häuptling.

Gestorben 1681 den 20ten März.

In unserm Amte Esens lieget eine alte adeliche Burg, zu Werdum, wozu viele andere adeliche Güter in dem benachbartem Wittmunder=Amt zu Buttforde und sonst gehöreten. Daselbst hatte seinen Sitz ein altes adeliches Geschlecht der Häuptlinge zu Werdum, Inhusen und Roshusen, deren Ursprung sich in dem grauestem Alterthum verlieret, von welcher Familie jedoch bis zum vierzehnten Jahrhunderte Nachrichten vorhanden sind. Man sehe davon Hamelmanns Oldenburgische Chronic, des Amtmanns Müller Diss. de Antiquis Orientalis Frisiæ Dynastis. (1) Loringa Genealogiæ Ostfris. und besonders unsers Ulrichs Seriem Familiæ Werdumanæ selbst.

Aus diesem Geschlecht ist entsprossen **Ulrich von Werdum**, Herr zu Werdum, In= und Roshusen. Derselbe ist nicht, wie in dem Jöcherschen Gelehrten Lexicon stehet (2) in Friesland gebohren, nicht daselbst bey der in solcher Provintz belegenen Stadt Harrlingen begraben, sondern beides ist in OstFriesland, in dem hiesigem Amte Esens auf diesem Stamm=Hause Werdum geschehen.

Daselbst wurde er im Jahre 1632. am ersten Januarii gebohren. Sein Vater war Hero von Werdum

(1) Seite 85 — 97.
(2) Im 4ten Band Seite 1698, 1699.

bum und seine Mutter Cathrina Elisabeth von Mo-
rienne.

Anfangs genoß er bis zu seinem 13ten Jahre
durch geschickte dazu ausgesuchte Lehrer Privat-Unterricht auf dem Hause Werdum, im Jahre 1645. wurde
er nach Jever in die dasige Schule geschickt, welche
unter dem damaligen Rector Benedict Gweiter sehr
blühete. Im Jahre 1648 besuchte er die Universität
Franeker, eine Universität, welche damalen die Professoren Johann Coccejus in der Theologie, Johann
Jacob Wissenbach in der Jurisprudenz, Johann An-
tonides von der Linden in der Medicin, Johann Pho-
lide und andere in der Weltweisheit, sodann Johann
Acronius in der Historie und Politic ꝛc. vorzüglich vor
allen Niederländischen berühmt machten. Daselbst studirete er bis ins vierte Jahr. Im Jahre 1652. kehrete er wieder zu Hause zurück, woselbst er bis zum
Jahre 1654. blieb. In diesem Jahre begab er sich
nach der Universität Heydelberg, that von dort aus eine
Reise zu dem Reichs-Cammer-Gericht nach Speyer und
kehrete nach ungefehr zwey Jahren 1655 wieder nach
Hause, und blieb von dieser Zeit an 15 Jahr lang ge-
ruhig auf seinen Gütern. In diesem Zeitraum seines
Lebens hat er sich besonders mit Untersuchung der Geschichte seines Vaterlandes, dessen Verfassung, den damaligen Streitigkeiten zwischen dem Fürsten und denen
Landes-Ständen, auch der Geschichte seines eigenen
Hauses beschäftiget.

Wie aber nach Absterben seiner Eltern zwischen
ihm und seinen Geschwistern die Erbtheilung der Güter
zu Stande gekommen war, gieng er im Jahre 1670.
mit seinem Bruder Alexander auf Reisen.

Auf

Auf dieser Reise gerieth er gleich Anfangs schon zu Hamburg mit einem Französischen Herrn, (3) welcher unter einem fremden Namen eine geheime Reise nach Dantzig, Königsberg und ferner in Pohlen that, in Bekanntschaft, welcher ihn unter dem Vorwand, er erwarte nur noch den Marquis d'Auvet, mit welchem er eine Reise durch Italien thun würde, immer bey sich behielt und zulezt, da er sowol selbst, als durch andere, seine Fähigkeiten, seine Verschwiegenheit und andere politische Klugheit genugsam auf die Probe gestellet hatte, ihm vortheilhafte Dienste bey ihm anbot, die er auch annahm.

Der Zwek dieser Reise und das Geschäfte dieses Französischen Ministers hatte folgendes zur Ursache.

Es hatte vor etlichen Jahren Johannes Casimir, König in Pohlen, seines verstorbenen Bruders, Königs Uladislai hinterbliebene Wittwe Luise von Nevers, wieder zur Ehe genommen, und nachdem er gesehen, daß er mit derselben keine Leibes-Erben bekommen, sondern nach ihm die Krone Pohlen auf eine andere Familie verfallen dürfte, wurde er durch diese Französische Königin dahin veranlasset, nach seinem Tode, oder auch noch wol bey seinem Leben, das Reich einem Prinzen vom Geblüte aus Frankreich zu überlassen. Mehr als Sieben Millionen Reichsthaler sind bey Lebzeiten der Königin Louise unter die Magnaten in Polen zu solchem Ende verwendet, um eine Faction in Pohlen zum Besten des Prinzen von Conde zu stiften.

Nachdem

(3) Es war, wie man bald hernach sehen wird, der Abt von Paulmieres.

Nachdem in Verfolg die Königin mit Tode abgegangen, und Johannes Casimir, sowol des Regiments sonst überdrüssig, als auch Vorhabens war, den Prinzen von Conde noch bey seinem Leben auf den Polnischen Thron zu verhelfen, ließ er Anno 1669 die Stände seines Reichs zusammen kommen, dankete freywillig ab, und übergab ihnen Scepter und Krone, damit sie durch freye Wahl, einen andern an seine Stelle wieder erheben möchten. Nun meineten zwar die von der Französischen Parthey, deren Haupt Nicolaus Prasmowsky, Erzbischof zu Gnesen und Primas Regni war, es solte ihnen mit der Wahl des Prinzen von Conde nicht fehlen, auch war der damalige Bischof von Beziers, nachhero Cardinal Bonzi genannt, ausdrücklich aus Frankreich nach Warschau gekommen, dem Wahltage beyzuwohnen, und des Prinzen von Conde, samt der Krone Frankreich Interesse zu beobachten. Es hatte aber die verstorbene Königin bey dem gemeinen Adel in Pohlen sich durchgehends sehr verhaßt gemacht, und auch von denen Magnaten einen und andern, wo nicht beleidiget, doch vernachläßiget. Unter diesen war der Woywode von Siradien, des Geschlechts Pototsky, der darüber sehr aufgebracht war, daß ihm die Französische nicht allein in keine Consideration gezogen, sondern auch seinen Bruder, Woywoden zu Kyow, cassiret hatte, weilen derselbe sich verlauten laßen, es möchte jenen lieb oder leid seyn, so solte der Prinz von Conde auf den Thron gesetzet werden. Dieser Woywode von Siradien hieng demnach den gemeinen Adel, und alle diejenigen an sich, welche es mit der Französischen Parthey nicht hielten, wuste es auch mit denenselben so zu spielen, daß auf dem Wahltage zu Warschau im Junio des Jahres 1669.

der

der Printz von Conde von der Wahl ausdrücklich ausgeschlossen, hergegen dieselbe auf den Fürsten Michael Wiesnowiesky, von dem gemeinen Adel wider Dank und Willen der meisten und vornehmsten Magnaten durchgetrieben und zu Stande gebracht wurde. Als aber noch in dem nemlichen Jahre am 29ten September am Michaelis Tage der neuerwählte König Michael zu Krakow gekrönet ward, und ihm mit den übrigen auch die Herren, so mit seiner Wahl nicht zufrieden waren, und darum hernach die Malcontenten genennet wurden, getreu und hold zu seyn des Tages geschworen hatten, verschwuren sich dieselben in der nächstfolgenden Nacht wider ihn, und verbanden sich mit starken Eyden unter einander, daß sie dem Könige Michael nimmermehr den Thron lassen, noch eher ruhen wolten, bis sie ihn desselben entsetzet, hingegen einen Französischen Prinzen wieder darauf gesetzet hätten. Von welcher Conföderation, wie sie selbst es nannten, oder wie es der Polnische Hof nachgehends geheissen, Zusammen=Verschwörung, die vornehmsten waren obgedachter (4) Reichs=Primas Prasmovsky, der Kron=Gros=Feldherr und Reichs=Marschall Johannes Sobiesky, der Reichs=Cantzler Lesczinsky, der Reichs=Schatzmeister Morstin Ratobosky, der Reichs=Truchses Wielopolsky, der Bischof von Crakow Trzebitzky, der Woywode von Kyow Pototsky, der Woywode von Reussen Jablonowsky, der Woywode von Plotzko Prasmowsky,

(4) Dieses alles erzählet Ulrich von Werdum und ich mus es hier voranschicken, weiln meine nachherige Erzählungen von seinen Lebens=Umständen nicht können verstanden werden, wenigstens in keinem vollständigem Zusammenhang sind.

mowsky, der Woywode von Pomerellen, Bonkows=
ky, der Reichs=Fähnrich Czynowsky, der Reichs=Wacht=
meister Bidzinsky, der Reichs=Jägermeister Zellnsky,
der Castellan von Posen Grzymattowsky, der Starost
von Radom Kochanowsky, mit unzählig viel andern
Prälaten, Woywoden, Castellanen, Starosten, Krie=
ges=Officieren, Königlichen Hofbedienten, und sonst
vornehmen von Adel: dahingegen hielt der Litthauische
Gros=Cantzler Patz die übrige Bediente des Gros=
Fürstenthums Litthauen mehrentheils auf des Königs
Michaels Seiten, doch war hinwiederum der Unter=
Feldherr in Litthauen, Fürst Michael Radzivil, der
junge Lubomirsky, Ritter von Maltha und sein Bru=
der, der Starost von Sandez, samt den Printzen von
Ostrog Frantzösisch gesinnet. Diese Magnaten ertheil=
ten dem Reichs=Schatzmeister Morstin Vollmacht mit
einem Französischen Printzen hierüber zu negociiren.
Derselbe brachte es auch dahin, daß der König von
Frankreich, unangesehen die so heimliche Vereinbarung
zeitig entdecket wurde, und viele Bewegungen im Reiche
verursachte, öffentlich zwar diesen Antrag ablehnete,
mit hinzugefügter ausdrücklichen Ursache, weil er dem
Kaiser versprochen, sich in die Polnische Händel nicht
zu mischen: doch dabey versprach, daß er unter der
Hand alle mögliche Hülfe leisten wollte, es einzuleiten
und in die Wege zu bringen, daß der damalige Comte
de St. Paul, der hernachmals Duc de Longueville
ward, zur Polnischen Krone befördert würde, indem
der Printz von Conde, welcher einmal die Exclusive
auf dem Reichs=Tage erhalten hatte, sich darum nicht
mehr bemühen wolle.

An dieser geheimen Unterhandlung in Pohlen,
hatte unser Ulrich von Werdum, welcher durch jenen

Minister schon in Frantzösische Dienste genommen war, allenthalben Antheil.

Der Graf de St. Paul schikte den Akakia, welcher vor diesen bey denen Friedens-Tractaten zu Oliva, des Frantzösischen Ministers de Lombres, Secretär gewesen, und der Polnischen Intriguen kundig war, nach Dantzig, der aber das Incognito halten muste und mit geheimer Instruction, auch mit grossen Geld-Summen versehen war. Es konte aber doch derselbe seine Unterhandlungen so geheim nicht führen, daß der Polnische und ferner der Kaiserliche Hof nicht Nachricht davon erhalten hätten, die bey dem Frantzösischen Hofe sich darüber beschwereten. Dieser Hof, um seinem Versprechen zum Schein ein Genüge zu thun, rief den Akakia sofort zurück und schickte ihn, gleichsam als wenn er ohne Wissen des Königes, alleine auf Befehl des Comte de St. Paul hierunter gehandelt, zwey oder drey Monat in die Bastille, es wurde aber auch schon zugleich ein anderer bestimmet, der an seiner Stelle im Geheim an dem Werke weiter arbeiten solte. Dieser war nun Jean de Courthonne, Abt von Paulmiers und Horchagrats, Domherr zu Lisieux; aus dem bekannten Hause Courthonne in der Normandie gebohren, und unter dem Namen des Abbé de Paulmiers am Frantzösischen Hofe wohl bekannt. Ein Mann zwar geistlichen Standes, allein von grosser Hertzhaftigkeit und wunderswürdiger Entschlossenheit, der sich in die allerunerwartetste Vorfälle im Augenblick zu finden wuste, und die allergefährlichste Begegnungen gantz unerschrocken zu überwinden pflegte. Zu einer so schweren Unternehmung wurde derselbe deswegen auserlesen. Gerade an dem Tage, ja gleichsam in eben der Stunde, als Ulrich von Werdum mit seinem Bruder seine Reise aus Ost Friesland angetreten hatte, nemlich den 6ten May 1670. früh trat derselbe seine Reise aus Frankreich, nach Dantzig an, sie trafen einander, wie ich vorhin gemeldet, in Hamburg an und dieser damals dem Namen nach noch unbekannte Herr war dieser Abt de Paulmiers. (5) Nichts war natürlicher, als daß das vorhabende Werk, welches ausgeführet werden solte, mit äusserster Vorsichtigkeit und im Verborgenem getrieben werden muste. Sie traten demnach alle beide diese Reise in Pohlen zuerst in Geistlicher Kleider-Tracht an. Der Abbe de Paulmiers, der bishero als ein Weltlicher Cavalier gekleidet gegangen, nahm eine Jesuiter-Kappe an, und er, Ulrich von Werdum, muste sich auch in eine solche geistliche Kleidung stecken, als wenn er jenem zur Aufwartung und Bedienung (Moine servant) war, als unter welcher geistlicher Kleidung sie sicherer reisen und ihr Vorhaben ausführen konten. Wie sie nun vom November 1670. bis zum Junio 1671. unter solcher geistlichen Maske, theils auch nachhero als Kaufleute und abgedankter spanischen Officier, durch gantz Pohlen, mit gröster Beschwerde und nicht ohne Gefahr von der Königlichen Parthey entdecket zu werden, hin und her gereiset, der Abt de Paulmiers, mit vielen Polnischen Magnaten, insonderheit dem Kron-

(5) Diese Nachrichten sind allesamt aus seinen eigenen Handschriften und besonders aus dem Journal der Reisen genommen. Sie sind auch für die Politische Geschichte interessant, weiln sie aus der Quelle und von einem Manne kommen, der ein Augenzeuge von allen gewesen, ja zu dem gantzen Werke mit gebrauchet worden.

Kron-Groß-Feldherrn Johannes Sobiesky geheime Conferentzen gepflogen, und des Endes den gantzen Vor-Sommer auf dem Schlosse zu Lowitz mit ihm sich heimlich aufgehalten hatte und die Unterhandlung zwar mit denen Magnaten in Polen so gut als zu Stande gebracht war, die gemeinen Edelleute der Polnischen Armee aber, welche Towarzisz oder Commilitones genannt werden, und aus allen Geschlechten in Polen vor die muthigsten und tapfersten im Krieges-Dienste damals gehalten wurden, es noch durchgehends sehr eifrig mit dem Könige Michael Wiesnowiesky hielten, und deswegen gut gefunden worden, daß der Abbe de Paulmiers eine Zeitlang selbst mitten in der Reichs-Armee sich persönlich aufhalten müsse, um mit denen darunter befindlichen Französisch gesinneten Officieren überlegen zu können, durch welche Mittel und Wege die gantze Armee ferner zu gewinnen und für den Hertzog von Longueville, gegen den König Michael zu conföderiren sey. Was war gefährlicher, als dieser geheime zweyte Schritt.

Wären sie und ihre Absichten entdecket worden, so wäre ihr Schicksal entschieden gewesen.

Abt Paulmiers entschlos sich demnach, eine neue Maske anzulegen, sich vor einen jüngst aus Candia gekommenen Ingenieur auszugeben, und vom Könige Michael Wiesnowiesky die Erlaubnis zu suchen, in Pohlen wider die Türken, die damals den Krieg schon droheten, gleich er in Candia gethan hätte, dem Feldzuge als Freywilliger mit beyzuwohnen.

Er hatte Candia nimmer mit Augen gesehen, er hatte aber von diesem Kriege, der unternommenen

Belagerung und allen Vorfällen, so genaue Nachrichten, daß er wol klügern Leuten, als den Pohlen, hätte weis machen können, daß er persönlich der Belagerung in Candia beygewohnt hatte.

Ohne Bedenken erhielt er demnach von dem Könige solches und es wurde ihm ein förmliches Patent ausgefertiget, daß er als Pan Ingenier Krolewsky, oder Herr Königl. Ingenieur, allen Officiers accreditirt und empfohlen wurde. Bisher hatte Paulmieres bald Monsr. Bonneval, bald Monsr. du Bourg, bald Matthys Olewitz und Ulrich von Werdum Christian Fresen geheissen, nunmehro aber nannte jener sich, Jean Bardouni, le Chevalier de Sacconnay und dieser Gratian Ultic. Die Mönchs, die Kaufleuts und abgedankter spanischen Officier Kleider, unter welchen sie bishero verborgen gegangen, veränderten sie nun in Köllerts, Escharpen, Federn auf den Hüten, und gänzliche Soldaten-Equipage. Paulmieres schafte anjetzo sich viele Reit-Pferde, drey Rüst- und Proviant-Wagen, Köche, Reit-Knechte, Leib- und Kammer-Bediente an. Ulrich von Werdum aber wurde von nun an vor einen abgedankten Capitain ausgegeben, (auch davor gehalten) der sich bey dem Herrn Ingenieur aufhielte, die Kunst Vestungen miniren und sprengen zu können vorzüglich verstehend. Im übrigen war derselbe zugleich Hofmeister über des Herrn Ingenieurs Train. Sie konnten beide jetzt frey schreiben und chiffriren, weil man glaubte, daß solches Abrisse und Ausrechnungen von Fortifications-Werken wären. Von dieser Epoche an, hatte Ulrich von Werdum seines Herrn Vollmacht, Instructiones und andere geheime Briefe, in einer Tafel von Wachslicht

bewun=

gewunden, welche etliche Pfund groß war, die er alle Abend angezündet auf den Tisch setzte, anstatt daß er diese Sachen und die andern Pretiosa seines Herrn vorhin theils zwischen einen verborgenen Boden seines Cofres, theils in dem Teer= oder Wagenschmier=Faß verstecket und verwahret hatte. In solcher wohlüberlegter Verfassung traten sie beide demnach ihre Reise zu der in Podolien bey Czernikow stehenden Kron-Armee den 27ten Junii 1671. von Cowitz und kamen bey derselben glüklich den 26ten Julii an, wurden in der Qualität ihres Patents an= und wohl aufgenommen, blieben auch den gantzen Feldzug über, welcher damals von der Kron=Armee wider die rebellische Cosacken und Tartaren geführet wurde, unentdecket, hatten ihr Gezelt, wenn die Armee campirete, neben dem Leib=Regiment Dragoner des Kron=Gros=Feldherrn und dessen Obrist=Lieutenants de Boham. Dieser gantze Feldzug war indes mit dem Gros=Feldherrn und andern Magnaten nur zu dem Ende eingeleitet, um das geheime Vorhaben auszuführen. Unser Ulrich von Werdum zog demnach mit seinem, unter dem Namen eines Königlichen Ingenieurs verborgenen Herrn in der Kron=Armee zu Felde in die Ukraina. Er hat davon ein ausführliches Tage=Register aufgenommen, so er von pag. 427 — 526. dem Journal seiner Reisen einverleibet hat. Dieser Feldzug war, wie ich schon gesaget habe, darum von denen Frantzösisch gesinneten bey der Armee mit dem Gros=Feldherrn, im Lager bey Kamieniec beschlossen, um dadurch die Polnische Reuterey, die sie Towarzisz oder Commilitones nennen, zu entkräften, wo nicht zu Grunde zu richten. Diese Cavallerie war aus dem Polnischen Adel und hielt es mit dem Könige Michael, es war auch keine Hof-

F 4

nung vorhanden, so lange sie noch in ihrem bisherigem gutem Zustand blieb, sie in eine Conföderation für die Französische Partei zu ziehen, daher der Kron-Strasznick oder General-Wachtmeister diesen Anschlag gab, daß weiln der ganze Werth dieser Cavallerie in ihren Pferden und übriger Equipage bestünde, man sie durch unerträgliche Marches und schwere Züge darum zu bringen suchen müsse, da sie denn nachhero es bald besser Kauf geben würden. Dieses geschahe und der Zweck wurde auch ziemlich erreichet, indem dieser Towarzisz Equipage nicht nur während des Feldzuges sehr ruiniret, sondern durch die schlechte Winter-Quartiere, welche ihnen den 1ten November desselben Jahres, auf Anstiften der Französischen Partey von Hofe aus und von dem Gros-Feldherrn, nach darüber gehaltenen General-Rolo oder Versammlung aller Officiere der gantzen Armee, in die eroberten Oerter der Ukraina, wo nichts zu beissen und zu brechen war, angewiesen, vollends verderbet und vernichtet worden.

Dem Königlichem Ingenieur wurde sein Quartier in Mohilew angewiesen, um den Winter über desto besser an der Confoederation der Armee arbeiten zu können, er blieb jedoch aber vorerst zu Barr, weiln er dadurch bequemere Correspondenz sowol in Pohlen, als auch mit der in der Ukraine liegenden Armee haben und dadurch dem Haupt-Zweck seiner Sache näher kommen konte. Der Gros-Feldherr ging nach Reußisch Lemberg, wohin der Abt und von Werdum ebenfals sich den 23ten November zum ersten und den 14 Februar 1672. zum andernmal, zu demselbigen begaben, sie blieben daselbst so lange bey demselbigen, bis er sich den 25ten April nach Jowarow in Reussen, seiner or-

dinairen

dinairen Winter-Residenz erhoben, wohin sie ihm folgten. Daselbst überfiel unserm Ulrich von Werdum im Monat May ein heftiges Fieber, so daß sein Herr, der Abt de Paulmieres, an seinem Leben und Wiederaufkommen verzweifelte. Er wuste nicht, woselbst er in solchem Fall ihn solte begraben lassen, weil man seinen Leichnam nicht auf den Päbstischen, vielweniger auf den Griechischen Kirchhof würde genommen haben. Er eröfnete ihm hierüber freymüthig seine Bekümmernis und frug ihn, ob er damit zufrieden, daß in solchem Falle er in des Gros-Feldherrn Garten unter einen Baum begraben würde. Ulrich war damit zufrieden, es besserte sich aber unvermuthet mit ihm.

Hierauf traten sie am vorgemeldeten 10ten Junii 1672. mit dem Gros-Feldherrn incognito die Reise zu dem instehenden Reichstage nach Warschau an, um nunmehro, nachdem die Conföderation, der, wegen bishero gehabter höchst elenden Winter-Quartiere, dürftigen und misvergnügten Armee, so gut als zu Stande gebracht war, auch daselbst mit etlichen der vornehmsten Senatoren, die noch schwankender oder wol gar widriger Gesinnung waren, der Sachen gleichfals eins zu werden, an die Erhebung des Herzogs von Longueville zur Polnischen Krone die lezte Hand zu legen.

Nachdem sie nun den 18ten Junii zu Warschau angelanget waren, und daselbst drey Wochen lang in des Königs Johann Casimirs Pallast, so in der Vorstadt in einem Garten an der Weichsel gelegen, in welchem der Gros-Feldherr sich verborgen aufhielt, ihr Quartier gehabt, so brachten sie es so weit, daß die

F 5 Unter-

Unterhandlung für den Hertzog von Longueville, mit allen denen, welche es bishero noch mit dem Könige Michael gehalten, selbst auch mit dem Litthauischen Gros-Cantzler Patz ebenmässig zu Stande kam, so daß alle Haupt-Officiers der gantzen Armee, nebst allen Geist- und Weltlichen Grossen im Reich und am Hofe, etliche sehr wenige ausgenommen, dem Reichs-Primas Prasmowsky und Gros-Feldherrn Sobiesky Vollmacht ertheileten, in ihrer aller Namen und von ihrentwegen, drey Briefe nach dem Französischen Hofe, abgehen zu lassen. In dem ersten sollte der König von Franckreich ersuchet werden, den Duc de Longueville zur Annehmung der Polnischen Krone ungesäumt seiner Dienste zu entlassen: in dem zweyten ward der Printz von Conde gebeten, weil er selbst sich der Krone Polen entschlagen hätte, für den Hertzog von Longueville dessen Entlassung am Französischen Hofe zu erwürken. In dem dritten wurde dem Hertzog von Longueville die Polnische Krone und Scepter angetragen und derselbe im Namen aller Stände nach Polen eingeladen.

Ein Französischer von Adel, Monf. de Cleves, wurde als Courier mit diesen Briefen abgefertiget, wie er aber in Dantzig eintraf, war daselbst die unvermuthete Nachricht angekommen, daß der Hertzog von Longueville den 12ten Junii nach der Passage der Französischen Truppen über Reims, mit einer Musket-Kugel durch und durch geschossen, und ohne einiges Wort zu reden, an dieser Wunde gestorben sey. Er setzte also seine Reise nicht weiter fort.

Abt Paulmieres und Ulrich von Werdum hielten damals eine eigene Post von Dantzig auf Warschau,
welche

welche allezeit drey Tage eher ankam, als die Dantziger ordentliche Post. Durch diese erhielten sie am 10ten Julii diese traurige Nachricht.

Jetzo war guter Rath theuer und muste eine schleunige Entschliessung genommen werden, wie man sich augenblicklich von Warschau entfernen wolte, bevor mit der ordentlichen Post diese Nachricht ebenfals dort eintreffen würde. Sie machten also bey den Grossen des Reichs den Vorwand, ihre persönliche Anwesenheit würde zu Dantzig erfordert, weiln der Banquier daselbst nicht eher Gelder weiter remittiren wolle, bevor mit ihm die bisherige Rechnung abgeschlossen worden.

Die Pohlen riethen ihnen treulich an, ihre Abreise nach Dantzig nach aller Möglichkeit zu beschleunigen, welches sie auch thaten. Nimmer würden sie solches gethan, noch sie losgelassen haben, wenn ihnen dieser Todes-Fall bekannt gewesen wäre, maßen die meisten unter ihnen zu dieser Unterhandlung grosse Geld-Summen vorgeschossen hatten, zu deren Wiederbezahlung Paulmieres sich, im Namen des Herzogs von Longueville aufs feyerlichste verbindlich gemacht hatte.

Er reisete also den 12ten Julii Hals über Kopf ab, und nahm Ulrich von Werdum mit, jedoch in der Hofnung, die Sache für einen andern Printzen vom Geblüt am Französischen Hofe noch wieder anhängig zu machen. Sie nahmen ihren Weg durch Masuren, Preussen, Cassuben, Pommern, Mecklenburg, Sachsen, Lauenburg, Holstein, Bremen, Münster, Lin-

gen,

aen, Bentheim, Twente, Zütphen, Cleve, Cöln, Trier, Luxemburg, Lothringen, nach Paris, allwo sie den 12ten August anlangten.

Ulrich von Werdum hielt sich hieselbst bis den 16ten März 1673. auf. Nachdem er aber alles Sehenswürdige in der Gegend in Augenschein genommen hatte, nahm er von diesem seinem bisherigen Herrn und zugleich von Paris Abschied, und trat an eben dem Tage eine eigene Reise vor sich selbst nach Engelland an. Den 21ten März ging er von Calais nach Dover, und langte des folgenden Tages zu London an. Wie er auch in dieser Stadt und denen herum gelegenen Oertern alles Merkwürdige besichtiget, ging er den 4ten April des obgemeldeten Jahres von dannen nach Dover wieder zurück, von da den 6ten April wieder nach Calais, sodann durch die Niederlande, Ost-Friesland, die Grafschaften Oldenburg und Delmenhorst, das Herzogthum Bremen, Holstein, die Dänischen Inseln Fünen und Seeland, über den Sund, die Insul Bornholm, die Ost-See, durch die sogenannten Scheeren nach Stockholm in Schweden. Unterwegens, absonderlich in denen Niederlanden und dem Königreich Dännemark nahm er alles Merkwürdige, so viel möglich, in Augenschein.

In Stockholm hielt er sich bis zum 14ten Junii auf. Von dannen begab er sich in Wester Gothland nach Lindholm, dem Schlos des Grafen Bengt Oxenstierna, Königlich Schwedischen Geheimen Raths, Präsidenten des hohen Tribunals zu Wismar, und Oberlandrichters in Ingermannland, um seinen Bruder, Alexander von Werdum, welcher bey diesem

Grafen,

Grafen, als Hofmeister, in Diensten stund, zu besuchen.

Weiln sein Bruder diese Dienste zu quitiren entschlossen war, so nahm er solche wieder an, und wurde Hofmeister bey dem Grafen, dahingegen sein Bruder zum Schlos-Hauptmann über dessen Schlos und Herrschaft Capurien in Ingermannland bestellet wurde.

Er blieb auch in solcher Qualität bis zum Monat May des Jahres 1674. in Schweden, in welcher Zeit er nicht nur in diesem, sondern auch dem benachbarten Königreich Norwegen, sich nach Möglichkeit umgesehen, und absonderlich Gelegenheit gefunden, des Königs und der Königin Majestäten in Schweden, denen Grossen dieses Reichs bekant zu werden, und sich deren Gnade und Gewogenheit zu erwerben.

Als aber im gedachten Jahr 1674. dieser Graf Oxenstierna von dem Könige in Schweden Carl dem 11ten die feyerliche Ambassade an den Römischen Kaiser aufgetragen worden, und derselbige ihn auch, als Hofmeister der Ambassade mit nach Wien nehmen wolte; so schickete derselbige ihn mit einem Major Henrich Hohmut von Harassou, einem Böhmischen Edelmann, den 4ten May gemeldeten Jahres voraus nach Hamburg, um daselbst zu dieser Ambassade die erforderliche Anstalten zu machen, und insonderheit Pferde zu derselbigen zu kaufen.

Er reisete also nach Hamburg, und langete daselbst den 20ten May an, lag sodann allhier vierzehn Tage stille und machte allerley Anstalt zur bevorstehenden

Gesand-

Gesandschaft, that darauf eine geschwinde Neben-Reise durch Bremen nach Elineloo, zu seiner Schwester, blieb noch vier Wochen in Hamburg bis zur persönlichen Ankunft des Grafen Oxenstierna mit seinem Gefolge aus Schweden.

Es brach darauf die ganze Gesandschaft, aus 151 Personen bestehend, den 13ten August auf.

Die Reise ging durch die Herzogthümer Lüneburg, Braunschweig, das Stift Halberstadt, Quedlinburg, die Grafschaft Mansfeld, das Stift Merseburg, Meissen, Thüringen, Franken, die Ober-Pfalz, Bayern, die Donau hinunter durchs Stift Passau, das Land Ob der Ens und Ober-Oesterreich nach Wien, woselbst er also mit der Ambassade den 21ten September anlangte, nachdem er unterwegens alles, was merkwürdig, in Städten und auf dem platten Lande vorkam, besahe, auch an unterschiedlichen deutschen Höfen, an welche er von dem Gesandten unter Weges verschicket wurde.

Dieses ist die einzige feyerliche Gesandschaft, welche die Geschichte des vorigen Jahrhunderts aufweisen kann, Unus tantum fuit, sagt der berühmte Feltmann, (6) Rex Sueciæ, qui solemnem Legationem decreverit ad Imperatorem, quam obivit illustrissimus Bened. Oxenstierna nunc Regni Sueciæ Cancellarius, (7)

---

(6) In Tractat. de Titulis Honorum lib. 1. cap. 24. §. 7. pag. 99.

(7) Sie bestand aus 151 Personen. Es waren in derselben, ausser dem Abgesandten selbst, dessen Gemahlin, Schwiegerin, Tochter und Sohn vorhanden,

In gedachter Nieder-Oesterreichischen Haupt-
und Römisch Kaiserlichen Residenz-Statt Wien, hielte
nun

den, ein Graf Steenbock, ein Gesandschafts-Mar-
schall, ein Gesandschafts-Hofmeister, welches letztere Ulrich von Werdum war, ein Gesandschafts-
Secretär, und Gesandschafts-Prediger, 3 Barons
und eine Baronesse, 3 vornehme Schweden von
Adel, 7 Edel-Knaben, 3 Kammer-Jungfern,
2 Wasch- und 3 Küchen-Mägde, 1 Stallmeister,
3 Hof-Junker, ein Tanz-Meister, 2 Trompeter,
2 Cantzellisten, 3 Copiisten, ein Furier, ein Küchen-
meister, 1 Kellermeister, ein Cassirer, 1 französischer Peruckenmacher, 1 Cammerdiener, 1 Barbier,
ein Hof-Schneider, 1 Mundschenk, 1 Tafeldecker,
1 Serviettenbrecher und Salaat-Staffirer, 1 Mu-
sikant, 1 Einkäufer, ein Zuckerbäcker, 6 Trabanten,
12 Lackayen, ein Frantzösischer Koch zu Potagen,
1 Frantzösischer Koch zum Braten, 2 Deutsche
Köche, 2 Koch-Gesellen, ein Futter-Marschall, ein
Huf-Schmid, 1 Sattler, 1 Wagen-Zimmer-Mei-
ster, ein Leib-Kutscher und sein Vorreuter, noch
9 Kutscher und Vorreuter, 9 Reut-Knechte, 1 Haus-
Knecht, des Grafen Steenbocks Kammerdiener und
andere Bediente, des Gesandschafts-Secretärs 2 Bediente, derer Barons Kammerdiener und Leib-Knech-
te, der Edelknaben, des Stallmeisters, der Cantzellisten, Musicanten, Trompeter, Barbiers, Kü-
chen-Meisters, Zuckerbäckers, Peruckenmachers ꝛc.
Knechte. In welcher Ordnung und mit welcher
Pracht den 20ten October 1674. der feyerliche Einzug dieser Gesandschaft in Wien geschehen, in wie
vielen Kutschen, in welcher kostbaren Bekleidung
aller Bedienten, wie sie Kaiserlicher Seits empfangen und abgeholet worden, und was dergleichen
mehr ist, davon hat Ulrich von Werdum seinem
Journal der Reisen eine eigene genaue und umständliche Beschreibung angehänget; zu weitläufig
ist es aber für diese Anmerkung daraus etwas an-
zuführen,

nun zuvörderst die Schwedische Ambassade den 20ten October ihren öffentlichen Einzug mit gröster Pracht und lag daselbst gantzer vier Monat stille. In dieser Zeit bediente Ulrich von Werdum sich der schönen Gelegenheit alles besondere in und um Wien, absonderlich die Kaiserliche Bibliothek, Kunst und Naturalien-Kammer zu besehen, machte sich auch mit vielen daselbst befindlichen grossen Herren und vornehmen Standes-Personen bekannt. Er reisete sodann in vorgemeldeter Qualität mit der Ambassade den 18ten Januar neuen Stylo 1675 wiederum aus Wien, durch Nieder-Oesterreich, Mähren, Schlesien, die Mark Brandenburg, Pommern, und Meklenburg nach Wismar, und besahe gleichfalls auf diesen Weg so viel thunlich alles Merkwürdige.

Daselbst wurden die nur zum Staat der Gesandschaft angenommene und zum ordentlichen Hofstaat des Grafen Oxenstierna nicht gehörige Personen entlassen, und der Graf nahm nunmehro als Königlich Schwedischer Reichs-Gesandte in Deutschland, und Präsident beym hohen Tribunal zu Wismar, an diesem Ort seine ordentliche Residenz, es verblieb aber Ulrich von Werdum annoch in dessen Diensten, und erwartete zuvörderst daselbst seinen Bruder Alexander von Capurga aus Ingermannland.

Als nun dieser den 15ten May daselbst eintraf, traten beyde den 25ten May eine Reise aus Wismar nach OstFriesland an, woselbst sie den 10ten Junii zu Werdum anlangeten. Weiln indes mitlerweile die Schwedische Armee von der Brandenburgischen bey Ferbellin geschlagen worden, und kurtz darauf der

Frie=

Friedensbruch zwischen Dännemarck und Schweden erfolgete; so wurden sie Gebrüdere Ulrich und Alexander von Werdum wieder von dem Grafen Oxenstierna
nach Wismar zurückberufen, daher sie den 3ten Julii
wieder von Werdum aufbrachen und den 16ten zu Wismar anlangeten.

Gleich nach ihrer Ankunft, zeigete der Graf Oxenstierna Ulrich von Werdum an, daß er vom Könige
zum bevorstehenden Reichstage nach Schweden verschrieben wäre, und sich zur Reise dorthin fertig machte,
begehrete also von ihm zu wissen, ob er mit dahin gehen wolte, welchen Antrag er aber ablehnete. Weiln
indessen damalen die Dänische, Kayserliche und Bran-
denburgische Partheyen täglich vor den Thoren zu Wismar herum streiften und daß man stündlich eine Belagerung vermuthete, der Graf Oxenstierna aber mit
seinem gantzen Gefolge selbst aufzubrechen, so bald nicht
fertig werden konte; so ersuchte er den Ulrich von Werdum, ihm seine Juwelen voraus in Sicherheit zu bringen. Er nähete diese Juwelen, mehr als 12000 Rthl.
an Werth, in einer Binde übers blosse Hemd und ritte
gantz alleine mit dem Lübecker Postillon durch unge-
wöhnliche Wege bey der Ost-See herum glücklich nach
Lübeck, wiewol die Streifereyen so häufig waren, daß
ein Brandenburgisches Detaschement unter dem Grafen
von Promnitz die Schildwache im Lübecker Thor zu
Wismar erschossen.

Hier zu Lübeck (in der Vorstadt Steenrade dem
Lusthause eines Lübeckischen Patritii des Geschlechts
Bremse) wohin der Graf Oxenstierna sich mit seinem
gantzen Gefolge begeben hatte, nahm Ulrich von Werdum

dum den 22ten August von demselben Abschied, und als dieser darauf durch Holstein und Dännemark nach Schweden gereiset, er Ulrich von Werdum aber noch eine Zeitlang, wiewohl vergeblich, in Lübeck auf seine in Wismar zurück gebliebene Sachen gewartet, reisete er den 8ten September auch von dannen nach Elinelee zu seiner Schwester.

Im Januar des darauf folgenden 1676ten Jahres schrieb Graf Oxenstierna ihm, er vermuthete, er würde als erster Königl. bevollmächtigter Minister auf den Friedens-Congres nach Nimwegen gehen, und ersuchte ihn wieder zu ihm zu kommen. Ulrich von Werdum nahm diesen Antrag, jedoch ohne Gehalt an.

Den 16ten August trat er demnach diese Reise an und ging über Emden, Delfsyhl, den Damm, Gröningen, Harlingen, die Süder See, Amsterdam, Muyden, Naerden, Amersfort, die Welau, Arnheim und Betau nach Nimwegen.

Die Zeit seines Aufenthalts zu Nimwegen, als Königl. Schwedischer freywilliger Gesandschafts-Cavallier nutzte er zugleich zu kleinen Reisen nach Amerongen, Utrecht, Amsterdam, den Waal-Strohm hinunter &c. zur Erweiterung seiner Kentnisse; nachdem er aber bis im Monat Februar des 1677ten Jahres zu Nimwegen sich, nebst seinem Bruder bey der Schwedischen Gesandschaft aufgehalten, und wol sahe, daß die Friedenstractaten sich sehr in die Länge ziehen würden, ihre Haus-Angelegenheiten aber ihre persönliche Anwesenheit in Ostfriesland erforderten, so beschlossen sie ihre Zurückreise, nahmen den 8ten Februar gedachten Jahres

Jahres von dem Grafen Orenstierna ihren Abschied und reiseten darauf von Nimwegen durch Geldern, Cleve, Schenkenschantz, Yffeloort, Duisburg, Zütphen, Deventer, Swoll, Drente, Assen, Gröningen, Delffyhl, Emden, über Aurich nach Werdum.

Nach der Zurückkunft von diesen achtjärigen Reisen, suchte der hiesige Fürstliche Hof einen Mann von solchen Wissenschaften, der die grosse Welt gesehen und dadurch auf diesen vieljährigen Reisen seinen grossen Kentnissen eine verfeinerte Politur gegeben hatte, gar bald an sich und in seine Dienste zu ziehen.

Er wurde also im Jahre 1679. Fürstlicher Geheimter Rath, Cantzley- und Vice-Cammer-Präsident, welchen Dienst er bis an sein Lebens-Ende mit vielem Ruhm und Eifer verwaltet hat.

Es erfolgte aber dieser sein Tod zum unersetzlichen Schaden des Fürstlichen Hauses zu frühzeitig, nemlich schon den 20ten März 1681, nur allererst in dem 49ten Jahre seines glänzenden Lebens.

Die Schriften, welche er hinterlassen hat, sind gründlich abgefasset, auch angenehm zu lesen, und das Journal seiner Reisen zeiget, daß er ein Mann von der grösten Accuratesse gewesen seyn müsse, indem er alles (sogar die Meilen auf dem Rande) mit grosser Sorgfalt angemerket hat.

Diese seine Schriften sind nie gedruckt, sondern liegen noch sämtlich in der Handschrift, von welchen die hiesige Gelehrte zum Theil Abschriften in Händen haben.

Es sind folgende:

1) Series Familiæ Werdumanæ usque ad Annum MDCLXVII. Auctore V. v. Werdum. 410 Seiten in 4.

Der weyl. Herr Consistorial-Rath Andreas Arnold Goffel hat diese Schrift ins Deutsche übersetzet, aber diese Uebersetzung ist auch nie gedruckt.

2) Res Frisiæ. 1659. 55 Seiten in 4.

Auf dem Titul stehet: sequentes Antiquitatum Locunæ descriptæ ex Manuscripto veteri Petkumi Anno 1659. mense Octobri. U. v. Werdum.

3) Historiæ Frisiæ Breviarium iuxta seriem Librorum Ubbonis Emmii. V. u. Werdum. 1660. 131 Seiten in 4.

4) Discursus Historico Politicus de Causis motæ Frisiæ. 1660. in 4to.

5) Journal der Reisen, die ich durch die Königreiche, Polen, Frankreich, Engelland, Dännemark und Schweden, auch durch Ober- und Nieder-Teutschland, sammt andern hier und dort angrenzenden Ländern gethan. In den Jahren 1670. 1671. 1672. 1673. 1674. 1675. 1676. 1677. U. u. Werdum. in fol. 480 Seiten, nebst einem Register der Städte, Schlösser, Flecken, Dörfer, Ströme, Rivire, Flüsse und anderer merckwürdigen Sachen, so in dieser Reise-Beschreibung enthalten.

6) Fe-

6) Responsa Politica de Sigillo ordinibus Frisiæ orientalis ab Imp. Leopoldo concesso, nec non de administratione Justitiæ & Bonorum in Frisia.

Das erste Gutachten desselben über das Siegel der OstFriesischen Landes=Stände ist in der Brenneysenschen OstFriesischen Historie abgedruckt. (8)

7) Vermuthliche Mittel dadurch zwischen dem Hochfürstlichem Hause und gesammten Unterthanen in Ostfriesland beständige Einigkeit und geruhiges Regiment wiederum anzurichten und zu erhalten. 105 Seiten in 4to.

Genealogiæ quædam Nobilium Frisicæ orientalis familiarum principalium. Diese letztere Schrift wird ihm zugeschrieben, allein nicht er, sondern Loringa ist der Verfasser derselben, er hat dieselbe nur abgeschrieben und der Nachwelt aufgehoben. Auf dem Titul=Blatt meines Exemplars stehet: Jam dudum ex antiquis quibusdam Manuscriptis a Nobilissimo Eilhardo Loringa excerptæ atque collectæ, iam vero de novo exaratæ nec non descriptæ. Werdumi Anno 1649.

Wohl aber ist von ihm folgende Schrift:

8) Genealogia quarundam Nobilitatis Frisiæ Familiarum iuxta Historiam Ubbonis Emmii. U. u Werdum. 1660. in Folio 14 Seiten.

Dieses vornehme adeliche Haus ist nunmehro in der Person der Frey=Frau von Kessel, gebornen von

---

(8) *Tom. 2. Seite* 978.

Werbum, gäntzlich ausgestorben. Der im Anfange dieses erwehnte Gotfrid Hinrich Müller in Diff. de Orient. Frif. Dynaſtis (9) ſchreibet von unſerm Ulrich:

Ulricus Werdumanus, liberorum Heronis ſextus, in litterarum ſtudiis verſatiſſimus fuit. Ad ſextum enim & trigeſimum annum iis incumbens, poſtea peregrinationibus per Germaniam & exteras regiones ſe dedit, inque iis omnem, viro ad rem publicam acceſſuro, dignam, & linguarum, quas Oſto loquendi & ſcribendi facultate tenebat, & aliorum ſtudiorum elegantiorum cognitionem, opera haud ſegni navata, ſibi comparavit; inde reverſus in patriam, a Sereniſſima Principe Chriſtina Charlotta, tutorio nomine tunc regente, Conſiliarius intimus & Præſes Vicarius Cancellariæ ac Cameræ conſtitutus eſt, cui officio quoque ad mortem usque anno 1681. die 20. Martii. ætatis quadrageſimo nono, ſingulari induſtria præfuit. Corpus Werdumum deductum & penes maiores conditum.

Der Hof-Prediger Bertram ſchreibet (10) von ihm: Aus dieſer Familie hat ſich ſonderlich hervorgethan **Ulricus von Werdum**, von dem auch noch unterſchiedliche feine Schriften in Manuſcript vorhanden ſind.

Sein Bruder Alexander von Werdum, welcher 20 Jahre mit vieler Ehre in Königlich-Schwediſchen Dienſten

(9) Seite 96.
(10) In der Geographiſchen Beſchreibung des Fürſtenthums Oſtfriesland Seite 89.

Dienſten geſtanden, hat ebenfals Nachrichten von ſeiner Familie hinterlaſſen, welches, obwol jetzo ſehr ſelten gewordene Manuſcript folgende Aufſchrift führet

Alexandri von Werdum
Stamregiſter
derer
Erſten Hovetlingen von Werdum. (11)

Darin

(11) Dieſe Handſchrift iſt einem jeden unentbehrlich, welcher von den genealogiſchen Wiſſenſchaften Oſt=Frieslandes Werk machet. Die Nachrichten, welche darin von dem hieſigen hohen Adel vorkommen, ſind ächt und zuverläſſig. Es kommen auch einige Anecdoten darin vor. Als von der vormaligen Grentze von Oſtfriesland gegen die Grafſchaft Oldenburg, ſo ſich bis Varel und Bockhorn erſtrecket, auch ferner von Bockhorn, Steenhauſen, Zeetel und die Aape bey Strich gantz nach Lengen hin ſtreitig geweſen. Die merkwürdige Inſchrift in einem Fenſter der Kirche zu Straakholt, davon Harkenroth nichts weis:

Benedictus Jeſus Mariæ filius

Anno 1473. regnante Teda Comitiſſa in OſtFriſa

tempore par: (paraſceues) devaſtata e præſens villa p) Comitem Gerhardum in Oldenborg. Es accepit ſpolia multa, IX ſtigas boum vaccarum, caballos; nec non devaſtarunt domum dotalem (ſacerdotalem) & captivati ſunt tres in villa. Es accepit ſpolia multa, aurum argentum, clenodia.

Alter alterius onera portate, ſic implebitis legem Chriſti

Quicqd. de altari capitis, rapina maledictio eſt!

Auaritia creſcit in infinitum.

Tempora mutantur, homines peiorantur. Qui veritatem dicis capus perdis. Qui quod vuls dicis, quod non vuls ſæpius audis!

Nunc

Darin schreibet er von seinem Bruder:
"Ulrich von Werdum ist ein Mann von grossen
"Studien gewest, wie die von Ihm nachgebliebene,
so

*Nunc sempus flendi, locus est peccata dolendi,
Postea gaudebunt, qui nunc sua crimina flebunt.
Ibidem in angulis fenestrarum.*
Jesus ♡ S. Barbara. Christus ♡
Ora pro nobis.

Ueber den Monstranzen-Schrank:

*Hic iacet absconsum corpus d virgine natum. Ergo
dum transis inclinando venerans hoc, & capus inclina
hic iaces mundi medicina.*

Inscriptio calicis:
Etsi editur hic Jesus, remanet tamen integer.

Daß zu vorigen Zeiten derjenige aus dem Adel, welcher die letztere Tochter einer Familie heiratete, ihre eigene Namen ablegten uud des in so weit ausgestorbenen Geschlechts Namen und Waapen angenommen. Hicco Boyungs von Dornum behielt zwar das Waapen von Dornum, schrieb sich aber von Werdum. Ihmel Allena legte aus eben der Ursache seinen Namen ab und schrieb sich Beninga, von welchem nachhero das gantze Geschlecht der Beninga entstanden ist. Der Kleinigkeiten nicht zu gedenken, daß Catharina Sophia von Werdum, des Häuptlings zu Middelstewehrs, Johann Frantz von Diepenbrock, Gemahlin, im 94ten Jahre ihres Alters einen Brief noch ohne Brille schreiben können, daß des berühmten Professors Pagenstechers Mutter eine Tochter aus dem Hause Werdum gewesen, daß das adeliche immatriculirte Gut Nesse an den Grafen von Wedel für 12000 Rthl. verkaufet worden, daß ein Ulrich von Werdum an einem Liebes-Tranck, so ihm eine Jungfer beygebracht, verstorben und dergleichen mehr. Wichtiger ist die
Nach-

„so Lateinische als Teutsche Schrifften solches an-
„weisen, biß zum Sechß und dreyssigsten Jahr Sei-
„nes Alters hat Er die Zeit mit studien zuge-
„bracht, nachgehends mit reysen durch Teutschland
„und fünf Königreiche auch andere Länder (wie an-
„noch Sein eigenhändig geschriebenes Reyse-Buch,
„davon zu sehen) wobey zugleich in erlernung frem-
„der Sprachen (deren Er achte mehrentheils fer-
„tig zu reden und schreiben gewust) sonderlicher
„Fleiß

Nachricht von dem Martyrer-Tode der Ursula von
Werdum, ein die Menschheit erschütternder Beweis
von der Spanischen Grausamkeit, die in den Niederlanden verübet worden.

„Ursula, Hicken und Hero von Werdum aelteste
„Schwester, so erzählt er, hat einen Geldrischen
„Edelmann zur Ehe gehabt, nahmens Johann Beck,
„es haben dieselbe keine Kinder nachgelaßen und sie
„ist anno 1545. bey des *Duc d'Alba* Verfolgung,
„weiln zur Päbstlichen Abgötterey Sie Sich nicht
„bekennen wolte, zugleich mit ihres Mannes Schwe-
„ster Maria Bek nicht weit von Delden zu Tode
„geschmauchet. Wie denn die Geistliche Lieder,
„so hievon annoch vorhanden, und zu der Zeit auf-
„gesetzet, dessen umständlich Nachricht geben.

Schmauchen war eine der schweresten Strafen
des Feuers. Ein dazu verurteileter Missethäter
wurde entweder nur über, oder neben einem ange-
zündeten Holtz-Haufen gehangen oder angebunden,
damit er von dem daraus gehenden Dampf und der
Hitze almählig ersticken muste. (Zedlers Univers.
Lexicon im 35sten Band Seite 278.)

Das geistliche Lied, dessen er erwehnet und Ursula von Werdum betrift, hat unser Ulrich von Werdum für die Nachwelt aufbehalten. Ich besitze
eine Abschrift davon und will dieses seltne Stück
meinen Landes-Leuten als einen Anhang dieses Artikels mittheilen.

"Fleiß von Ihm angewandt; zuletzt ist von Ihro
"Hochfürstlichen Durchlaucht unsers anietzo Regie-
"renden Printzens Frau Mutter die Durchl. Her-
"tzogin von Würtenberg, Christina Charletta, als
"damalige Vormünderin und Regentin zu OstFrieß-
"land Er in Dienste begehret und zum Geheimten
"Rath auch Vice Praesidenten (zu der Zeit als
"Herr Haro Borchart Graff von Freytag und
"Herr zu Goedens Cantzeley und Cammer Prae-
"sident war) bestellet worden, bey welchen Dienst
"Er auch Sein Leben zugebracht und geendiget,
"auch zu Aurich Seines Alters ungefehr neun und
"vierzig Jahre, Anno 1681. den 20ten Martii
"gestorben und zu Werdum ins Chor, an die Süd-
"seite des Altars bey Seinen Eltern, in den alda
"vorhandenen Keller beygesetzet und begraben wor-
"den, wegen der Ihn angebohrnen redlichkeit, auch
"Seines sonderlichen verstandes und vieler andern
"singulieren qualitaeten halber, wird Seiner
"noch wohl lange und viele Jahre rühmlich gedacht
"werden.

Ulrich von Werdum ist allerdings ein Mann gewesen, welcher seinem Vaterlande und dem hiesigen
Adel zur Ehre gelebet hat. Was sein Bruder und
Müller von ihm sagen, ist alles Warheit und beruhet
in diplomatischer Gewisheit. Man kann aus denen
von mir erzählten That-Sachen sehen, daß er von einem sehr klugen, lebhaften und entschlossenem Geiste
und zu den wichtigsten geheimen Sachen geschickt gewesen, der dabey seinen Verstand mit unermüdetem
und anhaltendem Fleis gebildet, und darinnen es sehr
weit gebracht hatte. Ausser seiner grossen Stärke in

so

so mancherley Sprachen, verstund er die Geschichte seines Vaterlandes aus dem Grunde und suchte sie für sich immer besser aufzuklären. Seine Schriften, besonders die Abhandlung **Vermuthliche Mittel**, Series Familiæ Werdum. &c. zeigen eine starke Lecture sowol der alten, als auch der besten neueren Schriftsteller und Geschichtschreiber. In seinen Geschäften war er emsig, Staatsklug und seiner Landes=Herrschaft sehr ergeben und getreu; jedoch etwas zu sehr für die Vor=Rechte des Adels und daher auch, so viel das System der Ostfriesischen Staats=Verfassung betrift, etwas wider unsern grossen Ubbo Emmius eingenommen. Vielleicht hatte er letzteres schon mit der Muttermilch eingesogen, besonders da Emmius von der alten Burg zu Werdum nach seiner bekannten Freymüthigkeit geschrieben, "sed ego non in prædones "Normannos, verum in patriæ viscera eractas esse "plerasque a factiosis nobilibus haud dubito," (12) und vielleicht hatten sich diese seine Grundsätze unter den Magnaten in Polen genähret. Dieses ist jedoch kein Flecken in seinem Leben, der von Erheblichkeit ist.

Von Kindes=Beinen an eine Begierde was rechtes zu lernen, seine academische Jahre mit Nutzen und Klugheit zuzubringen, durch Reisen sich zu wichtigen Geschäften geschickt zu machen, der Gelehrsamkeit sich bey allem dem gantz ergeben, von grossen Staats=Männern gesuchet, geliebet und geehret zu werden und dann endlich für das Vaterland mit Ruhm bis ans Grab

zu

---

(12) *Rer. Fris. pag.* 114. Man sehe wegen dieser alten Burg Harkenroths Ostfries. Oorspronglykh. 2. deel pag. 842. Brenneysen in der Ostfries. **Historie** *Tom.* I. Seite der Documenten 23.

zu arbeiten, das sind für ihn so viel wichtige Ehren-
Säulen als Worte hier stehen. Schade ist es, daß
er so frühzeitig verstorben ist, unstreitig würde er sonst
sein Ruhmvolles Leben noch mehr verherrlichet haben.
Indes sind hier schon Blumen gnug vorhanden, um
den Namen eines Ulrichs von Werdum einen Kranz
zu winden, welcher unverwelklich ist! —

Anhang.

Lydecken, gemaekt opt Marteln van Ursula van Wer-
dum, ende haer Manneß Heinrich van Bekums
Süster, Jüffer Maria van Bekum. Gedrükt
in een Hollandß Gesangboek van veelderhante
Gestelycke Lydeckens; int Jaer onses Heeren
MDLXXVII.

Na de Wyse: Het baget uyt den Osten ꝛc.

      Ick heb droefheit vernoomen
      Ypen soud ick syn verblyt
4 Esdr. 15. c. 28. Den Draeck iß op aerden gekomen
      bevangen mit grooten nyt:
4 Esdr. c. 16. v. 27. In all 't Land gaet hy roven
      Met also grooten Macht!
      Godtß woort will hy niet gelooven,
      soo heeft hy hem bedacht.

      Twee Joncfrowen deden se vangen
      de van Beckum waren sy genaemt
      Sy beminden Godtß warheydt met ver-
        langen,
Matth. 8. 28. Sy hebbens haer niet geschaemt:
      Men deedse te Deventer brengen
      voor Mynheer van Yßelstein,
      die 't geloof niet konden gehengen
      die waren daer in 't gemein,

De Stadthouder deed haer vragen
wat haar gelove weer
darop deeden sy gewagen
dat is na Christus Leer
Men voorde se sonder Gecken
te delden all opt dat Huiß
an van de Warheyt af te trecken
dat waeß haer so grooten Cruiß.

Twee Tyrannen deeden sy kriegen
all uit dat bourgonsche Hoff
an den Joncffowen te bedriegen
deß hadden sy geenen Loff:
de Tyrannen deeden vraegen
Na haer doopsel pertinent
Sy en sochten geen listige lagen
Maer hebbent frymoedig bekent.

Matth. 28. 19. Alß Christus onß Heere verheven
Marc. 16.–16.   Spreckt Marcy an 't sestiende voort
                den geloovigen sal men dat geven
                Leert ons syn Godtlyk woort
                Men vraegde Haer sonde cesseren
                Naet Papen Sacrament,
Matth. 26–25.   Wy houden van 't Nachtmahl onses
                                    Heeren
Marc. 14–22.   ho vraegt gy also blent.

De iongste is erst genoomen
Juffrou Maria van myn verstandt
om haer süster te ontvroomen;
hebben haer erst verbrant.
Sy badt al sonder verdrieten
de Overheyt seer soet
dat sy niet meer souden vergieten
dat recht onschuldig bloet.
d' ander vraegden se mit Practyken
Ursel waer sy genaemt
oft sy niet woude afwycken
haer Süßter was gebrant, geblaemt,

Sout

Sout gy my van de waerheyt dryven
om deesen Ydelycken doot,
Neen by Christum wil ick vroom blyven
Myn hulper in aller Noot.
ook brachten sy haer ter handen
Te bidden all om dat Schweertj
met haer Süster te verbranden
heeft sy also begeert.

Dus syn sy afgescheyden
te betuigen dat Godtlycke woort
al an de Waerheit te verbreyden
Storven sy ongestoort
O Heere wilt ons bewaren
al van dat bourgonsche Hoff,
voor den Duivel en syn Schaeren
sterkt ons in uwen loff.

Heer wilt de dage vercorten
Seynt ons den H. Geest,
en wilt de in Ons alle storten
in 't lyden allermeest,
de dit dichte mit verblyden
Gott wil hem altyt bystaen
oft hy om de waerheyt soud lyden
als deese twee hebben gedaen.

uyt het boovengenoemde Liederboek
geschreeven tot Petkum in 't Jaer
1679 den 19ten <i>Julii.</i></p>

Michael

Michael Walther.

Gestorben den 21sten Januar 1692.

Michael Walther ist den 3ten Mertz 1638. hier zu Aurich gebohren. Sein Vater war der berühmte Theologe gleiches Namens, der damalige hiesige General=Superintendent und Ober=Hof=Prediger Michael Walther. (1)

Er studirte Anfangs zu Helmstädt, welche Universität er schon im 16ten Jahre seines Alters bezog, nachhero, da er daselbst sich 3 Jahre lang in den Wissenschaften geübet, begab er sich nach Wittenberg, sezte daselbst seinen Fleis mit solchem Eifer und Ruhm fort, daß er im Jahre 1659 die Magister=Würde davon trug, auch Adjunct der Philosophischen Facultät wurde.

Nun fing er an, sich dem Academischen Leben ganz zu widmen. Er las fleissig Collegia, und zwar in der Gottes=Gelahrheit vorzüglich über Königs Theologiam positivam, hielt Examinatoria und lehrete auch die Mathematische Wissenschaften mit vielem Fleis und Zulauf.

Die

---

(1) Man sehe von ihm die Nachrichten in dem Jöcherschen Gelehrten Lexicon *Tom.* 4, Seite 1803. imgleichen und vorzüglicher Reershemii Prediger=Denkmahl von S. 57 bis 64. Joh. Friederich Bertram in der *Historia Critic. Johannis a Lasco* I. Theil §. 15. in der Anmerkung S. 95. Zedlers Universl. Lexicon 52 Band Seite 1854. Witten *Memoriæ Theolog. nostri Sec. Clariss. Decad.* X. *num.* 9. Seite 1406.

Die Universität und der Churfürstliche Hof zu Dresden belohneten und reitzeten diesen seinen Fleiß damit, daß er im Jahre 1664 zum Professor der Mathematik bestellet wurde.

Zwölf Jahre hatte er nun in den Musen-Sitzen sein Leben zugebracht, der grentzenlose Eifer, welchen er besaß, seine Kenntnisse zu vermehren, konte also nicht weiter ruhen. Da ihm hiezu nichts zuträglicher war, als aus jenem academischen Schulstaub einst herauszutreten und seine erlangte Wissenschaften durch eine gelehrte Reise zu erweitern; so trat er im Jahre 1665 seine Reise an, besuchete Leipzig, Merseburg, Jena, Bamberg, Würtzburg, Nürnberg, Altdorff, Regensburg, Ingelstadt, Augspurg, Tübingen, Strasburg, Speyer, Heydelberg, Frankfurt, Mayntz, Gießen, Marpurg, Erfurt, Halle und andere, besuchte die Gelehrte jeden Orts ohne Unterscheid der Religion und suchte von jedermann etwas zu lernen, wohnete allen öffentlichen Dissertations-Handlungen bey, durchwühlete die Bibliotheken und machte sich alles zu Nutze, was er jedes Orts zu lernen fand.

Im folgenden Jahre starb der Professor der höheren Mathematik zu Wittenberg Christoph Nottnagel, zu diesem Amte wurde er berufen und von seiner Reise zurückgezogen. Er fing wiederum an mit grossem Beyfall die Astronomie und andere Wissenschaften in seinen Collegiis zu lehren, im Jahre 1668 wurde er Aufseher über die Churfürstliche Stipendiaten dasiger Universität und im Jahre 1687 ordentlicher Professor der Gottes-Gelahrheit, in welchem Amte er auch bis an sein Lebens-Ende verblieben ist, unerachtet er

von

von vielen Orten sehr vortheilhafte Berufe von Zeit zu Zeit erhielte. Von den Curatoren des Sawedischen Pädagogii zu Stettin wurde er berufen, zum Rectorat dieses Gymnasiums, bald nachher, als ordentlicher Professor der Gottes-Gelahrheit, General-Superintendent, Hauptprediger und Consistorial-Rath zu Greifswalde, dann durch den hiesigen Prediger zu Esens, Magister Ludewig Jaspari, als Generalsuperintendent in sein Vaterland Ost Friesland, er schlug aber alle diese Vocationen aus und blieb in Wittenberg, woselbst er das Decanat in der philosophischen Facultät viermal, das Pro-Decanat zweymal, in der theologischen Facultät das Decanat dreymal und das Academische Rectorat zweymal verwaltete und endlich den 21 Jenner 1692 im 54sten Jahre seines Alters das Zeitliche gesegnet hat.

Man braucht nur diese Erzählung zu lesen, um sich ein Bild zu machen, welches glänzende und nachahmungswürdige Leben dieser Ost Friese geführet hat und von seiner grossen Gelehrsamkeit zeugen sowol jene vielfältige Berufe zu so wichtigen Aemtern, als auch die ansehnliche Menge der Schriften, die er hinterlassen hat.

Ich werde ein Verzeichnis derselben hieher setzen, wenn ich zuvörderst noch angemerket haben werde, daß er sich viermal verheyrathet habe; 1) mit des Professors der Artzeney-Gelahrheit, Schneiders, zu Wittenberg; 2) mit des obgedachten dasigen Professors Nottnagels, 3) mit des Professors der Gottes-Gelahrheit Johann Deutschmanns und 4) mit des Geheimdten Raths und Chur-Sächsischen Gesandten auf dem Reichs-

Reichs-Tage Strauchs, Tochter, einer Wittwen Herrn Wilhelm Leysers auf Rabenstein, aus welchen drey ersteren Ehen er verschiedene Kinder erzeuget hat.

Er war ein langer ansehnlicher Mann, sehr freymüthig, in denen neuen Controversien seiner Zeiten sehr erfahren, auch von schöner Beredsamkeit, jedoch wurde ihm das Predigen etwas schwer, indem er gewohnt war, in denenselben immer Schrift mit Schrift zu erklären und zu beweisen. (2)

Kurz vor seinem Tode hielt er eine vortrefliche Rede von dem Zustand der Seeligen im ewigen Leben.

Seinen Namen und seinen Ruhm hat er durch folgende Schriften verherrlichet.

I. Die Mathematischen sind:
1. Analecta Mathematica.
2. Diss. de Eclypsibus.
3. De Cometis.
4. De longitudine geographica.
5. De zona torrida.
6. De aureo numero.
7. De via Sabbathi.

II. Die Theologischen:
1. De Fidei Nicenæ veritate, antiquitate & necessitate.
2. De iustitia inhærente.
3. Quid circa clauem ligantem liceat.

4. De

(2) Jöchersche Gelehrt. Lexicon 4 Band Seite 1804.

4. De Fide baptizatorum infantum.
5. De Jesu ante Mariam.
6. De Catechizatione Veterum.
7. De Concursu Dei.
8. De Satisfactionis Christi certitudine ex Es. LIII. 5. 6. 1 Tim. II. 5. 6. inprimis contra Socinianos.
9. De Θείας κινωνίας φύσεως ex 2 Petr. I. 4.
10. De abusu distinctionis inter praesentiam intimam & extimam.
11. De Disputationibus Academicis.
12. De Dissimilitudine ortus nostri & Christi hominis.
13. De Christi hominis ἀναμαρτησία.
14. De nouo legislatore Christo contra Socinianos & Arminianos und andere mehr.

An ungedruckten Schriften sind von ihm noch vorhanden:

a. Vniuersa philosophia, thetice qua partem theoreticam methodo synthetica qua partem practicam methodo anlythica pertractata.
b. Metaphysica didactico-polemica.
c. Elementa arithmeticæ & geometriæ.
d. Varia de Cometis.
e. Ἐγκύκλιος ἀγωγὴ εἰς τὰ μαθήματα.
f. Geographia mathematica.
g. Dictata in *Calovii* theologiam positiuam.
h. Consideratio Syncretismi, quem *Heideggerus* molitur.
i. De libris symbolicis ecclesiarum nostrarum.

k. Bre-

k. Brevis & hoc tempore necessaria admonitio.
l. Institutiones Hebrææ.
m. Collegium exegeticum in IV Euangelistas.
n. Collegium exegeticum in loca Biblica.
o. Collegium Theologiæ theticæ.
p. Isagoge in Systema controversiarum Anti-Calvinisticarum.
q. Systema controversiarum Anti-Calvinisticarum.
r. Theologia polemica, ordine Koenigiano tractata.

Welche sämmtlichen Manuscripte sein jüngster Sohn, der verstorbene Herr Hof-Rath und Professor Augustin Friedrich Walther zu Leipzig der dasigen Universitäts-Bibliothek geschenket. (3)

Jo-

(3) Zeblers Universf. Lexicon im 52ten Bande Seite 1857 bis 1861. und die daselbst angezogene Schriften. *Bunemann de doctis Westphalis. Pippings Memoriæ Theologorum.* Neue Zeitungen von Gelehrten Sachen. Lebenslauf in der Leichen-Predigt.

Johann Hinrich Stamler.

Gestorben den 13. December 1692.

Auswärtige Gelehrte wissen von diesem Stamler weiter nichts, als daß er ein OstFriese sey, daß er zu Giessen studiret habe, daselbst Doctor der Rechte geworden, die weitläuftige Abhandlung de Reservatis Imperatoris an statt einer Inaugural=Dissertation geschrieben und solche dem damaligen Fürsten in Ost=Friesland Enno Ludewig dediciret habe. (1) Ich werde also diese Lükke in der deutschen iuristischen Litteratur ausfüllen.

Johann Hinrich Stamler war ein noch gelehrterer Sohn eines gelehrten Vaters. Sein Vater war Edzard Stamler, von welchem ich vorhin gehandelt habe. Hier in Aurich, woselbst sein Vater damals Hofgerichts=Beysitzer war, ist er den 22ten October 1634. gebohren. Die Anfangs=Wissenschaften hat er in der Schule seiner Vaterstadt unter Anführung des damaligen hiesigen Rectors Martinus Nesselius erlernet. In dem 15ten Jahre seines Alters verfertigte er als Schüler, auf das Absterben des Grafen Ulrichs folgendes lateinisches Gedicht: (2)

Quam

---

(1) Der Herr Geheimte Rath Pütter in der Litteratur des deutschen Staats=Rechts (Göttingen 1776 in 8.) im 4ten Abschnitt Seite 230. §. 105. gestehet, daß er von seinen Lebens=Umständen nirgends etwas ausfündig machen können.

(2) Es ist dasselbe in Form eines damaligen Schul=Programs des Nesselius mit abgedruckt. Der Titel dieses

Quam celeri curfu fugiunt pulcherrima quaeque!
  Tempore quam conſtans optima quaeque brevi!
Tot ſuperans peſtes hominum, tot pondera terrae,
  Quos vitam melius non habuiſſe, foret.
Mors tamen humanis exemit coetibus illum,
  Annos, qui Pylios vivere dignus erat:
Ulricum Friſiae Comitem, qui cedere nulli
  Virtutum meruit prorſus honore locum.
Qui patrias terras, aequis moderatus habenis
  Subiectis populis commoda multa tulit.
Ergo ſpargamus tumulum redolentibus herbis,
  Carmine ſignantes marmora celſa brevi:
Heic ſitus exigua Comes eſt Ulricus in urna;
  Corpus habet tellus, ſpiritus aſtra colit.
                          Johannes Henricus Stamler
                              Auricanus.

Er ſtudirete zu Gieſſen unter der Anführung des berühmten Juſt Sinold genannt Schütz, und wurde im Jahre 1657. daſelbſt beider Rechten Doctor, mit der Inaugural-Diſſertation de Reſervatis Imperatoris-Romano-Germanici.

Er ſeß Programms iſt: *Pietas ſcholae Auricanae & Lacrimae, quas Funeri luctuoſiſſimo Illuſtriſſimi Comitis ac Domini DNI. Ulrici, Comitis ac Domini Friſiae orientalis, Dynaſtae Eſenae, Stedesdorfii & Wittmundae &c. Fundatoris quondam eius & Patroni munificentiſſimi, cum ſolemni ritu & pompa Illuſtriſſimorum Maiorum ſuorum monumentis ac Dormitorio inferretur Aurici die 24. Februarii Anno MDCXLIX, conſecrarunt humillime, ac impendentes Scholae eiusdem Alumni, ac primae claſſis diſcipuli. Endae typis Kallenbachianis, Anno 1649.* (in 4to.)

Er kam sobald nicht von der Universität in sein Vaterland zurück, als der Ruhm seiner Gelehrsamkeit und seiner grossen Fähigkeiten sich ausbreitete und ihm ansehnliche Ehren-Stellen verschafte. Schon im Jahre 1663. wurde er Regierungs-Rath, (3) wurde darauf in den wichtigsten Geschäften des hiesigen Fürstlichen Hofes gebrauchet, ging im Jahre 1664. als Gesandter nach Wien und dem Reichs-Tag zu Regensburg, im folgendem Jahre ging er wieder nach Wien (4) und noch einmal im Jahre 1686, auch in Gesandschaft an andere Höfe. (5) Im Jahre 1681. wurde er Vice-Canzler. Im Jahre 1686. erhob ihn Kayser Leopold in den Adels-Stand und bald nachher wurde er Geheimter Rath, Canzler und erster Minister dieses Fürstenthums OstFriesland.

In der gantzen gelehrten Welt hatte er sich durch seine merkwürdige Inaugural-Dissertation de Reservatis Imperatoris Romano Germanici (Giessen 1657) welche er ohne Vorsitz gehalten, berühmt gemachet. Dieselbe ist sehr ausführlich und voll ausgebreiteter Gelehrsamkeit. Sie ist 335 Seiten in 4to stark, nachmals zu Giessen, als ein Acroama inau-

H 4   gurale

(3) Nachricht von den Fürstl. Bedienten hinter Ravingas Chronick S. 2. in der ersteren Columne.

(4) Damals war er noch Regierungs-Rath, wie ich denn in alten Hofgerichts-Acten gefunden habe, daß er im Jahre 1666. noch Regierungs-Rath gewesen, indem er eine Revisions-Schedul nach damaligem Stil beym Hofgericht gezeichnet und sich als Regierungs-Rath unterschrieben hat.

(5) Das Diplom der Standes-Erhöhung erzählet dieses.

gurale von neuem 1658. wieder abgedrukt, hat aber nur einen neuen Titul bekommen, indem sonst alle Seiten mit der ersten Ausgabe übereinkommen; die in der ersten Ausgabe Seite 333. befindliche Mantissa einiger Corollarien (43 an der Zahl) fehlt jedoch in jener Auflage.

Eine so ausführliche Schrift in einer der wichtigsten Materien des Staats-Rechts muste allerdings wol Aufsehen machen, sie ist aber nach ihrer Hypothese verschiedentlich beurteilet.

Die darin ausgeführte Grundsätze schienen einigen von der Beschaffenheit zu seyn, daß sie die Sache der Kayserlichen Hoheits-Rechte zu weit trieben, indem er die denen Römischen und Griechischen Kaysern in alten Gesetzen und Urkunden beygelegte Complimente, quod Imperator sit dominus mundi &c. auf die Kayser des deutschen Reichs anwenden wolte. (6) Daher er zu der Classe der monarchischen Schriftsteller des deutschen Staats-Rechts durchgehends gerechnet wird. Sein eigener Freund, unser bekannte ehemalige Bürgermeister zu Emden, von Pollmann, schreibet davon: (7) "Stamler in Tractatu de Reservatis "Imperatoris, mihi ab ipso authore donato, "passim & per totum insistens principiis Rein"kingii, egregium agit monarchicum, quem & "ideo acriter exagitat Limnæus ab eo tactus, in "utraque appendice subiecta Addit. de Jure Pu-
"blic.

(6) Bilderbeck im Teutschen Reichs-Staat I. Abschnitt Cap. II. §. 26. Seite 98.
(7) *In Racemationibus ad Institut.* Seite 4. num. 1.

"blic. lib. 1. c. 12. & lib. 2. c. 15. Operum
"Tom. 5. An einem andern Ort läſſet er ſich in
folgenden Worten aus: "Cum Hippolito fere facit,
"licet paulo modeſtius, Limnæus, qui & ibi vix
"Vaſallagium Imperatori tribuit, contra quos
"multa quidem Slüter moret, ſed parum promo-
"vet, nec paria facit, cum facit, Reinkingio
"eiusque diſcipulo Stamlero. (8)

Gantz anders urteilet Cantzler Brenneyſen (ſelbſt
monarchiſche Grundſätze hegend) von dieſem Buche
des Stamlers. "In dem 25ten Jahre ſeines Al-
"ters„ ſagt er, "hat er mit gutem Urteils Ver-
"ſtande nach denen Grundſätzen des vortreflichen
"Rechts-Lehrers, des Cantzlers Juſti Sinold Schütz,
"der ſein Lehrer und bald nachher ſein Schwieger-Va-
"ter war, den Hippolitum a Lapide ſehr gut wider-
"leget. (9)

Der Herr Geheimte Rath Pütter (10) glaubet,
daß diejenige, welche den Hippolitus a Lapide zu widerlegen geſuchet haben, als 1653 Johann Slüter zu
Hamburg, 1656 in ſogenannten unpaſſionirten Gedanken, 1667 Friedrich Chriſtian Brüggemann de
ſtatu & ſcopo reipublicæ Germanicæ (Jena in 4.)
1674 Johann Hinrich Böcler in Anmerkungen, ihm
nicht gewachſen geweſen, von unſerm Stamler erwehnet

(8) Am angezogenen Ort num. 4.
(9) Brenneyſen in der Gründlichen Anweiſung vom
  Collecten-Werk. Aurich 1723. in Folio Seite 42.
  imgleichen Seite 76. §. 29.
(10) Am angezogenem Orts Seite 212. §. 92.

gurale von neuem 1658. wieder abgedrukt, hat
nur einen neuen Titul bekommen, indem sonst
Seiten mit der erſten Ausgabe übereinkommen;
in der erſten Ausgabe Seite 333. befindliche Ma[r]
einiger Corollarien (43 an der Zahl) fehlt jed[er]
jener Auflage.

Eine ſo ausführliche Schrift in einer [wich]
tigſten Materien des Staats-Rechts muſte al[l]
wol Aufſehen machen, ſie iſt aber nach ihre[r]
theſe verſchiedentlich beurteilet.

Die darin ausgeführte Grundſätze ſch[ei]
gen von der Beſchaffenheit zu ſeyn, daß ſie [in]
der Kayſerl. hen Hoheits-Rechte zu weit trie[ben]
er die denen Römiſchen und Griechiſchen [Kay]
alten Geſetzen und Urkunden beygelegte Co[rollar]
quod Imperator ſit dominus mundi [auf den]
Kayſer des deutſchen Reichs anwenden [will.]
Daher er zu der Claſſe der monarchiſchen [Lehrer]
des deutſchen Staats-Rechts durchgehend [gerechnet]
wird. Sein eigener Freund, unſer bekan[nter]
Bürgermeiſter zu Emden, von Pollma[nn ſagt]
davon: (7) "Stamler in Tractatu de [Iuribus Majeſtatis]
"Imperatoris, mihi ab ipſo auth[ore donato,]
"paſſim & per totum inſiſtens prin[cipio Bo-]
"kingii, egregium agit monarchicu[m, quem]
"ideo acriter exagitat Limnæus ab e[jus libri]
"utraque appendice ſubiecta Addit[ione.]

(6) Bilderbeck im Teutſchen Reichs-Sta[ats-Recht]
Cap. II. §. 26. Seite 98.
(7) In Racemationibus ad Inſtitut. Seit[e]

lic. Lib. 1. c. 12. & lib. 2. c. 15. Operum om. 5. An einem andern Ort lässet er sich in nden Worten aus: "Cum Hippolito fere facit, et paulo modestius, Limnæus, qui & ibi vix allagium Imperatori tribuit, contra quos ta quidem Slüter moret, sed parum promonec paria facit, cum facit, Reinkingio ue discipulo Stamlero. (8)

anß anders urteilet Canzler Brennensen (selbst che Grundsätze hegend) von diesem Buche Lers. "In dem 25ten Jahre seines Alter, "hat er mit gutem Urteils Verch denen Grundsätzen des vortreflichen rers, des Cantzlers Justi Sinold Schütz, rer und bald nachher sein Schwieger=Van Hippolitum a Lapide sehr gut wider=

rr Geheimte Rath Pütter (10) glaubet, lche den Hippolitus a Lapide zu wiaben, als 1653 Johann Slüter zu in sogenannten unpassionirten Gericht Christian Brüggemann de ublicæ Germanicæ (Jena in 4.) inrich Böcler in Anmerkungen, ihm gewesen, von unserm Stamler erwehnet

Ort num. 4:
der Gründlichen Anweisung vom urich 1723. Folio Seite 42. 76. §. 29.

net er aber nichts. Jedoch verlachet er den Grundsatz, daß der Kayser Herr der Welt sey, sehr laut (11) und handelt von diesem Tractat desselben, urteilet aber nach meiner Meinung wegen der monarchischen Grundsätze desselben davon nicht mit vollständiger Critic. Ich will seine eigene Worte (12) hersetzen: "Das Buch "selbst breitet sich fast über unser ganzes Staats-Recht "aus, indem es erst überhaupt aus dem Grunde zu er= "örtern suchet, wie weit der Kayser alleine, oder nur "mit Einwilligung der Reichs-Stände die höchste Ge= "walt im Reiche auszuüben berechtiget sey; worauf "er hernach alle einzelne Rechte nach einander durch= "gehet, und von jeden untersucht, wie weit sie zu den "Kayserlichen Reservat-Rechten gehören oder nicht. "Eine Haupt-Absicht des Verfaßers scheinet durch= "gängig dahin zu gehen das Gegentheil von dem zu "behaupten, was Hippolitus a Lapide behauptet hatte. "Belesenheit ist dabey fast aus allen bisherigen Staats= "schriften gnug angebracht. Daher es nicht zu be= "wundern ist, wenn man diesen Stamler von nachhe= "rigen Schriftstellern in diesem Fache wieder häufig "gnug angeführt findet. Für die Bequemlichkeit des "Gebrauchs ist es ein großer Abgang, daß das Buch "weder mit einem Register, noch mit einem Verzeich= "nis der Abschnitte versehen ist.

Dahingegen hat Stryk in seiner Dissertation de Fortalitiis (13) seine Grundsätze und besonders seine
Mel=

(11) §. 17. Seite 44.

(12) Litteratur des deutschen Staats=Rechts am angezogenem Orte §. 105.

(13) *De Jure Prohibendi extructionem Fortalitiorum Hala* 1794.

Meinung, daß die Regalien in solius Imperatoris marsupio beruhen, widerleget (14) und noch näher Gottlieb Gerhard Titius in der Dissertation de Habitu Territoriorum Germanicorum & inde veniente totius Reipublicæ forma Lipf. 1704. Refutat, sagen die Nova Litteraria Germaniæ (15) davon, Lynckerum & Kulpisium pro unitate Reipublicæ; Rheinkingium, Witzendorfium, Schützium, Stamlerum & Schokium pro *Monarchia absoluta* militantes.

Der Geheimte Rath Buder (16) saget zwar weiter nichts von ihm, als daß seine Abhandlung die beste sey von allen denenjenigen, welche über diese Materie geschrieben worden; allein kein unpartheyischer kann es doch verkennen, daß seine Grundsätze auf den Monarchismus hinauslaufen und diese seine Grundsätze hat er auch nachhero, wie er in die hierländische Fürstliche Dienste kam, in den Streitigkeiten mit den Landes-Ständen in Ausübung zu bringen gesucht, daher er bey denenselben sehr verhaßt war, ja von ihnen äusserst verfolget wurde, wie man unten sehen wird.

Bey dem Kayserlichen Hofe konte indes diese Abhandlung nicht anders, als willkommen seyn, weiln sie für denselben in den wichtigsten Reichs-Angelegenheiten überaus interessant war. Daher denn auch Stamler zur wohlverdienten Kayserl. Gnade in den Reichs-Adelstand erhoben wurde.

Noch

(14) *Nova Litteraria Germaniæ Hamburg* 1704. in 4 Seite 106.
(15) Am angeführten Ort Seite 296.
(16) *In Bibliosh. Jur.* Seite 805. der 8ten Ausgabe.

Noch zu unsern Zeiten hat es sich gezeiget, daß die in dieser Schrift ausgeführte Grundsätze bey den Reichs-Angelegenheiten von wichtigen Folgen seyn und noch ferner seyn können.

Stamler behauptete folgende Sätze:
Status Imperii *collective etiam* sumti Imperatori subsunt, §. 12. Seite 41. Imperator aliquando ex *plenitudine* potestatis rem *solus* decidere potest in Comitiis §. 13. num. 3., summa Imperii potestas penes Imperatorem & ordines simul *nequaquam* est. §. 15. Seite 53., in rebus maioritatem votorum recipientibus Imperator non obstante imparitate Votorum & ceterorum dissensu, maiora, si placent, confirmat & promulgat §. 30. num. 8. & decidere rem ex plenitudine potestatis, quando status convenire nequeunt §. 31. n. 1. *solus* potest.

Im Jahre 1776. eräugnete sich im deutschen Reiche der wichtige Auftritt, daß die damals seit ein paar Jahre vorwaltende Visitation des Reichs-Cammer-Gerichts zu Wetzlar getrennt und aufgehoben wurde.

Die richtigste Ursache davon war wol, daß der Kayserliche Hof (nach denen Stamlerschen Grundsätzen) behauptete, die gantze Visitation sey nur als ein Gericht anzusehen, in welchem der Kayser aus Oberrichterlicher Gewalt, als aus einem **Kayserlichen Reservat-Rechte** überall den Ausschlag geben könne.

Es sind darüber auch in der Gelehrten Welt Schriften gewechselt. Der Geheime Rath Pütter
gab

gab heraus: Wahre Bewandnis, der am 8ten May 1776. erfolgten Trennung der bisherigen Visitation des Kayserlichen= und Reichs=Cammer=Gerichts. (17) Erhard Friederich Freyherr von und zu Mannsbach gab ebenfalls darüber heraus: Abhandlung von der Visitation des Kayserlichen Reichs=Cammer=Gerichts aus den Reichs=Gesetzen und Staats=Handlungen erläutert. (18) Derselbe erwehnet zwar jener Pütterschen Schrift, tritt aber doch auch derselben nicht bey, bald nachhero kam aber ein offenbarer Stamlerianer oder wie ihn Herr Prof. Schott nennet, ein strenger Cäsarianer, mit folgender Schrift zum Vorschein: Widerlegende Anmerkungen der neulich in Göttingen herausgekommenen Schrift unter dem Titel: Wahre Bewandniß der am 8ten May 1776. erfolgten Trennung der bisherigen Visitation des Kayserlichen und Reichs=Kammer=Gerichts (19) welcher, die Stamlersche Grundsätze befolgend, wider diese Schrift viele Schmähungen ausstößet und den Vorschlag thut, daß wider den Verfasser derselben der Criminal=Proceß eröfnet und die Schrift selbst durch den Scharf=Richter öffentlich zerrissen werden möge. Der Himmel schütze unser Vaterland, ruft Professor Schott hiebey aus (20) gegen dergleichen abscheuliche Grundsätze! Man kann jedoch nicht läugnen, daß dieser Verfasser in dem Monar-

(17) Göttingen 1776. Ein Auszug daraus und eine schöne Recension derselben stehet in Professor Schotts Critic der neuesten jurist. Büchern. (Leipzig 1778.) im 7ten Bande Seite 885.

(18) Jena 1777.

(19) Wien 1777. in 4. stark 143 Seiten.

(20) In der angezogenen Critic in dem 8ten Bande Seite 633.

narchismus noch weiter, als Stamler gehet. Noch kam in eben dem Jahre heraus Johann Theophili Segeri Programma de suprema rei iudiciariæ in imperio potestate, (21) welcher sich etwas ins Mittel leget und zu zeigen suchet, daß der Kayser ehedem einzig und allein die höchste Gerichtsbarkeit in Deutschland ausgeübet habe und daß dieselbe allerdings noch jetzo zu den Kayserlichen Reservat-Rechten gehöre, daß aber nachhero die Kayser nicht ohne Zuziehung der Stände zu urtheilen pflegten.

In dem Dienst seines Herrn, war unser Stamler sehr getreu, eifrig und fleißig, jedoch nach seinen monarchischen Grundsätzen. Was Wunder also, daß er nach der Beschaffenheit der damaligen unruhigen Zeiten dieses Landes von den Land-Ständen vielen Verdrus und harte Verfolgungen (22) auszustehen hatte.

Man gab im Jahre 1687. gar ein Impressum mit vielen bittern Anschuldigungen öffentlich wider ihn heraus. Die Vorrede dieser Schrift der Landes-Stände lautet folgender gestalt:

"Reichs- und landkundig ist es, wie das die
"Römische Kayserliche Majestät, unser allerseits aller-
"gnädigster Kayser und Herr die, zwischen der Für-
"stinnen und Fürsten zu OstFriesland Durchl. Durchl.
"und den OstFriesischen Ständen im Jahre 1678 bey-
"gelegte, aber von bösen Fürstl. Räthen von neuwen
"auf-

(21) Leipzig, 14 Seiten in 4. Schotts Critic im 2ten Band Seite 754.

(22) Brunneysen in der OstFrl. Historie Tom. 2. Seite 940. §. 17. imgleichen S. 987. in der Anmerkung.

"aufgerukte, den beschwornen Accorden widrige strei=
"tigkeiten und ohnerhörte Newerungen in der gute
"beyzulegen sich höchstens angelegen seyn laßen, auch
"zu den ende eine höchstansehnliche Hoff=Commission
"allergnädigst angestellet haben, da es dann nach erör=
"tertem puncto legitimationis dem Herrn *Vice-*
"*Cantzler* Johann Hinrich Stamler beliebig ge=
"wesen, nachfolgendes proiect zum gütlichen Vergleich
"auffzusetzen, hingegen auch der Stenden Deputirten
"anbefohlen, ein dergleichen proiect, als nachfolget,
"zu übergeben. Man hat nöthig erachtet, beydes
"dem gemeinem Wesen zum Besten in offenem truk
"Jedermenniglichen zu communiciren, damit ein je=
"der, bey dheme noch einige Gottes=Furcht ist, sehen
"möge, wie Jammerlich des Fürsten von OstFries=
"land Durchl. umbgeführet und unter *praetext* von
"Hoheit und *Regalien* umb das seine bißhero ge=
"bracht seye und mit Hindansetzung aller Eide,
"Hand= und Siegel deßen und deßen Vor=El=
"tern Ehre *prostituiret* werde.

Diese Schrift ist sehr selten, selbst in dem hiesi=
gen Archiv nicht vorhanden, ich habe derselben sehr
lange vergeblich nachgespüret, endlich aber doch dieselbe
aufgetrieben. Dieser ihrer sehr grossen Seltenheit we=
gen und weiln sie dasjenige auf eine sehr merkwürdige
Art bestärket, was ich jetzo erzählet habe, sie auch nur
20 Seiten in 4. beträget, habe ich selbige in dem An=
hang dieses Artikels gantz mitgetheilet. Num. 2.

Wider alle Verfolgungen der Landes=Stände er=
langte er jedoch endlich sowol von den General=Staa=
ten des vereinigten Niederlandes Schutz, als auch von
Wien

Wien aus Kayserliche Protectoria. (23) Selbst die Fürstlichen Räthe waren mit ihm unzufrieden, weiln er gar zu despotisch war. Der Geheimte Rath Palms schrieb einstmalen an den Regierungs-Rath und Amts-verwalter Pauli zu Norden: "Wir hätten dieses gleich-"falls gerne gesehen, das will aber Balbus nicht.„

Die hohe Landesherrschaft indes versüßete den grossen bittern Verdruß, welchen ihm die Landes-Stände immerfort verursachten und belohnete seine eifrige Dienste mit vieler Grosmuth.

Im Jahre 1690. wurde er mit dem Stempelschen Lehn-Gut begnadiget, einem adelichem Gut, welches Graf Enno der dritte im Jahre 1600 dem damaligen Drosten zu Wittmund Balthasar von Rittberg, und im Jahre 1627 dessen Enkeln, Balthasar und Johann Adolph Stempel zu Lehn gegeben hatte. Dieses adeliche Gut hat er bis an sein Lebens-Ende, auch nachhero sein Sohn besessen, mit des letzteren Tode ist es aber, als ein Mann-Lehn, an den Landesherrn zurükgefallen und im Jahre 1717 von Höchstderselben dem damaligen Hof-Marschall von Wurm zu Lehn conferiret worden, bey welcher Familie es noch ietzo ist.

Auch hat die Hertzogin Christine Charlotte, als vormundliche Regentin, seinen Land-Gütern in dem Charlotten Polder Norder Amts adeliche Freyheit verliehen, welche Fürst Christian Eberhard, wie er zur Regierung kam, in allen Stücken bestätiget hat.

Cantzler Stamler war ein Mann von ausnehmender Thätigkeit, grossen Politischen Kentnissen, verbunden

(23) Ebendaselbst und Seite 1042. Grav. 2.

bunden mit der lautersten Treue gegen seine Landes=
herrschaft und überhaupt ein ausserordentlicher Kopf.
Er gehöret auch mit in die Zahl der frühzeitigen Ge=
lehrten. Es ist kaum glaublich, wie jemand in seinem
25ten Jahre ein Werk schreiben können, welches aus
der Geschichte, dem Staats=Recht und andern Wissen=
schaften so viele Lecture voraussetzte, die er aber, wie
der Augenschein giebet, doch würklich darin gezeiget hat.
Nicht blos mit der Geschichte und jenen Wissenschaften
des Staats=Rechts, sondern selbst auch schon mit der
Proceß=Verfassung und den Landes=Grundgesetzen seines
Vaterlandes, war er, wie dieser sein Tractat zeiget,
damals ebenfals schon bekannt.

"Olim etiam," so schrieb er damals schon auf
der Universität Seite 213. num. 13. "simili de non
"appellando privilegio universa Frisia tam Occi-
"dentalis quam Orientalis munita fuit testante
"*Ubbon. Emm.* de agr. Frif. fol. 15 Befold. de ap-
"pellat. c. 2. n. 12. Hodie tamen cum Orienta-
"lis, Occidentali interim per Belgas ap imperio
"avulsa, Imperatori & imperio tantum subiecta,
"a judicio Sereniſſimi Principis noſtri, quod *Au-
"rici* exercetur summo, appellatio conceditur, ita
"tamen ut ipsa causa capitalis procul dubio ex-
"tendat se hodie ad quadringentorum talerorum
"imperalium summam, secundum novissimum
"Imper Recesz d. anno 1654 §. viertens soll die
"Summa appellabilis & appellans vel per se vel
"procuratorem suum iuret, daß er glaube und gäntz=
"lich dafür halte, das ihme appellirens noth sey, und
"daß er dieselbe zu Auffenthalt der Sachen nicht ein=
"wende, und daß er seinen gegentheil allen Kosten und

Fel. Oſtfrl. 3. B. J "Scha=

"Schaden da er abermal verlieren solte, nach rechtli-
"cher Erkäntnis mit sampt der Sache vergnügen welle,
"Ostfriesische Hofgerichts=Ordnung tit. 44. in fin.
"Quamvis de cetero & ipsi parti gravatæ libe-
"rum sit relictum, abbreviandæ litis & sumptuum
"parcendorum gratia, non surpato Cæsareo sub-
"sidio, ipsum Serenissimum Principem intra de-
"cendium a die nota latæ sententiæ, beneficio
"supplicationis, adire, sicque Leuterationem,
"Revisionem nostri dicunt prioris sententiæ, pe-
"tere, ita enim in allegat. tit. Ostfriesischer Hof-
"gerichts=Ordnung in princ. verba habent. Wann
"endlich Urtheil und sentenz ergangen, deren sich je-
"mand beschwert bedünket, oder andere rechtliche Be-
"schwerung davon man sich vermöge Kayserlichen Rech-
"ten beruffen und appelliren mag, jemand zugefüget
"werden &c. dem soll frey stehen entweder an die Rö-
"mische Kayserliche Majestät, oder ihr Kayserlich Ma-
"jestät Cammer=Gericht Ordentlich zu appelliren, oder
"aber seine gravamina uns Anruffungsweise per
"viam supplicationis einzubringen und vermittelst
"unsern Befehl fürtern unsern Hof=Richter und Bey-
"sitzer, wo ferne solche supplicatio inwendig zehen
"Tagen nach ergangenen Urtheil, oder Von Zeit an
"der Wissenschafft der Urtheil interponirt zu über-
"reichen, und dan darauf in negst folgenden Ordinari
"Hoff=Gericht seine Gravamina und was er wieder
"die Uhrtheil zu setzen, aussführen. Confer. Besold.
"in thesaur. pr. verb. Revision. n. 61. & post
"eum Dn. Myl. ad Rumelin. d. 8. lit. D. Ferner schreibet er von den hiesigen hohen Gerichten:
"Ita etiam in patria nostra Frisia Orientali, si
"parva licet rebus componere magnis, etsi emi-
"nen-

"nentissimum sit, decidendis Controversiis liti-
"busque constitutum Dicasterium, quod vulgo
"Aulæ Judicium, das Hof-Gericht, appellatur,
"ipsi tamen serenissimi Principis, Domini mei
"clementissimi, Senatui, der Cantzley eo ipso Ju-
"risdictio illa haud ademta censetur, sed libe-
"rum est litigantibus quocunque velint Judicio
"iura sua allegare atque ut sibi propter illa iusti-
"tia administretur, implorare pag. 163. num. 11."
Man kann eben das von ihm sagen, was der Geheimte
Justitz-Rath Gruber in der Vorrede seines Commercii Epistolici Leibnitiani von dem berühmten Freyherrn von Boineburg, welcher durch Fleis, vortreflichen Unterricht eines Hermann Conrings und eigene
Talente in seinem 23ten Jahre, da er noch nicht lange
von der Universität zurückgekommen war, es schon so
weit gebracht hatte, daß er als Hessen-Casselscher Abgesandter an die Königin Christine von Schweden gebrauchet werden konte und Briefe männlicher Gelehrsamkeit in allen Theilen der Wissenschaften schrieb, saget: stupenda est in ista ætate iam comparata
eruditio!

Auffer diesem Tractat hat er nachhero verfertiget: Kurtze wohlgegründete Anweisung der Landes-
Fürstlich Ostfriesischen Territorial-Superiorität und
derselben anhängenden Hoheiten, Regalien, Rechten
und Gerechtigkeiten. Mit Beylagen Num. 1. bis 23.
Gedruckt im Jahre Christi 1687. in 4to. Seiten 42.
und mit den Beylagen in allen 118. Seiten. Auch
hat er sehr viele Deductionen in den damaligen hiesigen Landes-Differentien verfertiget, welche im Archiv
annoch vorhanden sind, wobey man die Anecdote hat,
daß

daß, weiln er eine sehr schlechte Hand geschrieben, der Canzler Brenneysen nachhero zu seiner Zeit einen Canzellisten, welcher sich dann und wann wol dem Trunk ergeben, damit bestrafet habe, daß er des folgenden Tages eine gute Portion von diesen Aufsätzen copiiren müssen.

Der bekannte Jurist Bobinus hat unsere Abhandlung de Reservatis Imperatoris parodiret, indem er eine Dissertation de Reservatis divinæ Majestatis geschrieben hat. (24).

Er starb den 13. December 1692. Sein Epitaphium stehet in unserer Kirche und lautet folgendergestalt:

Generosissimus
Do. Dominus
Johannes Hinr. Nobilis de Stamler a Stamlershausen, Sacri Imperii Eques Sereniss. Principis Ostfrisiæ Consiliarius intimus & Cancellarius meritissimus. Nat. d. 22. Octobr. Ao. 1634. obiit d. 13. Decbr. Ao. 1692.

Er hinterließ einen Sohn, welcher Fürstlicher Hof-Marschall gewesen ist und dessen Waapen- und Trauer-Fahnen an dem Pfeiler bey dem Raths-Stuhl in unserer Kirche hangen.

Auf der weissen seidenen Waapen-Fahne stehet mit goldenen Buchstaben:

Der Weilant Wohlgebohrner Herr Herr Edzardus Justus von Stamler Herr zu Stamlershausen

(24) Halle 1694.

sen und Südenburg Hochfürstl. Ostfriesischer Hofmeister ist gebohren
Anno 1672. den 28 Marty gestorben Anno 1704 den 30 Octobr.

Dieser Sohn hinterließ zwey Töchter, wovon die älteste an den Fürstlichen Geheimten=Rath und Drosten von Harling vermählet war, die aber ohne Kinder blieb; die jüngstere ist unvermählet verstorben, hat ihre Güter an eine fremde Person bürgerlichen Standes, die ihre Kammer=Jungfer war, vermachet und mit derselben ist denn das gantze Stamlersche Geschlecht erloschen.

Ich kann diesen Artikel nicht beschliessen, ohne noch zweierley hinzu zu thun.

Das erste ist eine Anmerkung, die zwar die Lebens=Umstände unsers Stamlers nicht betrift, jedoch auf die Belohnung seiner Verdienste um das Fürstliche Haus eine mercliche Beziehung hat, zugleich aber auch beiläufig zeugen mag, mit welcher Unpartheylichkeit in den Königlich=Preussischen Staaten die Justiz, selbst wider Seine Majestät und Allerhöchst Dero eigenes Interesse verwaltet werde.

Es ist von mir erzählet, daß die Vormündliche Regentin, Christine Charlotte, denen Land=Gütern des Canzlers, welche er im Norder Amt hatte, adeliche Freyheit und eine Immunität von den järlichen Renterey=Intraden verliehen habe, welche Immunität derselben Sohn, Fürst Christian Eberhard, wie er zur Regierung kam, bestätigte.

Als die letztere Fräulein von Stamler verstarb und deren Güter durch Testament auf eine fremde bürgerliche Familie übergingen, wolte die hierländische Krieges- und Domainen-Cammer diese adeliche Immunität solcher Güter wieder einziehen. Das gantze Stamlersche Geschlecht, sagte dieselbe, wäre mit der Fräulein, zugleich also auch mit derselben die adeliche Freyheiten dieser Güter erloschen, die nunmehro in ihre alte Verfassungen und Contributions-Verbindlichkeiten zurükfielen, daher denn von dem Pächter die vorhin darauf gehaftete Renten-Intraden durch Execution von nun an wieder jährlich eingetrieben wurden.

Die testamentarische Erbin konte die Execution der Cammer nicht behindern, sie saß aber dabey nicht stille.

Ich führte für dieselbe wider den Cammer-Fiscal den Proceß mit allem Fleis und zeigte mit vieler Lebhaftigkeit, daß diese zur Belohnung für die Verdienste des Canzlers um das ehemalige Fürstliche Haus verliehene Immunität der Land-Güter nicht blos persönlich für ihn und seine Familie gültig, sondern reel und ewigdaurend sey.

In der ersten Instanz, welche bey dem Amtgericht zu Norden entschieden wurde, nahm die Sache eine gute Wendung; in der zweyten Instanz, welche bey der Kriegs- und Domainen-Cammer zu Minden entschieden wurde, verlohr ich den Proceß gäntzlich und zwar durch eine Urtheil, die in ihren Rationibus decidendi überaus umständlich und in der That vortreflich ausgearbeitet war. Ich schritte zur dritten Instanz.

Diese

Diese muste nunmehro zu Berlin selbst entschieden werden. Was vermuthete jedermann? — Nichts, als den Verlust des Processes. Was erfolgte aber? — Daselbst wurde die Sentenz der zweyten Instanz wiederum aufgehoben, die von der vormaligen hiesigen Landes=Herrschaft verliehene adeliche Immunität nicht vor erloschen, sondern für ewigdaurend, auch die Krieges= und Domainen=Cammer schuldig erkläret, die seit dem Tode der Fräulein von Stamler von dem Pächter eingetriebene und zur Königlichen Kasse gezogene Intraden zur Summe Eintausend Reichsthaler an die Erbin zurück zu zahlen.

In manchen Ländern mag dieses vielleicht ohne Beyspiel seyn.

Das zweyte, was ich zum Beschlus annoch hinzufügen will, ist das Diplom der Kayserlichen Standes=Erhöhung unsers Stamlers, weil solches die mehreste Haupt=Umstände meiner Erzählung näher erläutert und völlig bestärket.

Num. 1.

Wir Leopold von Gottes Gnaden, Erwehlter Römischer Kayser zu allen Zeiten Mehrer des Reichs in Germanien zu Hungarn, Böheimb, Dalmatien, Croatien und Sclavonien, c. König, Ertzhertzog zu Oesterreich, Hertzog zu Burgund zu Steyr zu Kärnten zu Crain zu Lützemburg, zu Wirtemberg, Ober und Nieder Schlesien, Fürst zu Schwaben, Marggraf des H. Röm. Reichs zu Burgau, zu Mähren, Ober und Nieder Lausnitz, Gefürster Graf zu Habsburg, zu Tyrol, zu Pfirt, zu Kyburg und zu Görtz, Landgraf in Elsas, Herr auf der Windischen Mark zu Portenau und zu Salins ꝛc.

Beken=

Bekennen für Uns und Unsern Nachkommen am Heiligen Römischen Reich Erb-Königreichen Fürstentumen und Landen öffentlich mit diesem Brief und thun kund allermänniglich: Wiewohl die hohe Kayserliche Würdigkeit darein Uns der Allmächtige Gott nach seinem Göttlichen Willen gesetzt hat, durch Macht ihres erleuchten Trohnes mit vielen Edlen Herrlichen Geschlechten und Unterthanen gezieret ist, und je mehr von solcher Kayserlichen Hoheit die die alte Edle geschlechte ihrem fürtreflichen Herkommen Tugenden und Verdienen nach, mit Ehren Würden und Wohlthaten begabt werden, je herrlicher der Thron Kayserlicher Mayestät glänzet und scheinbarlicher gemacht wird, auch die Unterthanen durch Erkäntnüß Käyserlicher Mildigkeit zu desto mehr schuldiger gehorsamer Verhältnüs, Ritterlichen, adelichen, redlichen Thaten und getreuen, stäten und beständigen Diensten beweget und verursacht werden. Und Wir dann aus jetztberührter Kayserlicher Hochheit angebohrner Güte und Mildigkeit in Gnaden vorderist geneiget sind, aller und jeder Unser und des Heil. Röm. Reichs auch Unserer Erb-Königreichen Fürstenthumen und Landen Unterthanen und getreuen Ehr würde aufnehmen und Wohlstand zu betrachten und zu befördern; So seynd Wir doch mehreres und begierlicher gewogen, derjenigen Namen, Stamm und Geschlecht in noch höhere Ehr und Würde zu erheben und zu setzen, deren Vor-Eltern und sie von adelichem oder andern ehrlichen guten Stand herkommen und sich in Unsern und des H. Röm. Reichs sowohl als auch Unserer Erb-Königreichen Fürstentum und Landen getreuen gehorsamen Diensten, den gemeinen Wesen zum Besten bereitwilligst und standthaftig erzeigen und beweisen. Wann Wir nun gnädiglich
ange-

angesehen wahrgenommen und betrachtet, die Geschik=
lichkeit Erfahrnuß und andere Qualitaeten, womit
vor Unser Kayserlichen Mayestat Unser und des Reichs
lieber Getreuer **Johann Henrich Stamler** Fürstl.
Ostfriesischer geheimer Rath und Vice Cantzler be=
rühmt worden insonderheit bey Uns auch allergnädigst
erwogen, was gestalten seine Vor-Eltern die **Stam**=
lern uhralten Geschlechts der Augsburgischen Edlen
Patritiorum (wovon er herstammet) sich vor vielen
Jahren her je und alle Weg beflißen Unseren löblichen
Antecessoren Römischen Kayseren und Königen auch
dem Heiligen Reich ihrem äußersten Vermögen und
Schuldigkeit nach allergetreuiste Dienste zu erweisen:
inmaßen dann theils deren in Unserer Vorfahren und
Unsers löblichen Ertz-Hauses Oesterreich würklichen
vornehmen Kriegs-Diensten begriffen gewesen, und sich
sonsten in Krieg= und Friedenszeiten dermaßen meri=
tirt gemachet, daß sie sowohl daher, als ihrer uhral=
ten im gantzen Heiligen Römischen Reich, bevorab aber
in den Schwäbisch= und angräntzenden Creysen nicht
unbekannter guter adelichen Ankunft halber, bereits
von weyland Kayser Carl dem Fünften glorwürdigsten
Angedenkens im Jahr Christi Funfzehn Hundert Neun
und dreyßig (wie aus denen vorhandenen auch in offe=
nen Druck ausgegangenen adelichen Geschlechts Regi=
ster Unserer und des H. Reichs Statt Augsburg zu
ersehen) geadelt und gleich anderen uhralten adelichen
Familien mehr geschehen gemeldten adelichen Geschlech=
ten und Patriciat besagter Unserer unmittelbaren freyen
Kayserlichen Reichs Statt Augsburg zugesellet und
einverleibet worden: Gleich Sie dan auch vorhin und
nach der Zeit respective dafür gehalten, zu Geist=
und weltlichen Würden, Aembtern und Dignitaeten

J 5 auch

auch adelichen Ritter und Turnier-Genoßenschafft, wie in den alten Turnier- und Wappen-Büchern befindlich admittiret, sich mit vornehmen adelichen und anderen Familien und Standes Persohnen alliiret und verheyrathet, auch ferner in des heiligen Reichs Churfürsten Fürsten Grafen auch anderer unmittelbaren Ständen ansehnlichen Chargen und Bedienungen gestanden und sich in mannigfältigen importanten Gesandschafften Legationen und Commissionen (wie dann weyl. seines Gros-Vatern Johann Henrich Stamler verschiedene Legationen an Unsere Kayserliche Antecessores am Reich sodann nacher Schweden Engelund Niederland Zeugnus geben können) dem Gemeinen Wesen und ihren Herrschafften zu sonderbaren Nutzen und besten inn- und außerhalb Landes unverdroßen rühmlichsten Fleißes gebrauchen laßen, nicht weniger auch durch Ausgebung nützlicher Bücher und Schrifften ihren Nahmen in der Welt bekandt gemachet, gleich dann in specie im Fürstenthum Ostfriesland bekannt ist, daß obengedachter Fürstlich Ostfriesischer geheimer Rath und Vice Cantzler, sodann vorhergemelte desselben weiland Gros-Vater Johann Henrich wie auch sein weil. Vater Edzard und Vaters Bruder Adolph Leonhard Stamler bey dem Gräflich nachgehends Fürstl. Haus Ostfriesland nun weit über ein gantzes Seculum in desselben Räthe auch anderen vornehmen Cantzley-Hof-Gerichte und Landesbedienungen gestanden und respective er als Geheimer Rath und Vice Cantzler bey Unserer lieben Muemm und Fürstinn Christine Charlotte gebohrne Hertzoginn zu Wirtemberg und Teck, Fürstl. Regentinn in Vormundschaffts Nahmen Dero Sohns Unsers lieben Oheims und Fürstens Chri-

stian

stian **Eberhard** zu Ostfriesland annoch stehet, auch bey solchen seinen jetzigen und vorgehabten Functionen zu verschiedenen mahlen selbst an Uns nacher Unserm Kayserlichen Hof und den Reichstag zu Regensburg im Jahr ein Tausend sechs Hundert vier und sechzig im folgenden fünf und sechzigsten abermahl anhero und wiederum anno ein tausend sechs Hundert sechs und achzig an Uns nach Unser Stadt Wien bis auf gegenwärtige Zeit: imgleichen auch sonsten an Geist= und Weltliche Churfürsten, Fürsten, Grafen und andere unmittelbare Stände des Reichs, auch frembde auswärtige Potentaten, Princen und Republiquen in wichtigen des Heil. Reichs auch des darunter gehörigen Fürstl. Ostfriesischen Hauses und Landes Angelegenheiten abgeschiket in Unseren Kayserlichen Subdelegationibus gebrauchet und von Uns bey gehabten verschiedenen Kayserlichen audientien allergnädigst angehört und dabey mit Kayserlichen allergnädigsten resolutionen Gnaden=Bezeugungen imgleichen allergnädigst versprochenen Schutz und Schirm zu seinem allerunterthänigsten Dank allerhuldreichst begnadiget worden: Ueber dieses hat er auch, um seine gegen Uns tragende allerunterthänigste Devotion zu erweisen vorhin schon Anno ein Tausend sechs Hundert sieben und funfzig zur Zeit wehrenden Unsers Kayserlichen Wahltags zum Römischen Kayserthum in seinem damals ausgegangenen nicht unbekanten Tractat oder Acroamate de Reservatis Imperatoris Romano-Germanici Unserer billig venerirend Kayserlichen Macht Vollkommenheit Hoheiten Reservaten und jura Majestatis wider den Hyppolitum a Lapide und andere dergleichen Unsere Unserer Kayserlichen Gerechtsamen und Unsers löblichen Ertz Hauses Oesterreich

wider=

widerwärtige nach äußersten seinem Vermögen aller=
getreuisten Fleißes ver hättiget und solches aus den
Rechten Reichs Constitutionen desselben Herkommen
und anderen bewehrten Scribenten und Historicis
dermaßen widerleget, daß Wir selbsten und durch Un=
sern geheimen Raht und Hof=Cantzler den Frey=Herrn
Hocher Unser absolchem seinem aus allerdevotister
Treue herausgegebenem Werke geschöpftes allergnä=
digstes Wohlgefallen zu bezeugen ihme **Stamler** Un=
serer Kayserlichen würklichen Gnaden getrösten und
versichern lassen: Und wie er **Johann Henrich
Stamler** bey solcher allerdevotisten Treue gegen Uns
und das H. Reich mithin bey den schuldigen pflichten
gegen seine angebohrne Herrschafft lebenslang unver=
änderlich zu verharren auch alle fernere unterthänigste
und treugehorsamste Dienste Uns und dem Heiligen
Römischen Reich zu erweisen gedenket.

Hierumen so haben **Wir** in gnädigster Erkant=
nüß solch angezogener von seinen Voreltern und
ihme selbst zu Unserm allergnädigsten Wohlgefallen
treugeleisteten zu ihrem auch seinem unsterblichen Lob
gereichenden Diensten auch in Ansehung seines Ge=
schlechts altadelichen Herkommens; mit wohlbedachtem
Muth gutem Rath eigener Bewegnus und rechtem
Wissen ihme **Johann Henrich Stamler** aus gnä=
digster zutragender Gewogenheit zu einer Ergetzlichkeit
diese besondere Kayserliche Gnad gethan und Freyheit
gegeben und ihne benebenst seinen **Sohn Edzard Just**
und **Tochter Eberhardine Jeannette Catharine
Stamler** als jetzige auch alle seine künftig eheliche Lei=
bes=Erben und derselben Erbens=Erben Mann und
Weibs=Persohnen in ewige Zeit in Unseren und des
heili=

heiligen Reichs auch Unserer Erb-Königreichen Fürstentum und Landen uhralten adelichen Ritterstand gnädigst erhebt, eingesetzt und einverleibt und der Schaar- Gesell- und Gemeinschafft anderer Unserer Rittermäßiger Persohnen zugeeignet, zugesellet und darzue würdig und tauglich gemachet.

Thuen das erheben würdigen und setzen ihne seine eheliche Leibes-Erben und derselben Erbens Man und Weibs-Persohnen in den Stand Grad Ehr und Würde Unserer und des H. Reichs auch Erb-Königreichen Fürstenthum und Landen uhralte Ritterschafft-Gesellen gleichen und fügen Sie zu der Schaar Gesell- und Gemeinschaft anderer recht adelgeborner uhralt Ritterlich- Rittermäßiger Persohnen allermaßen und gestalt, als ob sie von ihren acht Ahnen sowohl Vatter als Mütterlichen seiten recht Edelgeborne Lehen-Turniersgenoß- und Rittermäßige Persohnen wären; alles von Römischer Kayserlicher Macht Vollkommenheit hiemit wissentlich in Krafft dieß Briefs. Meinen setzen und wollen, daß obgedachter **Johann Henrich Stamler** desselben Erben und Nachkommen obgenannt beyderley Geschlechts eheliche Leibs-Erben Mann- und Weibs-Persohnen für und für in ewige Zeit, Unsere und des Reichs, auch Unserer Erb-Königreichen Fürstenthum und Landen uhralte Ritter und adeliche Rittermäßige Persohnen seyn, geheißen und von allermänniglich an allen Orten und Enden, in allen und jeden Handlungen Sachen und Geschäfften geist- und weltlichen dafür gehalten, geehrt genennt und geschrieben werden darzue auch alle und jede Gnad, Ehr, würde, Freyheit, Stimm Cession vortheil, Recht, Gerechtigkeit alt Herkommen und gute Gewohnheit mit

Bene-

Beneficien auf Dohm-Stifften hohe und niedere Aemter und Lehen Geist- und weltlichen Ehren und Würden anzunehmen haben, sich auch aller anderer adelich Ritterlicher Sachen Handlungen Freyheiten Gesch und Gemeinschafften ruhiglich gebrauchen solle; in maßen alle andere Unsere und des Heil. Römisch Reichs, auch Unserer Erb-Königreichen Fürstenthu und Landen rechtgebohrne adeliche und Rittermäßig Persohnen sie seyen gleich von Uns selbsten mit de Schwerd und den hierzue gewöhnlichen Caeremonie zu Ritter geschlagen oder sonst in andere Wege zu Ri ter gemacht: solches alles haben sich dessen freuen g brauchen und genießen: von Recht oder Gewohnheit

Und zu mehrerer Bekräftigung und Zeugnu solcher Erhebung vorbestimten uhralten des Reich Ritterstand haben Wir ernennten **Johann Henric Stamler** sein bishero geführt und gebrauchtes altade liche Erbwappen confirmirt, bestätigt und auf hernac folgende weise gezieret gebeßert, und nun hinführo ihn und seinen Descendenten also zu führen und zu g brauchen gnädiglich gegönnet und erlaubet: als nemlic einen der Länge nach zwey getheilten Schild, in deß vordern und hintern gelb oder goldfarben Theilen jede erscheint ein halber schwartzer Adler mit für sich gebo nem Kopf, offnem Schnabl ausgeschlagener roth Zungen, aufgethanem Flügl und Schwanz und s sich ausgestrekten Waffen. Das mitler Theil ab folgendergestalt über zwerg gespalten: daß im unte und obern rothem in jedem zwey über eck gelegte Le stämlein in der mitte aber ein kleiner weiß oder silbern Schild, darinn ein rother Hertzog oder Fürstenhut m Harmelin gefuttert durchgezogen mit einer grünen hangenden Schnur (der Stamler altadeliches Wappen audeutend) fürstellet: auf dem gantzen Schild zween freye offene mit guldenen Cronen besetzte adeliche Turniershelme, anhangenden Cleinoden mit auswendig weiß einwerts roth geschweiffter Deken gezieret; aus denen Cronen jeder entspringet ein mit den sachsen einwerts gekerte schwartze Adlersflügel und zwischen denselben auf der Mitte mit einer guldne Cron geschmukten Schilds erscheinet der vorher gemeldte gelästerte rothe Hertzog oder Fürsten Huet oder Haube und darob ein grüner Stambaum zu gedachtem Stamlerischen Erbwappen gehörig alsdann dieselbe wappen und Kleinod mit der Zier und Beßerung in mitte dieß gegenwartigen Unsers Kayserlichen Briefs gemahlet und mit Farben eigentlicher ausgestrichen sey: Confirmiren, bestättigen zieren beßern gönnen und erlauben ihme und seinen descendenten auch solches vorgeschriebene Wappen und Cleinod von Römischer Kayserlicher Macht vollkommenheit hiemit wißentlich in kraft dieses Briefs.

Ferner thuen und geben Wir ihme Johann Henrich Stamler diese besondere Gnad und Freyheit, daß er, seine Eheliche Leibeserben und Erbenserben, Mann und weibspersonen nun hinfüro ewiglich gegen Uns und sonsten jedermänniglich, was würden standes oder Wesens die seind, in allen ihren Schriften, reden titulen, insiglen Handlungen, geschäfften und ämbtern nichts ausgenohmen, sich Edle von Stamler oder Stamlershausen, oder auch ferner von und zu oder auf allen ihren rechtmäßigerweis, jetzo und inskünftig besitzends und überkommen adelichen Gütern, Sitzen und Schlößern nach Belieben

nennen

nennen und schreiben sollen und mögen und ihnen solcher titul gegeben werden solle; ungeirrt männiglichs.

Wir thuen das erheben und setzen oftgedachten Johann Henrich Edlen von Stamler samt allen seinen ehelichen Leibeserben und derselben Erbenserben in den Stand und grad Unser und des H. Reichs auch Unserer Erb-Königreichen, Fürstenthum und Landen recht Edelgeborner uhralter Ritteren. Gönnen und erlauben ihnen auch ihr altadeliches von Uns bestättigt- jetzo vorgeschriebenermaßen von neuem geziert und gebeßertes Ritterliche wappen und Cleinod in allen und jeden ehrlichen Ritterlichen adelichen Sachen und Geschäfften zu Schimpf und zu ernst, in streitten stürmen, schlachten, Kämpfen, Turnieren, gestechen, gefechten, Ritterspielen, Feldzug, Panieren Gezelt aufschlagen, Insiglen Petschafften Cleinoden Begräbnißen, gemählden und sonst an allen Ohrten und Enden nach ihren Ehren willen und Wohlgefallen zu gebrauchen; ungeirret und unverhindert männiglichs.

Ueber dieses und zu noch mehrer' gezeugnus und glauben Unser Kayserlichen Gnaden darmit Wir vielgedachten **Johann Henrich Edlen von Stamler** gewogen, haben **Wir** ihne selbst, auch sein etwa künftige Ehegemahl, sodann **Edzard Just** und **Eberhardina Johannette Catharine** beyde Geschwistrigte mit der erstverstorbenen **Eva Catharina Maria** einer wehl. adelich gebornen **von Sinold** genant **Schütz** erzeugte und noch ferner nach Gottes gnädigsten willen erzeugend eheliche Leibserben und derselben Erbenserben, Diener Hausgesind, Unterthanen, Heuerleute zugehörige und Verwandten, und alle

dieje-

diejenigen so ihnen zugehören und zu versprechen stehen, auch alle ihre Leib, Haab und Güter, die Sie jetzo haben, oder künftig mit rechtmäßigem Titul überkommen, liegend und fahrend Lehen und aigen, wo und an welchen Enden die gelegen, nichts davon ausgenommen, in Unsern und des heil. Reichs auch Unserer Erb-Königreichen, Fürstenthum und Landen besondere Gnad Verspruch, Schutz und Schirm auf ewige Zeit aufgenommen und empfangen, ihnen auch darzue Unser und des heil. Reichs auch Unserer Erb Königreichen, Fürstenthum und Landen frey gestracke sicherheit und glait für Gewalt auch eigenmächtige Pfandungen, pignorationen, contributionen, derselben execution und einquartirungen zu Recht mitgetheilet und gegeben. Thuen das auch von Römischer Kayserlicher Macht hiemit wissentlich Kraft dieses Briefs, und meinen setzen und wollen, daß Sie alle und obgeschriebene Gnaden, Fretheiten privilegien, Ehren würden, Vortheil, Recht Gerechtigkeit und gute Gewohnheiten haben, sich dero an allen Orten und Enden freuen, gebrauchen und genießen und darauf allenthalben im Heil. Reich und Unseren Erb-Königreichen, Fürstenthum und Landen, Stätten, Märkten, Flekken, Obrigkeiten und Gebietten zu Wasser und zu Land ihrer nothdurft und gelegenheit nach frey, sicher, unverhindert und unbeschweret handlen und wandlen darzue in Kriegs empörungs- und andern Zeiten auch jedesmahls ihrer Gelegenheit und Gefallen nach Unsern und des Heil. Reichs Kayser- und Königl. Adler an allen ihren Wohnungen Häuser, Höfe Hab und Gütern zu einem freyen sichern Schutz und Salva guardia mahlen und anschlagen laßen und sich deßen allen, wie andere so in Unser und des Heil. Reichs sonderbaren

Gel. Ostfrl. 3. B.   K   Gnade

Gnade, Verspruch, Schutz und Schirm frey-sicherheit
und gleich auch von Uns und Unseren Vorfahren am
Reiche mit dergleichen Salva guardia privilegirt und
fürgesehen seind, solches haben gebrauchen und geniessen
sollen und mögen von Recht oder gewohnheit; von
allermänniglich ungehindert.

Und gebieten darauf allen und jeden Churfürsten, Fürsten, Geist und Weltlichen Praelaten,
Grafen, Freyherrn, Rittern, Knechten, Land Mar-
schallen, Landes Hauptleute, Land Vögten, Hauptleu-
ten, Vitzdohmen, Vögten Pflegeren Verweseren Amt-
leuten, Land Richtern Schultheißen Bürgermaisteren,
Richtern, Räthen, Kündigern der Wappen Ehrenhol-
den Perseranten, Bürgern, Gemeinden und sonst allen
anderen Unseren und des Reichs auch Unserer Erb-
Königreichen Fürstenthum und Landen Unterthanen
und getreuen was würden Stand oder Wesens die seind
ernst und vestiglich mit diesem Brief, und wollen, daß
sie öffters gedachten Johann Henrich **Edlen von
Stamler** Rittern, wie auch seine eheliche Leibs Erben
und derselben Erbens Erben Mann und weiblichen Geschlechts, für Unsere und des Heiligen Reichs auch Unserer Erb Königreichen, Fürstenthum und Lande Ritter und adeliche Persohnen in ewige Zeit halten schreiben erkennen achten und ehren, dieselbe in allen Geist
und weltlichen Ständen, Stifften und Sachen annehmen zu laßen und sie solcher Erhebung und Würdi-
gung mit dem praedicat **Edler** nit weniger führ- und
gebrauchung obenbeschriebenen adelich und Ritterlichen
wappen und Cleinods auch all anderer solchem Stand
zuestehend und competirender Ehren Würden Vortheil,
Vorgangs-Sitz, praerogativen. Recht und Gerechtigkeiten

keiten, auch anderen vorbeschriebenen privilegien und
Begnadigungen gäntzlich ohn alle Hindernüß verweigert
und irrung geruhiglich gebrauchen und genießen laßen,
hierwider nicht thuen noch das jemands zu thuen ge=
statten in keinerley weis noch weg, sondern vielmehr
von Unsern wegen Kräftigst dabey allenthalben manu=
teniren und handhaben, als lieb einem ist, Unsere und
des Reichs schwäre Ungnad und straf und darzue eine
pöen nemlich Funfzig Mark lötigen Goldes zu ver=
meiden, die ein jeder so oft er fräventlich hierwider
thette, Uns halb in Unsere und des Reichs Cammer
und den andern halben theil mehrbesagtem **Johann
Henrich Edlen von Stamler oder Stamlershau=
sen Rittern** deßen ehelich Leibserben und derselben Er=
benserben Manns und weiblichen Geschlechts, so hier=
wider beleydiget wurden unabläßlich zu bezahlen ver=
fallen seyn solle.

Zu urkund deßen haben **Wir gegenwärtigen**
gnädigst darüber ertheilten Brief mit Unsern an=
hangenden größeren Insigl verwahren laßen. Geben
in Unser Statt Wien den acht und zwantzigsten Mo=
nats Septembris nach Christi Geburt im ein tausend
sechs hundert acht und achtzigsten, Unserer Reiche, des
Römisch im ein und dreysigsten des Hungarischen im
vier und dreysigsten und des Böheimischen im drey und
dreyßigsten Jahre.

Leopoldt.

Lr.
  Lepold Wilhelm
  Graff zu Königsegg.

Ad mandatum Sac. Cæs. Majestatis proprium
  Caspar Florenz Consbruch.

Num. 2.

Reichs und Landkundig ist es, wie das die Römisch-Kayserliche Majestät vnser allerseits allergnädigster Keyser und Herr, die zwischen der Fürstinnen vnd Fürsten zu OstFrießland Durchl. Durchl. vnd den Ost-Friesischen Ständen im Jahr 1678 beygelegte, aber von bösen Fürstl. Räthen von newen aufgerukte, den beschwornen Accorden widrige streitigkeiten und ohnerhörte Newerungen in der Güte beyzulegen sich höchstens angelegen seyn lassen, auch zu dem ende eine höchstansehnliche Hoff-Commission allergnädigst angestellet haben, da es denn nach erörtertem puncto legitimationis dem Vice-Cantzler Johann Hinrich Stamler beliebig gewesen, nachfolgendes proiect zum gütlichen Vergleich auffzusetzen, hingegen auch der Ständen Deputirten anbefohlen, ein dergleichen proiect als nachfolget, zu übergeben. Man hat nöthig erachtet, beides dem gemeinem Wesen zum Besten in offenen truk Jedermenniglichen zu communiciren, damit ein jeder, bey dheme noch einige Gottesfurcht ist, sehen möge, wie Jammerlich des Fürsten zu Ost-Friesland Durchl. umbgeführet, und unter Praetext von Hoheit und Regalien umb das seine bißhero gebracht seye, und mit hindansetzung aller Eyde, Hand und Siegel deßen und deßen Vor Eltern Ehre prostituiret werde.

Des Herrn Vice-Cantzlern Johann Hinrich Stamlers auffsatz ist dieser:

Præmissis præmittendis.

I.

So viel demnegst den punct wegen der Collectation, auch einnehm- und Verwaltung der gemeinen
Landes-

Landes-mitteln in Ostfrießlandt betrifft, ist auff zwischensprechen der höchstverordneten Kayserlichen Commission dahin (wie denn solches ohnedehm den Rechten, Reichs-Constitutionen, desselben Herkommen, auch vorigen in denen Ostfriesischen Sachen ergangenen alten Keyserlichen Verordnungen, sodann denen im Jahre 1599 aufgerichteten Concordaten gemäs) verglichen worden, daß dem Printzen zu Ostfrießland, als einem unmittelbahren Stand des Heil. Römischen Reichs, und ihrer der Ständen angebohrnem Erb-Ober- und Landes-Herrn, und Seiner Durchl. Successoren am Regiment, nun und fürtan in Ewige Zeit daß ius collectandi und was demselben anhängig, nicht gestritten, sondern Er und Dieselbe dabey geschützet, auch solches von neuem hiemit Ihnen bekräfftiget seyn und bleiben solle, jedoch mit dieser außdrücklichen condition, maas und Ordnung daß solches mit Rath, zuthun und Einwilligung der Landschafft beschehe, welches auch, weil es gleichfalls den Rechten gemäs, und nicht unbillig, des Printzen zu Ostfrieslandt Durchl. für sich und dehro nachkommen in Acht zu nehmen, und zu halten sich beständig erkleret haben.

II.

Undt wie dan noch zur Zeit, undt so lange zwischen dem Landes-Fürsten undt Seinen Ständen kein anderer besserer modus contribuendi außgefunden und verglichen, die biß anhero in schwang gegangene Capital- und Personal-Schatzungen, auch inskünfftige, wan sie auff vorhergegangenes Landes-Obrigkeitliches außschreiben und proposition auff Landtagen angewilliget, und darauf von dem Landes-Fürsten approbiret, und zu exequiren anbefohlen worden,

Imglei-

Imgleichen die andere übliche Accisen und imposten von den Consumtionen continuiren, unterdeßen aber gleichwoll weiln wegen ungleichheit und enderung der Taxation allerhand große vielfältige beschwehrden und streitigkeiten gemachet worden, die Schaßungs-Register denenjenigen Fürstlichen Committirten, welche dazu von der hohen Landes-Obrigkeit auß Ihren Räthen und bedienten, sodann auß dem Mittel der drey Stände, alß Ritterschafft, Städten und dritten Stands zu verordnen seyn, revidiren, und nach billigmäßigem befinden, biß auf erfolgende Landes-Herrliche genehmhaltung und confirmation verbeßert und corrigiret werden sollen; also ist

III.

Wegen der Einnahme und verwaltung der Collecten, Steuren, Schaßungen und Imposten dahin die heylsahme und dem Fürstlichen Hauße, auch der gemeinen Landschafft sehr profitirliche Vereinigung getroffen, daß solche fortan, gleich vor diesem in alten Zeiten geschehen, durch einen von dem Landes-Herrn auff an demselben vorhergehende leistende gebührende Caution und Eydesleistung gestelleten Land-Pfennigmeistern, von jedes Ohrts Fürstlichen beamten oder bedienten, so sie zu erheben, empfangen und baraus getrewlich in dem legekasten, worzu der Landes-Fürst wie auch jeglicher Standt einen schlüßel haben sollen gebracht, auch zu keinem andern Ende, alß dazu verordnet, gebrauchet, sodann jährlichs davon der Landes-Fürsten, und der Ritter- auch Landschafft Außschuß richtige Rechnung, welches gleichfals von den bißhero nicht gebürlich liquidirten, noch von der Frau Regentinnen tutorio nomine approbirten oder quitirten Landes-Rechnungen zu verstehen, gethan, selbiger Rechnung, auch nichts, alß waß dem Reich und Landt zum Vesten angewendet passiret, nicht weniger die Türken, auch andere Eingewilligte Reichs- und Kreyß-Hülffe, Steuren und Anlagen auff dehrowegen der hohen Landes-Obrigkeit zukommende, auch Deroselben vermöge Reichs herkommen allein gebührende Kayserl. requisitorialien richtig gemachet, und dan, wie auch sonsten in vorfallenden Landes-nöthen und beschwerden dem Landes-Herrn mit Rath und zuthun der Land-Ständen, ohne einigen praeiudiz, auch anmaßendtlichen gemeinmach- oder verkleinerung der Landes-Herrlichen Regalien, hoheiten, praerogativen und gerechtigkeiten geholffen werden solle.

IV.

Ist beliebet worden, daß von den Collecten, Steuren undt imposten in OstFrießland niemand alß die nach Rechte, den Keyserlichen verordnungen, Reichs-Constitutionen oder ab immemoriali tempore deswegen privilegirt seyn, befreyet, dhero behueff im Jahre 1593. durch sonderbahre bemühung der damals verordnet gewesenen Kayserl. Herrn Commissarien, mit gutem Wohlbedacht in dem Nordischen Executions-Receß aufgerichtete Vierfache Klufft oder Circular-Ordnung beständig observiret, einfolglich niemandt alß die hohe Landes-Obrigkeit, dan auch der Fürst- und Gräflichen apanagirten respective Familien, die Herrschafftliche Heußer, Schlößer, Vestungen, Fortressen, Burglanden und was dazu gehöret, und darauf allenthalben consumiret wird, Imgleichen die Fürstliche Cantzley- auch Hof-Gerichts-, auch andere Geist- und Weltliche Bediente, sodann Pastores und Schul-Meistere in Städten und auf dem Lande,

Lande, auch die offenbahre erkentliche Armen-Häuser davon eximiret werden, oder als exempt zu seyn gehalten werden sollen.

V.

Undt weilen dan die Herrschafften, Esens, Stedesdorff undt Wittmundt in vorangeregter im Jahre 1593 gemachter Ostfrießländischen Circular-Ordnung nicht mit begriffen, noch zu der ehrmals Gräfflichen nun Fürstlichen Ostfriesischen Landes-Regierung, als absonderliche Dominia gehörig seyn, So ist accordiret, daß derselbiger Herrschafften wegen an Seiten der OstFriesischen Land-Stände, am Hochpreißlichen Kayserlichen Reichs-Hoff-Rath wider die Frau Regentinne, in puncto des Beytrages, der Einquartierungen und was weiter davon dependiret, Rechtshängiger Proceß allerdings auffhoreu, und diese Herrschafften wieder Dero Landes-Herrn auch Ihren selbsteigenen Willen und Consens in den Ostfrießländischen Reichs- und Kreyß-Schwerigkeiten, auch andern oneribus nicht gezogen, sondern bey Ihrer diesfalls weit ultra hominum memoriam wohlhergebrachten possession der Befreyung immunität undt Exemption zu jeder Zeit ruhiglich gelaßen werden sollen, maßen dan auch die Landtschafft Ostfrießland und deßelben Stände zu angeregter Herrschafften Schwärigkeiten nichts contribuiren, noch herschießen.

VI.

Nachdehm nun weiter auß vorhergehenden erhellet, daß mit vorhergesetztem modo der Außschreib-Consentir- eintreib- und verwaltung der Ostfrießländischen Landes-Mittell, auff das solche Gelder nirgends anders, alß ad usus destinatos, durch der
Landes-

Landes-Herrn Anordnung, undt der Stände Rath
und vorwißen verwendet werden, und einfolglich weder
der Landes-Fürst, ohne seiner Stände Bewilligung,
noch auch die Landt-Stände ohne Ihren Hohen Landes-
Obrigkeit approbation sothane Gelder zu des einen
und andern theils schaden und beschwärung angreiffen
oder außkehren sollen, angesehen, alß thun die Ostfriesische Land-Stände sothaner Landes-Obrigkeitlichen
Heylsahmen Erweisung und declaration halber nicht
alleine unterthänigst Dank sagen und demnegst ferner
versprechen in dehren schuldiger erkandtnuß Ihren Gnädigsten Landes-Fürsten dem Nierländischen Staat von
dem Fürstlichen Hause annoch hinterstellige, von weyl.
Herrn Grafen Enno zu Ostfrießlandt gemachte schuld
praetension an Capital und Zinsen ab- undt freywillig
über sich zu nehmen, Imgleichem demselben zu Vor-
kommung aller dem Fürstlichen Hauße und der Landschafft, wegen der abgeurtheilten und bereits in termi-
nis Executivis berühender Lichtensteinischer, auch
Waldeckischen anfoderungen, anscheinenden Gefährlich-
keiten, nicht allein zweymahl hundert tausend Reichsthaler, auß vorangerechten Landes-Mitteln, Contributionen und Imposten in sechs jährlichen terminen
erheben, sondern auch der Hoch-Fürstlichen Frau Vor-
münderinne und Regentinne, in Betrachtung dieselbe
zu diesem guetlichen Vergleich alles contribuiret, auch
aus friedliebenden Gemüthe vndt Landes-Mutterlichen
affection, viele Ihr wehrender Uneinigkeit angethane
Verdrießlichkeiten, auch ungebührliche aufflagen über-
sehen, zu Vermehrung Ihres Fürstlichen Witthumbs,
so lange sie nach Gottes des Allerhöchsten Willen bey
leben bleiben wirdt, darauß Jährlichs Sechstausend
Reichsthaler, umb selbige dehro gelegenheit und gnädigsten

digsten Willen nach zu verwenden, unwiederruflich zukommen zu laßen; Allermaßen demnach die Frau Regentinne sowol, alß Dehro Sohn, der Printz zu Ostfrießlandt sothane Ihrer der getreuen Land-Ständen unterthänigste bezeugung und zusage mit gnädigsten Danck acceptiren, und dadurch bewogen werden, alle Dehro wohlfarth und auffnehmen mit desto freudigerm Eifer zu befördern.

VII.

Damit ben auch diese zwischen dem Landes-Fürsten und seinen Ständen auf Ewige Zeit getroffene guetliche vereinigung und harmonie, desto beßerer ohne einigen einbruch succediren, die Ostfrießländische Securitæt auch, nebens Beobachtung des Heyl. Reichs-executions Ordnung, von dem Landes-Fürsten gebührlich angerichtet und unterhalten werden möge, alß sollen und wollen nicht alleine die Ostfriesische Land-Stände, zu erweysung Ihrer unterthänigsten Lieb- und Devotion, welche Sie vor Ihren Erb-Printzen und Landes-Herrn haben, demselben die zeit wehrender seiner Vormundschafft, auß seinen proper Cammer-Gütern außgelegte defension undt besatzungskosten, so mit der Beambten undt Rent-Meistern, welche sie außgegeben, abgelegten Rechnungen zu liquidiren, wieder bezahlen, Ihmgleichen inskünfftig Ihm und seinen Successoren am Regiment zu obgemelten heyhlsahmen zweck, und also zu immerwährend beförderung allgemeiner des Fürstl. Haußes und Landes Wohlfarth ohne praeiudiz nachtheil und abgang anderer Ihm competirenden und üblichen gefällen, Einkommen, Pfachten, Renten und Revenüen, dieselbe haben Nahmen, wie sie wollen, Jährlichs und alle Jahren ordinarie Sechßigtausendt Reichsthaler beständig und

frey=

freywillig herbeytragen, und zwar Monathlich Fünff-
tausendt Rthlr., sondern auch in vorfallenden Ex-
traordinari Kriegsleufften gefahr und Nöthen, auch
andern beschwerungen, mit einem ferneren, der zeiten,
undt coniuncturen gelegenheit, und erfordern nach
länglich einzuwilligenden subsidio, wie solches getreuen
Unterthanen und Ständen geziemet, undt solches in
dem Kayserl. Decret de anno 1589 art. 18. Kayserl. Resolut. de 20. 1597 art. 12. undt in den
Concordaten art. 118. verordnet, undt gewiß auch
festiglich versprochen worden, unweigerlich beystehen.

VIII.

Undt sie demnegst darauf der Printz zue Ostfrießlandt und Seiner Durchl. nachkommen, Regierende Fürsten und Herrn zu Ostfrießland Ihrer sämpt-
lichen Ritterschafft, Städten und Ständen gnädigst
versichern wolle Sie alle und jeglichen dehro Unterthanen zu Waß und Lande bey Ihren Rechten, Privilegien, auch Leib und güetern gegen jedermänniglich der billigkeit und den Rechten gemäs zu vertreten,
nicht weniger auch Land-Stände, wie sie ohne das
von Rechts wegen schuldig und pflichtig sein, hiedurch
versprechen, mit allem ernst und fleis ungespeertes gutes und blutes Ihnen wollen angelegen seyn laßen,
damit von Ihnen und andern den Landes-Fürsten Regalien, Dignitæten, Hoheiten, und Gerechtigkeiten
kein verhinderlicher oder verkleinerlicher eintrag geschehe, dehro Behuef dan auch solche gegeneinander relative
und in der Ordnung, als einer dem andern wie sich
daßelbe zwischen Herrn und Unterthanen geziemet, die
Hand biet, verstehen, angeleget und gebrauchet werden sollen; alß hieinfolglich auch

IX.

IX.

Wegen des Rechts der Landtagen beständig verglichen, daß die außschreibung der Land=Tagen der vorhandenen Keyßerlichen Verordnungen, Resolutionen, Concordaten, auch alten herkommen gemäs nun und alle zeit von den Landes=Fürsten entweder aus selbsteigener bewegnüs und habender Landes Obrigkeitlich Macht, oder auff unterthänigstes ansuchen von Ritterschafft Städten und dritten stande geschehen derselbe und Seine nachkommen auch motiven so Ursachen, warumb der Land=Tag angeordnet dem gewöhnlichen Landtages außschreiben jedesmal einverleiben, die Landtags proposition mündl: so schrifftlich verrichten, sodann die visitation ur cognition über der Landtags Deputirten Vollmacht welche denselben in den Städten und Ämbtern a den Kirchspielen (maßen dan die Ritterschafft pro immatriculirten Adelichen Güter halber, wo sie auff Land=Tagen beruffen für sich erscheinen) der die außgeschriebene materien gegeben werde, ob selbige nembl: dadurch gnugsahm legitimiret, sonsten qualificirt seyn, durch seine Committ:, und einige auß den dreyen Ständen vollenziehen, so absonderlich dahin gute sorge und auffsicht trag, laßen solle, damit diejenige so von dem dritten Stande deputiret und admittiret werden, nicht allein ete ehrliche vernünfftige Persohnen, sondern auch zu wenigsten in Marsch= und Kleylanden mit Fünff und zwanßig Graßen eigen, oder 50 Graßen ungezweifelt sten erheerdischen Erb= Pfachts Landen von Gott gegnet, in den heyd= und Gastlanden aber mit einem eigenen vollem Heerd Landes, und in den Flecken ut 25 traeßen eigen Landes, oder sonst tausend Rchst. rth an redlichen anderen

deren bekannten, oder nach gemeinem Urtheil muthmaßenden gütern vermögen, besitzen und in gewalt haben, sonsten aber die dermaßen nicht beguetert, oder qualificirt seyn, worunter dan auch diejenige billig, welche materiam deliberandi mit verursachen, auch von Ihren factis der hohen Landes Obrigkeit rede und andtwort zu geben schuldig, Imgleichen auch die, so von der gnädigsten Herrschafft, auch aus den gemeinen Mitteln einiges Salarium empfangen, mit zu rechnen seyn, von dehnen deliberationen abgewiesen werden mögen.

X.

Wenn nun dergestaldt die Landtages proposition verrichtet und der actus visitationis et cognitionis der Vollmachten, wie vorgemeldt, für sich gegangen, alßdann sollen die Land-Stände nach Landtags recht und Gewohnheit, über die in dem außschreiben enthaltene, und in der proposition erwiederte materien (mit nichten aber über andere darin nicht begriffene, maßen dan waß deswegen gehandelt, und geschloßen wirdt vor null und nichtes gehalten, und zu keiner execution derstattet werden soll,) zu den berathschlagungen und deliberationen ordentlich und gebührlich schreiten, auch dabey eines Jeden votum vernommen, und ohne sämptliche Bewilligung keine novation oder änderung eingeführet, sodan von den Land-Ständen Ihr unterthänigstes Landtags guetachten oder resolution übergeben und darauf besage Keyserl. decreti de anno 1589 art. 10., Keyserl. Resolution de anno 1597. art. 17. sodan den Concordaten de anno 1599. art. 58. gemäß, demjenigen, so einhelliglich oder mehrentheils geschloßen, oder wan die Land-Stände sich eines einmüthigen schlußes nicht zu vergleichen, zu des

Landes

Landes Fürsten bedencken überantwortet, nachgelebet, per consequens alles und jedes, was solchergestalt per majora von dem Landes-Fürsten und Seinen Ständen geschloßen wirdt, vollenzogen, exequiret, auch deswegen von dem jetzigen und künfftigen Landes-Herrn, über dehm, waß also gebührlich bewilliget, beschloßen, approbiret und statuiret wirdt, Jedesmahl die in dem Keyserl. Embdischen Execution Recess de anno 1590 §. 12. anbefohlen undt vor dießem jederzeit üblich gewesene Landtags-Abscheide von hoher Landes Obrigkeit wegen gemachet, publiciret, und ehe solches geschicht, der Land-Tag nicht aufgehoben, vielweniger einige execution verhenget werden soll.

XI.

Sinthemahlen nun ferner auch die Landtage, sowohl von dem Landes-Fürsten auß eigenem seinem belieben, alß auch auff obgemeltes Seiner Stände gebührendes anhalten in nothwendigen, dehro Fürstl. Hauße und dem geliebten Vaterlande nützlichen angelegenheiten, außgeschrieben werden, und dan die natur der Landtagen selbst erfordert, nicht weniger das Keyserl. decret de anno 1589. §. 12. ausdruklich verordnet, daß solche gemeine Versamblungs- undt berathschlagungen alß ein hochnützliches Werk zur Ungebühr vorsetzlich nicht auffgehalten werden sollen, die bisherige erfahrung auch bezeiget, daß die von den Land-Stenden unternommene eigenmächtige prorogationes der Landtage allerhand böse effecten nach sich gezogen, und offtermahlen allerhand schädliche verwirrung, mißtrauen und uneinigkeit zwischen dem haubt und gliedern, mit nicht geringer hazardirung des gemeinen Landes wohlfarth veranlaßet haben; So haben auch

die

die Stände in dehren billigmäßigen betrachtung, und auff Hochstrichterliche interposition der Keyserlichen Commission dieses Ihr vermeintlich habendes, an Fürstlicher seiten aber jederzeit bestendig wiedergesprochenes recht, und anmaßung die Landtage zu prorogiren, zu einemmahle gänzlich schwinden undt fallen laßen, und wie dieselbe sich demnegst beßen inskünfftig auß eigener authorität zu enthalten haben, also soll gleichwohl denselben auf dem Fall einer indispensablen necessität unbenommen seyn, umb verstattung der Prorogation sich bey dem Landes-Regenten gebührlich anzumelden, welcher dan auch solchenfallß und da die gesuchte Prorogation dem publico seinem Urtheil und befinden nach keinen schaeden zufügen mögte, dieselbe zuzulaßen und verwilligen, und eine andere zeit zu reassumir- undt schließung der Landtags deliberationen, wie obgedacht, anzuordnen nicht anstehen wirdt.

XII.

Alßdan auch von Seiten der Stände in Ostfrießland nicht geläugnet werden konnen, auch Fürstlichen theils gebuhrlich dargethan worden, daß Sie Stände zeit wehrender Gräfflichen und Fürstlichen Landes-Regierung kein eigenes gemeines Siegell gehabt, sondern dieselbe und dehro Deputirte in Ihren privat Schreiben und anderen dergleichen Brieffschafften sich alleine dreyer particulier-Persohnen Cachetten, auß Ritterschafft, Städten und Drittenstandt bedienet haben, und daß sonsten wann in publiquen Landes-Sachen und angelegenheiten, von dem Landes-Fürsten, entweder für sich alleine, oder auch mit Raht und Consens Seiner Landschafft einige verschickung, Commission undt Handlung in oder außerhalb der Provinz

vinz geschehen, darzu jedesmahl das Landes Obrigkeitliches Insiegel gebrauchet worden, so sollen und wollen auch die Ostfriesische Land-Stände sich samt und sonders, deß bey der Römischen-Keyserl. Mayt. wieder sothanes herkommen, und vorhandene Ostfriesische Statuta, zeit wehrender uneinigkeit außgewirkten anderwerten gemeinschafftlichen neüen Insiegels und deßelben gebrauchs, zumahlen auch demselben Fürstlichen theils also fohrt bey der geschehenen insinuation, und nachgehends jederzeit contradiciret worden, hiemit gäntzlich begeben, und dabey Sich und Ihre Posterität säftiglich obligiret haben, in künfftigen Zeiten, je und allewege erst angeregter wohlhergebrachten Observanz und dem uralten herkommen der drey privat-Pittschafften willig, schuldig und unveränderlich nachzuleben.

Der Ostfriesischen Deputirten Auffsatz ist nachfolgendes Project.

Præmissis Præmittendis.

Gleichwie nun an sich selbsten recht und billig, auch den Reichs Constitutionen und deßelben heyhlsahmen gewohnheiten gemäß, daß ein jedtwedes Landt, Graffschafft oder Fürstenthumb, nach denen zwischen Herren und Ständen aufgerichteten Verträgen, Reversalen, alten gebreüchen und wohlhergebrachten Gewohnheiten regieret und verwaltet werde. So haben auf interposition und zureden der Allerhöchstverordneten Kayserl. Commission des Fürsten zu Ostfrießlandt Durchl. gegen Dero, jederzeit biß auf diese stunde insbesondere befreyet geweßene Landt-Stände, anfänglich unb so viel mehr sich gnädig dahin erkläret,

ret, daß Sie nicht nur alle alte Kayserl. Decreta, Resolutiones und res iudicatas, auch die übrige des Landes Accorden, Compacta, verträge, Recessen, Apostillen, Decisien, Abscheide, Siegel und Brieffe, Sie mögen nahmen haben, wie sie wollen, ohne unterscheidt, in specie den Norder Landttags Schlus de ao. 1620., imgleichen besagter Stände Privilegien, Freyheiten, alte herkommen, gebräuche, Ordnungen, Recht und Gerechtigkeiten, maßen in begebenden Fällen, nicht nur zwischen particulieren, sondern auch dem Landes-Herren und Ständen, selbsten in Ihrer Kayserl. Maytt. und des Heyl. Römischen Reichs Allerhöchsten Gerichten, darnach jederzeit gesprochen und noch täglich geurtheilet wird, dieselbe auch von Dero Löbl. Herren Antecessoren, insbesondere, Dero Herren gros Vattern Graff Ulrichen anno 1631, wie auch Dero Herren Vatter Fürst Georg Christian hochseligen Andenckens in anno 1664 und Dero Frauw Mutter der verwitweten Fürstin zu Ostfrießlandt Hochfürstl. Durchl. bey antretung Dero vormundtlichen Regierung, bey Fürstlichen ehren, wahren wordten und glauben an eydes statt, ohne einige exception und einrede, vor sich und Dero nachkommen am Regiment bekräfftiget, auch von den Fürstl. Räthen beeydiget seyn, sondern auch die neuere Kayserl. Verordnungen, insbesondere die Kayserl. Sententiam de anno 1677 und darauf erfolgten von der Römischen Kayserl. Maytt. ad instantiam utriusque partis Allergnädigst Confirmirten vergleich de anno 1678 pro basi & fundamento dieser tractaten, und Dero künfftigen Regierung fästgestellet haben, auch vor Antretung Dero Regierung die dawider vorgegangene Contraventionen im Lande abschaffen wollen.

Gel. Ostfrl. 3. B.   L   Vndt

Vnbt weiln nun insonderheit, wan (wie es ohnedem Rechtens) die alte mit den neüen conseriret werden.

I.

Dieselbe anfänglich, so viel der punct der Collectation, auch einnehme und verwaltung der genießnen Landes-Mittelen in Ostfrießlandt betrifft, außdrüklich disponiren, daß ohne Consens der Land-Stände keine Colleсten, steuren, impost, Zoll, Zollsteigerung, Accise oder Licenten wie daß Nahmen haben mag, angeleget werden mögen; (a) Sondern der Landes-Herr vielmehr verpflichtet sey, denen von den Ständen, ordentlich jederzeit eingewilligten contribution und colleсten Mitteln, oder so in künfftiger Zeit von den Ständen, ordentlich jedesmahl eingewilliget mögen werden, zu gleichmäßiger der Ständen anderer Verordnung seinen unbesperreten curs und lauff zu gonnen, (b) auch so wenig in casibus Extraordinariis sub prætextu necessitatis, als ordinairen begebungen es sey zu Kriegs- oder Friedenszeiten, oder die fälle kommen wie sie wollen, einige Contributionen oder andere anlagen außzuschreiben vermöge; (c) daneben, daß die Administration Einnahme und Ausgabe der gemeinen Landesgelter bey denen auß den Ständen erwählten und von dem Landes-Herren Confirmirten Sechs Administratoren

---

(a) *Decret. Cæsar. de ao.* 589. *art.* 10. *aliique sextus.*

(b) Norder Land-Tags-Schlus *de anno* 1620. §. ferner 1c. *aliique sextus.*

(c) Von der Römisch-Kayf. Mayt. *confirmirter* Vergleich *de anno* 1678.

ren zu ewigen Zeiten dergestalt verbleiben solle, (d) daß davon alle Jahr in Beyseyn eines Fürstl. Commissarii denen Ständen gebührende Rechnung abgeleget werden muß. (e) So hat es dabey und was die alte und neue Kayserliche verordnen, Accorden und das alte Herkommen, weitläuftiger davon disponiren, billig sein verbleiben.

Was weiter die prætendirte Exemption der Fürstl. Bedienten von den landes beschwehrden vor ihre Persohnen angehet, haben der Stände Deputirten aus den Accorden, insonderheit aus dem Norder Landtags-Schluß de ao. 1593. (f) Embder Receß de anno 1606 (g) und general-Pacht-Ordnung de anno 1631. (h) auch Vergleich de anno 1662 (i) klärlich angewiesen, daß dieselbe niemahlen exempt gewesen, sondern allemahl gleich anderen ihre taxam bezahlen müßen, Immaßen solches auch nicht geläugnet werden können. Darauf dan Jhro Durchl. der Fürst zu Ostfrießlandt den guten eingeseßenen zum

besten

(d) Embd. *Receß de anno* 1606. *Proviſ. Vorſchl. de anno* 1607. Pacht-Ordnung *de anno* 1631. *Dicta tranſactica a Cæſare confirmata de anno* 678. *art.* 3. *&c. add. Reſcript. Cæſareum* vom 28ten *Junii* 684.

(e) *Dict. Rec. Emd. c.* 3. §. 10. Norder Landt. Schluß de ao. 1620. §. Das obgedachte *Colleg. &c. aliique textus.*

(f) *Vide taxam ibidem.*

(g) *Cap.* 5. *art.* 9.

(h) *Art.* 15.

(i) *Tit.* vom *Colleg. Adminiſtratorum Art.* 2. *pag.* 26.

beſten, welchen ohnedem die Laſt ſchwehr gnug iſt, von dieſer praetenſion gäntzlich abgeſtanden, und gnädig verſprechen, darüber Jhres hohen Orts mit zu ſeyn, daß gedachte Dero bediente die Landes-Würden, bey vermeidung der würklichen Execution, allemahl ohnweigerlich, gleich andern Einwohnern mit abtragen ſollen.

Nachdem aber gewiß, daß die Herrſchafften Eſens, Stedesdorff und Wittmundt partes Oſtfrießlandts ſeyn, und alſo billig, daß ſie auch zu den oneribus publicis Oſtfriſiæ pro quota concurriren; Jnmaßen auch der verwitweten Fürſtin Hochfürſtl. Durchl. Tutorio nomine per Sententiam excelſi iudicii aulici vom 14. Maii 1685 dahin Condemniret worden; So verſprechen Jhro Durchl. inhalts gedachter Sentenz, nicht nur den Fünften theil zu den gemeinen beſchwehrden inskünfftig allemahl denen Adminiſtratoren entrichten zu laßen, ſondern auch vorerſt ihre quotam, ſo ſich ſalvo errore calculi auf 83668 Reichsthlr. 11 ſch. 6 w. beleüfft, zu den von Jhro Kayſerl. Mayt. letztverordneten von den Ständen cum reſervatione völlig bezahlten quartier geldern, denen Ständen aus gedachten Herrſchafften reſtituiren, und wegen desjenigen, ſo beſagte Stände bis anno 1672 auf gedachte Herrſchafften, auch ſonſt wegen verurſachter unbillicher Executionen, belägerung und durchzüge, auf das Fürſtliche Haus praetendiren, und durch die vorige verträge noch nicht abgehandelt, oder erlaßen, fernere liquidation zulegen und billige erſtattung thun zu laßen, wie ſie dan zu dem ende ſo vil den Eſenß- und Wittmundtiſchen beytrag betrifft, dem im Höchſtpreißlichen Reichs-Hoffrathe obschwebenden processui restitutionis in integrum hiemit bestermaßen renunciiret haben wollen.

II.

Vndt gleich auch der punctus subsidiorum, zu beseß und erhaltung der nöthigen Festungen, Plaßen und Guarnisonen, durch die Kayserliche Sententiam vom 20ten Octbr. 1677 seine endliche abhelfliche maße bekommen, dergestalt, daß es in puncto Subsidiorum ordinariorum bey denen vergleichen de anno 1611 allerdings gelaßen, in puncto Extraordinariorum aber, der Stände in actis gethane erbieten, zu beseß und unterhaltungen der nöthigen Festungen und Guarnisonen, eräugnenden nothfällen, dem Herkommen und Kayserl. Resolutionen, auch Accorden und Recessen gemeß, mit hülflichem beytrag an Hand zu gehen, für eine gnugsahme parition angenommen; So haben des Fürsten in Ostfrießlandt Durchl. und die Stände zu allem Ueberfluß noch angenommen, daß es bey diesem puncte, bey angerechtem woll außgesprochenem Urtheile ohne einige exception oder widerrede allerdings sein verbleiben, und demselben so woll von hochgedachter Durchl. und Dero successoren am Regiment, als den Ständen nachgelebet werden solle. Wie es dan auch wegen des matricular-Contingents an Reichs- und Creyß-Steüren bey den Accorden (k) und der bisherigen immemorialien observanz, krafft welcher daßelbe unmittelbahr von denen Administratoren an gehörige Oerten abgetragen worden, auch noch inskünfftige abgestattet werden soll, sein bewenden haben soll.

III.

(k) Ember *Reces de anno 1606. c. 2. prævs.* Vergl. *art. 8. aliique sextus.*

III.

Was angehet den punct vom Recht der Land-Tagen, haben der Land-Stände Deputirte angezeiget, daß Jhro Principalen nicht gemeinet seyn, in Jure Comitiorum, der Fürsten zu Ostfrießlandt Jhres gnädigen Herren Durchl. und deßen Successoren, an Dero wohlhergebrachten Rechten zu praeiudiciren; Sondern weiln denen Kayserlichen Decretis und Resolutionen, auch anderen des Landes Vertragen gemeß, daß der Landes-Herr nach belieben, so offt er will, einen Landtag außschreiben mag, aber auch gleichwol auf unterthäniges begehren eines der dreyen Stånden, auch Ritterschafft, einer Stadt, britten Standes und Collegii Administratorum verpflichtet ist, innerhalb Monaths Frist a die requisitorialium, so daß die Stände in selbigen Monath würklich zusahmen kommen können, einen Landtag auß zu schreiben, widrigenfalls aber keine Ursache zu beklagen haben soll, daß die Stände nach alter Gewohnheit zusahmen kommen, und über die angelegenheiten des Landes, in abwesen Jhrer Fürstl. Durchl. und Deroselben Committirten, per libera vota schließen; (l) Im übrigen aber eines jeden votum gehöret, und ohne såmbtliche bewilligung keine verenderung oder neüerung gemachet werden mag, sondern demjenigen, so einhelliglich oder mehrentheils, in fällen da die maiora platz haben geschloßen, würkliche folge geschehen und nachgelebet werden solle. (m) So ist unnöthig gewesen,

darüber

(l) *Decretum Cæsar. de anno* 1529. *art.* 10. Embdischer *Execut. Receß de ao.* 1590 *art.* 12. *Resolutio Cæsarea de anno* 1597. *art.* 17. Hagisch *Accord. art.* 13. *aliique textus.*

(m) *Textus modo allegati.*

darüber ferneren Vergleich vorzunehmen, sondern bey gedachten Accorden und dem Herkommen, überall so wie das darinn das Recht der Landtage weitläufftiger gegründet, alß es hier außgeführet werden kan, gelaßen worden. Wie ingleichen wegen judicatur über die gültigkeit der Vollmachten derer so auf Landtagen compariren, aus dem Norder Landtagsschluße de anno 1620 (n) und final-Receß de anno 1663 (o) und der Observanz offenbahr, daß Sie den Ständen zustehe, jedoch daß dieselbe in Gegenwart der Fürstlichen Committirten Herrn Räthe, und eines Secretary, der auch zugleich Protocollum mit halten mag, und zwar nach einhalt der Accorden geschehe.

IV.

Die Admission der Hoffgerichts Bedienten, ordinair Deputirten und Administratoren, zu den Landtagen betreffend, haben die Fürstliche Räthe nicht in Abrede seyn können, daß so lange die Gräfl. nun Fürstl. Regierung gestanden, dieselbe ohnstreitig zu den Landtags deliberationen admittiret worden; allermaßen sie nicht nur selbsten von dem Landes-Herrn jederzeit vorschrieben worden, sondern auch keine Landtags Resolution vorgewiesen werden können, welche nicht wenigstens von einigen derselben unterschrieben, zu geschweigen, daß der Landes-Herr ne quidem sub prætextu reatus, vielweniger anderer geringen Ursachen halber jemandt von den Landtagen und andern publiquen functien abhalten kan, Er sey dan der

Misse-

(n) §. welche obgedachte der Stände *Visitationes*.

(o) *Cap.* von recht der Landtage art. 1.

Missethät überführet (p) deßhalb Ihro Durchl. der Fürst zu Ostfrießlandt es auch in Gnaden dabey bewenden laßen.

V.

So viel fünftens, das von Ihrer Kayserl. Maytt. den Ständen aus Kayserlicher Macht und Vollkommenheit wohlwißendlich allergnädigst zu führen und zu gebrauchen vergonntes und erlaubtes Siegel betrifft, ist nicht erfindlich gewesen, daß Ihre Kayserl. Maytt. daburch etwas wieder Dero Wahl Capitulation verhenget haben solten; dannenhero des Fürsten zu Ostfrießl. Durchl. zum unterthänigsten Respect gegen Ihre Kayserl. Maytt. den gebrauch deßelben, den Ständen ferner nicht disputiren wollen.

VI.

Bey dem sechsten punct haben die Ostfriesische Land-Stände mit Leidwesen wahrgenommen, daß in wehrender zwey und zwantzigjähriger Vormundschafftlicher Regierung, so des Fürsten zu Ostfriesland Dero gnädigen Herrn Durchl. Domainen von keinen Schulden entlastet, daß man auch gar die Summen zu grossen Summen auffschwellen laßen, ja nicht einmahl die grosse auf etliche Tonnen Goldes sich belauffende Contributionen, welche man in anno 1676. 77. und 78. durch die Münstersche Soldaten den Eingeseßenen abtreiben laßen, dehren restitutio den Ständen durch Kayserl. Mandata und darauf erfolgte Paritoria zuerkannt; aber aus unterthäniger liebe gegen des damahligen minderjährigen Printzen Durchl. in anno 1678 nachgelaßen worden, zu Abtilgung derselben angewendet worden. Die Stände wären hieran keine schuldt,

(p) Vergleich de anno 1662. cap. von den general. gravam. cap. 4. art. 38. pag. 97.

schuldt, hätten die schulden nicht gemachet, und könten nicht erfinden, daß einige Reichs Constitutionen oder Landes Accorden, selbige, vielweniger einige apanagiat Gelder, und Wittumbs vermehrung ihnen aufbürdeten Dannenhero des Fürsten Durchl. sich gnädig erkläret, wie es auch ohnedem Recht und billig, Dero Fürstl. Hauses schulden, aus Dero Domainen zu verfügen, damit wegen ein oder anderer vorschwebender Execution dem, durch die viele in wehrender Vormundlichen Regierung erlittene Einquartierungen und exactionen, auch letztere grausahme inundation gantz erschöpfte Lande und deßen Eingeseßenen, nichts widriger überkommen möge.

NB. Der Ostfriesischen Land-Stände Deputirte reserviren ihren Principalen nochmahlen in entstehunge der Güthe ordinarium processum, da alles weit gründlicher und klährer wird außgeführet werden können.

Nun gibt man einem jeglichen unpartheyischen zu urtheilen, wie weit beide Partheyen von einander stehen, und wie wenig Hoffnung zum gütlichen Vergleich zwischen beyden von einander so hart discrepirenden theilen sey; insonderheit aber, ob es sich vor Gott, Ihro Kayserl. Maytt., der gantzen werthen Christenheit und Einem jeden Ehr und Warheit liebenden verantworten laße, daß man alle vom Jahre 1600 biß hieher gemachte, unterschriebene, versiegelte und beschworne Tractaten, Reversalien, und in rem iudicatam ergangene Kayserl. urtheile also zu einemmahle aufheben, und eine neue onerhörte manier von Regirung in Ostfrießland einführen und solches coram facie Sacratissimi Imperatoris der gantzen Welt bekannt machen dürffe.

Gedrukt im Jahre 1687.

Conrad

Conrad von der Lage.

Gestorben den 5ten December 1694.

Simon von der Lage war Prediger in der hiesigen Herrschaft Petkum, wurde 1629. von dannen nach Repsholt in dem hiesigem Amte Friedeburg berufen, von hier kam er zum Predigt-Amt zu Vechte im Münsterschen und zuletzt zu Süllenstädt in Jeverland, woselbst er 1642 verstorben ist. (1)

Dieser war der Vater unsers Conrad von der Lage. Er wurde im Jahre 1630 zu Repsholt gebohren, ohne Zweifel Anfangs von seinem Vater unterrichtet, weiln in unserm ganzen Amt Friedeburg keine hinlängliche Schule vorhanden war, zu welcher er gehalten werden konte. Nachhero hat er vermuthlich entweder zu Jever oder zu Norden, nach der Gewohnheit damaliger Zeiten, die schöne Wissenschaften getrieben. Er studirete zu Rinteln, Erfurt und Leipzig, und that sich so hervor, daß er zu der Licentiat-Würde in der Gottes-Gelahrheit gelangete.

Seine auf diesen drey hohen Schulen erworbene Gelehrsamkeit verbreitete sich gar bald. Diese und seine vortrefliche Eigenschaften, Beredsamkeit und Redlichkeit versetzten ihn aus der einen Ehren-Stelle in die andere. Erst wurde er zu Weimar Herzoglicher Hof-Diaconus, wobey ihm zugleich die Unterweisung der Enkel des Herzogs Wilhelm des vierten anvertrauet wurde.

(1) Reershemii OstFrl. Luther. Prediger Denkmahl S. 410.

wurde. Darauf stieg er weiter, wurde Hof-Prediger und Consistorial-Rath und zuletzt General-Superintendent des gantzen Fürstenthums Weimar.

Er stammet aus einer sehr vornehmen adelichen Familie her. Auf dem hiesigem adelichem Hause Grimersum ist davon und von ihm in einem gewissen Manuscripte eine sehr genaue und merkwürdige Nachricht vorhanden, die ich hier gantz, so wie sie lautet, von Wort zu Wort mittheilen will.

"Conrad von der Lage gebohren zu Repsholt "in Ostfriesland war General Superintendent zu "Weimar starb 1694.

"Sein Vater war Simon von der Lage Witt-"munda Frisius, welcher zu erst Pastor in Petkum "circa annum 1627. Von Petckum ist er 1629 "nach Repsholt berufen. Von Repsholt nach Vechta "in Westphalen 1632. Wurde von dannen im 30 "Jährigen Kriege 1638 vertrieben. Worauf er von "den damaligen Herrn Grafen von Oldenburg ins "Jeversche berufen und daselbst 1642. den 19 Junii "verstorben. Er hat des Herrn Conradi Potinii "Pastoris Primarii in Wittmund Tochter Clara "Potinii zur Ehe gehabt und mit derselben 2 Söhne "gezeuget.

"1) Obigen Mag. Conrad von der Lage "Fürstl. Sächsischer Hof Diaconus zu Weimar, und

"2) Mattheus von der Lage Amtmann zu "Reinhardts Brun nahe bey Gotha der 1638.
"den

"ben 6 Febr. zu Vechta gebohren und den 17ten
"Martii 1668. im 31. Jahr verstorben und in der
"Kirche zu Friderich Roda den 20ten Mart. 1668.
"in der volkreichen Versammlung beygesetzet. Die
"Leichen-Predigt hat über ihn gehalten Michael
"Brandenburg Pfarrer und Adjunctus daselbst, ge-
"druckt Gotha Typis Reyherianis. Text. Deuter.
"Cap. IV. v. 3. daraus vorgestellet: Die Warheit,
"daß Gott die Seinen niemals verlaße ic. ic.

"Vorhin erwehnten Simonis von der Lage
"Posteritæt ist noch im Chur Fürstenthum Sachsen
"vorhanden, und besitzen ein im Voigtländischen Crayß
"gelegenes Ritterguth Brotenfeld genandt.

"Ao. 1728. ist hier im Lande ein junger Herr
"von der Lage gewesen, der nach absolvirten Aca-
"demischen Studien in Leipzig in frembde Lande
"eine Reise that; er suchte in Ostfriesland einige
"Nachricht von seiner Familie auf, so mit denen
"Loringa verwand seyn sollten um seine Ahnen zu
"completiren. Was derselbe von seiner Familie
"meldet, solches weiset folgender Extract seines
"Schreibens an die weyl. Hochwohlgebohrne Frey-
"Frau von Westendorph gebohrne Beninga sub
"dato Glauche den 25 May 1729.

"Ainsi pour ma Famille, elle a été deja
"connüe au tems que L'ordre Teutonique etabli
"la plus part de la *Noblesse d'Allemagne* florisoit en
"Livonie et on conte un Commendeur de cet
"Ordre de notre Famille, on la trouve aussi aux
"vrieux *Tournois*, et celle a été aufgeschworen, aux
"plu-

"plusieurs Eglises Cathedrale aussi bien que par-
"mi la Noblesse de la Westphalie. Etsi-que mon
"Grand Pere a été *Surintendent* General des Egli-
"ses, ainsi personne, ecclesiastique, aies la bonte
"de scavoir qui'l a choisi l'etat ecclesiastique par
"un voeu qui'l a fait comm' il etoit en ses voya-
"ges au peril de sa vie sur mer, aiant renouvelle
"le voeu de ses ancétres Catholiques fait prin-
"cipalement pour la Conservatiou, de la Fa-
"mille, et ce n'est pas une chose tout a fait
"etrangere ches nous aiants de puis un Siecle
"les exemples des Familles de Höeneg, de Bu-
"lau, de Schulenbourg, de Waldeck, de Wer-
"thern et des plusieurs autre à cause que l'Etat
"ecclesiastique ne derobe point le lustre a la
"naissance —

"Bortenfeldt, situe dans l'Electorat de Saxe
"cinque lieux el' içi (Glauche) que mon Pere
"ma cede avec confirmation du Roi &c. Glauche
"est une Ville et le lieu de la Regence de la
"Comtée de Schoenburg dont mon Pere est le
"Directeur.

"Aus dem Pittschafft dieses Briefs ersehe, daß
"dieser Herr von der Lage drey rothe Binden in
"weißen Felde führe. ꝛc. ꝛc.

In der gelehrten Welt hat unser Conrad von der Lage sich gantz vortreflich sehen lassen. Seine Schriften sind. (2)

Differ-

(2) Ich schreibe sie, so wie Meeröhemius am angezogenem Orte gethan hat, aus dem Jöcherschen Gel. Lexicon 2. Band Seite 2305. ab.

Dissertatio de Theognosia naturali.
- - - de Motu proprio stellarum fixarum.
- - - de Natura Coeli.
- - - de Generatione.
- - - de Magistratu Politico.
- - - de Lapsu Luciferi.

Responsa Theologica.
In welchen unter andern folgende merkwürdig sind. An Calviniani habeant integrum Sacramentum Coenæ? An liceat signa Maleficii ipse cessationis mali removere & tollere.

Verschiedene Leichen-Cometen (3) und andere Predigten. Von seinen übrigen Ausarbeitungen ist ungedruckt liegen geblieben.

Lexicon Harmonico-philologico practicum.
Commentar. in Librum Ruth & primum Samuelis.
Commentar. in Historiam de Diluvio.
Tractat von der zuläßigen Kleider-Tracht und uppiger Kleider-Praß.

Aus meiner Erzählung von den hohen Ehren-Stellen, zu welchen Conrad von der Lage gelanget, und aus diesem Verzeichnis der von ihm nachgelassenen Schriften ist einleuchtend, daß er ein Mann von grossen Talenten, von grossem Ruhm und von einer ausgebreiteten Gelehrsamkeit gewesen seyn müsse. Und zwar nicht bloß in der Gottes-Gelahrheit, sondern auch in der Welt-Weisheit, in der Litteratur und besonders auch in der Astronomie.

Er

---

(3) Bayle hatte damals von den Cometen noch nicht geschrieben. Man wird sich also von diesen Cometen-Predigten gar leicht einen Begrif machen können.

175

Er hatte einen Bruder Mattheus von der Lage, welcher einen gelehrten Diebstal an Casper Barths Adversariis begangen hat; (4) er selbst aber ist den 5ten December 1694 (5) im 64ten Jahre seines Alters mit einer Hochachtung der gelehrten Welt verstorben, welche ihm, seinem vornehmen Geschlechte und seinem Vaterlande zur unvergeßlichen Ehre gereichet.

Hulde=

(4) *Mattheus von der Lage, Barthii Adverſaria olim ſurripuerat ſed publice ea reſtituere coactus eſt.* *Thom. Crenias de Furibus litterariis,* Neerhemti Prediger Denkmahl S. 411. in der Anmerkung °

(5) Müllers Sächſ. *Annales pag.* 532. 541. 548. 584. 619. *Johann Caſper Löſcheri Merita Theologor. in rem litterar.* 1. Theil Seite 143.

Huldericus ab Eyben.
Gestorben den 25ten Julius 1699.

Ulrich Eiben ist nicht von dem Geschlecht der Gräflichen, vorhero Freyherrlichen Familie von Eyb in Franken, dessen Herr Rath Jugler in seinen Biographien gedenket, auch nicht von der Familie des Albert de Eyb, deren I. H. a Falckenstein in Antiquitatt. Nordgav. Tom. 2. pag. 54. erwehnet und welcher Margaritam Poeticam, librum de re uxoria, de mortis præparatione Epistolas herausgegeben hat, sondern wie Hertius (1) und nach ihm Herr Rath Jugler gantz richtig berichtet hat (2) ein gebohrner OstFriese.

Er ist im Jahre 1629 zu Norden gebohren, sein Vater war Hajo Eiben (auch wol in alten Urkunden Ayben) welcher in den Jahren 1631 bis 1635. Amtmann zu Esens war und welcher das Verdienst hat, derjenige zu seyn, der zu allererst ein Contracten-Protocoll in dem Amte Esens errichtet hat.

Daß derselbe aus einem adelichem hierländischem Geschlechte herstamme, wie Hertius und nach ihm besonders Jugler angeben wollen, ist gantz unrichtig und falsch. Wenn sein Vater auch zu Seriem und Westeraccum mit Gütern angesessen gewesen, so erweiset dieses noch den alten Adel des Geschlechts nicht. In Seriem und Westeraccum sind gar keine adeliche Güter

(keine

(1) In procemio Operum.
(2) In den Beyträgen zur Jurist. Biographie des ersten Bandes zweytes Stük num. 14.

(keine Castra nobilia) vorhanden. In Seriem liegt ein Plaatz, Aderhusen genannt, welcher aber kein Hauptlings=Guth ist; derselbe hat zwarn adeliche Freyheiten gehabt, welche der Eibenschen Familie von der Landes=Herrschaft verliehen worden, dieselbe sind aber mit dem Tode des Bürger=Meister Block, als dem letzteren Besitzern des Plaatzes aus dieser Eibenschen Familie, im Jahre 1775 erloschen.

Einmal oder mehrmalen, wie ich gefunden und bemerket habe, in dem alten Esener Amtgerichts=Protocoll wird eines Drosten Eiben (welche Drosten=Bedienungen niemand anders, als dem Adel verliehen wurden) erwehnet, es ist aber darunter nicht Hajo Eiben, sondern **Eibe von Werdum** zu verstehen, welcher aus dem hohen Adel Harrlingerlandes und damals Drost zu Esens war. (3) Ich besitze auch eine zu Giessen unter dem Vorsitz des Tulöners im Jahre 1652 gehaltene Dissertation, worauf geschrieben stehet:
Monſ. Eiben
welches nicht geschehen können, noch dürfen, wenn er ein würklicher Edelmann gewesen wäre; es würde nach damaligem Styl geheissen haben:
Junker Eiben.
Ebenfalls nennet er sich auf dem Titul seiner zu Giessen 1653 gehaltenen Dissertation de Pactis & Transactionibus de Rebus Creditis &c. nicht von oder ab Eyben, sondern schlechtweg Eyben. Man sehe Schützens Conclusiones legales. Gieſſæ 1654. Es ist gantz wahrscheinlich, daß Meinert Hajo Eyben
Generals

(3) Amtmann Brenneysen Bericht vom 18 April 1735.

Gel. Ost Frl. 3. B.   M

General-Superintendent in Harlingerland und Ober-Prediger zu Esens, welcher in dem Jahre 1598. verstorben, sein Gros-Vater gewesen ist. (4)

Es ist eine von einem Doctore Medicinä Eugenius Eiben gedrukte Rede vorhanden, welche er, auf der Schule zu Norden, im Jahre 1707. gehalten hat, worauf der Verfasser sich blos nennet Eugenius Eiken. (5) Ich habe zwar Anfangs geglaubet, es könne wol seyn, daß er aus dem im Amte Esens ehemals vorhanden gewesenen adelichen Hause Südenburg abstamme, worin Eibe von Südenburg (nicht Schwidenborch) wie bey dem Hamelmann in der Oldenburgischen Chronike stehet, S. 30, Häuptling war und welches

---

(4) Meershemii Prediger-Denkmahl Seite 426. Nummer 4.

(5) Diese Rede führet folgenden Titul:
Eugenii Eiben, M. D.
oratio
de
Præstantia
Dignitate Artis Medicæ
Habita Nordæ,
in
Illustri schola Ulricana
Die 22 Junii Anno 1707.
Auricæ Typis Samuelis Bürgeri, Sereniss. Princ. Orient.
Frisiæ Typograph. Aul.
In der Dedication an den Fürsten Christian Eberhard saget er, er sey ein gebohrner Ostfriese und sey dreyßig Jahr abwesend ausserhalb Landes gewesen. Er muß also ein Bruder-Sohn von unserm Eyben gewesen seyn. Es ist merkwürdig, daß ein Mann, welcher schon Doctor war, auf einer Schule eine Rede gehalten hat.

welches Haus zu Seriem und Westeraccum Grund=
stükke hatte; allein die Sache ist nachhero von mir
durch ein Zeugnis eines glaubwürdigen Schriftstellers
entschieden befunden. Ulrich von Werdum in der Ge=
schichte seines Hauses saget ausdrüklich (pag mihi 248)
daß sein Gros=Vater ein Bauer zu Seriem gewesen.
Mortuo autem *Wiardæ, Hajo Eybenius* successit, in
munere officialis Collega *Joachimi Drossati* factus,
ex patre *Haykone Aiben,* Seriemensi rustico pro-
creatus, erga etiam insitum plebeiis contra nobilitatem odium luculenter exercuit occasionem-
que tunc sorte oblatam avide arripiens, magis
ut privatam cum livore avaritiam expleret quam
ut publicis Usibus consuleret Esensis præfecturæ
Nobilium bonis admodum infestus extitit.

Unsers Ulrich Eyben Vater hies nicht, wie Rath
Jugler schreibet, Hugo Eiben, sondern wie oben schon
gemeldet ist, und beym Hertius recht stehet, Haio
Eiben. Seine Mutter hies nicht, wie bey beiden
unrecht stehet, Maria Smedes Lobenhoff, sondern
Loringa, welches damals ein berühmtes adeliches Ge=
schlecht hier zu Lande und deren Gros=Vater allem
Vermuthen nach Hajo Loringa war, welcher um das
Jahr 1581. Drost und Amtsverwalter zu Norden
gewesen ist. (6) Er ist, wie gesagt, zu Norden 1629
den 20ten November gebohren und nach dem Namen
des damals regierenden Grafen Ulrichs des andern ge=
nannt, er ist daselbst in dem ehemaligen Kloster Ma=
rienthal (nicht Marienfeld, wie jene beide Schriftsteller
es irrig nennen) unterrichtet, als sein Vater (wie
bis=

M 2

---

(6) Regierungs=Raths Greems Bericht ad *Archivum*
de 8 April 1735.

dieselbe hergegen richtig berichten) ihm schon in seinem sechsten Jahre abgestorben war.

Auf dieser Schule zeichnete er sich so aus, daß der Vorsteher derselben ihn seinen Neben=Schülern zum Muster vorstellen konte und hier zeigte sich schon die Blüthe, was für eine grosse Frucht für die gelehrte Welt aus ihm erwachsen würde.

Er studirte zu Rinteln, Marpurg und Gießen, an welchem letztern Orte er sich besonders in der Rechts=Gelehrsamkeit unter dem berühmten Just Sinold, genannt Schütz, und dessen Sohn Johann Hellwig fleissig übete.

Im Jahre 1655 wurde er daselbst der Rechten Doctor und bald nachhero Professor, lehrete mit solchem Beyfall und erwarb sich theils dadurch, theils durch seine Schriften einen solchen Ruhm, daß die Universität Giessen einen grossen Zufluß an Studirenden erhielte. Sein College Johann Otto Tabor wurde darüber eifersüchtig, und, so wie der alte Homborg zu Helmstädt dem Leyser vielen Verdruß verursachte, (7) that er desgleichen.

Im Jahre 1669 wurde er, mit dem Character eines Raths, als Professor nach dieser besagten Universität Helmstädt berufen. Hier blieb er nur Acht Jahre, indem im Jahre 1678 der Niedersächsische Crays ihn zum Reichs=Cammer=Gerichts=Assessoren
präsen=

―――――――――――――――――――――

(7) Christoph Weiblich in der Geschichte der jetztlebenden Rechts=Gelehrten I Band S. 534.

präsentirete. Kayser Leopold ernannte ihn im Jahre 1680 zu seinem Rath, lies eine Adels=Standes=Erhöhung für ihn ausfertigen und nicht lange nachhero nahm die Reichs=Ritterschaft am Rhein ihn zu ihrem Mitgliede auf, so wie die Reichs=Ritterschaft in Franken, Schwaben und am Ober=Rhein den berühmten Berger zu ihrem Mitgliede machte, wie derselbe Reichs=Hof=Rath wurde. (8)

Nunmehro konte er sich zwarn **Freyherr** nennen laffen, allein Herr Rath Jugler bemerket aus Ludolffs und Leibnitzens Commercio epistolico, daß er wegen der unrichtigen Bedeutung dieses Wortes in der Lateinischen Sprache, diesen Titul nicht vertragen können.

Er starb den 25ten Julius 1699. und wie der Herr Geheimte Rath Nettelbladt (9) ganz richtig bemerket hat, als der letzte berühmte Rechts=Gelahrte des siebenzehnten Jahrhunderts.

Viermal hat er sich verheyrathet: 1) mit des schon vorhin gedachten Professors Tülsners Tochter, aus welcher Ehe eilf Kinder erfolget sind, 2) mit des Helmstädtischen Professors Enoch Glaesers Wittwen,
aus

(8) Jugler in der Jurist. Biogr. 1. Band Seite 40.

(9) Hallische Beyträge zur Gelehrten Hist. im 2 Band Seite 25. Die *Nova Litteraria Germaniæ* (Hamburg in 4.) vom Jahre 1709 vermelden Seite 110, daß schon in der im Jahre 1708 zu Kiel unter dem Vorsitz des Professor Reyhers gehaltenen Dissertation *de Recensioribus Jure Consultis* sein Leben mit abgehandelt sey; es ist mir aber diese Schrift nie zu Gesicht gekommen.

aus welcher Ehe 2 Kinder entstanden sind, 3) mit einer Tochter aus dem Stråsischen Patricien-Geschlecht zu Frankfurt am Mayn, 4) mit eines von Adel der Familie von Busch, welche beide letzte Ehen unfruchtbar gewesen.

Aus der ersteren Ehe hinterließ er einen sehr gelehrten Sohn Christian Wilhelm von Eiben, dessen Leben in dem Ildcherschen Gelehrten-Lexicon und in Mollers Cimbria litterata, (10) vollständiger aber in Rath Juglers Beyträgen zur Juristischen Biographie stehet, (11) der auch eine schöne und mit seltenen Stücken versehene Bibliothek besaß. (12) Er war Hollstein-Gottorpischer Staats-Minister und Gesandter auf dem Reichstage zu Regensburg. Der andere Sohn Ulrich bekleidete an eben dem Hofe (1710) die Stelle eines Hof- und Justitz-Raths. (13) Im Jahre 1774 war ein Herr von Eiben Dänischer Gesandter am Neapolitanischen Hofe, welcher gewiß einer von seinen Nachkommen seyn wird.

Sein Bildnis und sein Waapen stehet vor seinen von Hertius herausgegebenen Operibus und das letztere zeiget, daß es ein ursprünglich altes Ostfriesisches Geschlecht sey, indem es eine Harphe im Schilde führet.

Er hat eine grosse Menge Schriften hinterlassen, welche jener zusammen drucken lassen und in folgender Reihe aufgestellet hat:

PARS

(10) *Tom. 2. pag. 187.*
(11) 2. Band *Num.* 13.
(12) *Nova Litterar. Germaniæ* vom Jahre 1706. Seit 341.
(13) Zedlers Universal-Lex. 8. Band. Seite 2422.

PARS PRIMA

continens

Obfervata Theoretico-Practica ad Libros Inftitutionum Juftinianearum,
quoufque antehac in lucem prodierunt.

Difquifitio I. De Legum promulgatione, Inftitutionum Juris methodo vi correctorio quoad Digefta, compofitionis tempore, juftitiæ definitione, natura, divifione, jurifprudentia in genere, trium juris præceptorum diftinctione; Jur. Civ. forma, Publici publice permiffa interpretatione, utriufque collectione ex præceptis communibus &c. Giffæ 1661. *ad Prooem & lib.* I. *tit.* 1 & 2.

II. De Jure inter & intra Gentes, fcripto & non fcripto, Senatus & SCtorum auctoritate, ftatu hominum vario ejufque indole; libertate triplici, propriis hominibus ipforumque manumiffione &c. Giffæ 1661. *ad lib.* I. *tit.* 2. 3. 4. 5. 6. 7. 8. 9.

III. De Confenfu Parentum in nuptiis neceffario, cognatione & affinitate matrimonium impediente, fervili etiam &c. Giffæ 1661. *ad lib.* I. *tit.* 10. 11 & 12.

IV. De Tutela Teftamentaria, Legitima & Dativa. Giffæ 1661. *ad lib.* I. *tit.* 13. 14. 15. 16. 17. 18. 19. 20.

V. De Auctoritate Tutorum, Tutelæ contrariis, Curatione ejufque variis generibus &c. Giffæ 1662. *ad lib.* I. *tit.* 21. *ufque ad fin.*

VI. De Rerum Divifione & acquirendo earum dominio. Giffæ 1662. *ad lib.* 2. *tit.* 1 & 2.

VII. De Servitutibus Realibus & Perfonalibus. Giffae 1662. *ad lib.* 2. *tit.* 3. 4 & 5.

VIII. De Ufucapione, ejufdem juftitia & caufis, Donationibus, jure alienandi, acquifitione per alios. Giffae 1662. *ad lib.* 2. *tit.* 6. 7. 8. 9.

IX. De Teftamentis ordinandis, tam militaribus quam paganicis, deque perfonis quae teftamentum condere poffunt. Giffae 1662. *ad lib.* 2. *tit.* 10. 11. 12.

X. De Heredum Inftitutione neceffaria & voluntaria, prima & fecunda, itemque Teftamentorum contrariis nonnullis. Giffae 1663. *ad lib.* 2. *tit.* 13. 14. 15. 16. 17. 18.

XI. De Heredum qualitate & differentia &c. Giffae 1063. *ad lib.* 2. *tit.* 19. 20. & *feqq.*

XII. De Succeffione ab inteftato; ut & pauca de Fideicommiffis & Codicillis delibata continens. Giffae 1663. *ad lib.* 2. *tit.* 23 & 25. *item ad Nov.* 118. *cap.* 1. & *feqq.*

XIII. De Obligatione in genere & ea quae re contrahitur. Giffae 1664. *ad lib.* 3. *tit.* 14. & *feq.*

XIV. De Contractibus Realibus. Giffae 1664. *ad lib.* 3. *tit.* 15.

- XV. De Ufu Stipulationum hodierno. Giffae 1664. *ad lib.* 3. *tit.* 16. 17. 19. 20.

XVI. De Stipulationibus, maxime in alterius perfonam collatis uti & in mortis cafum factis, nec non Fidejuffionibus. Giffae 1667. *ad lib.* 3. *tit.* 20 & 21.

XVII. De Societate & Mandato. Giffae 1668. *ad lib.* 3. *tit.* 26 & 27.

PARS

PARS SECUNDA

continens

Dissertationes Miscellaneas ex Jure Privato.

I. Discursus Academicus, in quo praevia dispositione praecipuarum J. Civilis universi partium demonstratur Auctoritas Ususque Juris Justinianei in Germaniae privatarum publicarumque causarum Judiciis. Helmstad. 1672.

II. De Origine, Progressu, Usu & Autoritate J. Canonici in terris Protestantium in genere, nec non in specie de quibusdam utriusque Juris Civilis & Canonici, differentiis, maxime de iis, quae usum aliquem in foro habere videntur. Helmstad. 1672.

III. De Jure Naturae. Gissae 1665.

IV. De Mandatis sine Clausula. Helmstad. 1672.

V. De Mutuo. Gissae 1663.

VI. De Constitutione & Juribus Factorum seu Institorum, Factorn, Buchhaltern &c. Gissae 1659.

VII. Disp. altera de Factoribus, & nominatim de Actionibus quae dantur in Praeponentem & Factorem ipsum. Gissae 1661.

VIII. De Jure Paraphernorum. Gissae 1669.

IX. Commentatio de Tutela Foeminea, cumprimis quoque Illustrium *ad Auth. Matri & avia, cum duabus seqq. Cod. quando mul. tut. Offic. fungi poss.* Gissae 1655.

X. De Decreto in alienandis minorum caeterarumque his similium personarum rebus necessario. Gissae 1668.

XI. De Testamento Principis vel Comitis S. R. Germ. Imperii. Giſſae 1662.
XII. De Miſſione in poſſeſſionem, maxime ex primo & ſecundo decreto vulgo Einweiſung, Immiſſion, Ein- oder Anſatz aufs Erſter und zweyter Erkäntnuſs. Giſſae 1663.
XIII. De Aſſaſinio ſeu Homicidio imperato. Helmſtad. 1673.
XIV. De Territione Torturali. Giſſae 1669.
XV. Diſcurſus ad nobile & decantatum in foro *Cap. Per tuas. 58. X de Appellat. Recuſat. & Relationib.* Helmſtad. 1674.
XVI. De Apoſtolis. Helmſtad. 1672.
XVII. Diſſert Jurid. qua ſpecimen exhibetur Degenerationis rerum Juridicarum. Giſſae 1668.
XVIII. De Fonte Juris ſeu Facultatis Moralis. Giſſae 1667.
XIX. Notae & Obſervationes Practicae in *ANTON PEREZII Praelectiones in Codicem Juſtinianeum.*

PARS TERTIA

continens

Argumenta ex Jure Publico & Feudali.

I. Electa Juris Feudalis, queis interiora ejus & receſſus abditiores ſubinde perquiruntur, viſuntur, excutiuntur &c. Giſſae 1669.
II. III. Binae Diſſertatiunculae de Feudo Solari, Germ. Sonnen-Lehen, Helmſtad. editae Anno 1677.
IV. De Cauſis Feudalibus, von Lehen-Sachen. Helmſtad. 1672.

V. De

V. De Sede Majeſtatis Romano-Germanicæ. Giſſæ 1664.

VI. De Jure Belli.

VII. De Jure Pacis.

VIII. De Origine Illuſtris illius Regulæ: S. Romano-Germanici Impery Electores, Duces, Marchiones, Landgravios, Burggravios, Principes, Comites, Barones, & cæteros his accenſos, tantum poſſe in ſuis territoriis, quantum Imperator in Imperio; ejusdemque item uſu frequentiſſimo; cujus documenta aliquam multa ex ſerie Inſtitutionum Juris compoſita ſubjunguntur. Gieſſæ 1660.

IX. De Jure Venandi. Giſſæ 1663.

X. De Regalibus Privatorum. Helmſtad. 1671.

XI. Diſquiſitio Exoterica de Titulo Nobilis, an & quatenus is non tantum Ducibus ac Principibus, ſed Comitibus quoque & aliis Curiæ Romanæ ſtylo tribuatur. Helmſtad. 1677.

XII. Stylus Curiæ etiam in Titulis interdum plumbeus, imo cereus, per Exceptiones à Regulari (quo non Comites, ſed Principes ſalutari NOBILES conſtat) & quidem pleraſque vulgo obvias demonſtratus à CHRISTIANO, WILHELMO, EYBENIO. Helmſtad. 1686.

XIII. De ordine Equeſtri Veterum Romanorum, ex Analectis Venerandi Sui Parentis magnam partem hauſta & edita à CHRISTIANO,

STIANO, WILHELMO, EYBENIO. Francof. 1684. (14)

XIV. Judicium super Quæſt. daſs eine der Evangeliſ. Religion zugethane Abbatiſſin in Teutſchland, wann ſie ſich verheurathet, nicht noethig habe zu reſigniren.

Hertius hat in ſeiner Sammlung derſelben ſie nicht alle beygebracht, ſondern nach des Herrn Raths Juglers Anzeige ein paar ausgelaſſen, indem er ſchreibet:

"Ich wundere mich aber, daß man hier, da doch
"von dem Vater alles andere, was aus ſeiner Fe-
"der gefloſſen iſt, zuſammen hat geliefert werden
"ſollen, eine Lateiniſche Rede auf **Reinkingken**
"vergeſſen habe, die ich wenigſtens nicht mit Stille-
"ſchweigen übergehen will. Sie beſtehet zwar nur
"aus 10 Seiten in 4. läßt ſich jedoch, auch in An-
"ſehung des Ausdruks, gar wohl leſen. Er hat
"ſie 1665 zu Gleſſen gehalten, worauf ſie, in dem-
"ſelben Jahre, den zu Glükſtadt auf dieſen groſſen
"Rechtsgelehrten gedrukten Leichenſchriften mit ein-
"verleibet worden iſt. Der Titel lautet alſo:

"Orat. funebris in obitum viri magnifici,
"ſtrenui & prænobiliſſimi, Dn. *Theodori*
"*Reinkingii*, — — ex incluti Senatus Aca-
"demici

(14) Eine Recenſion davon ſtehet in den lateiniſchen *Actis Eruditor. Lipſ.* vom Jahre 1717. Es iſt auch dieſer Tractat dem *Novo Theſauro Antiquitatum Romanarum ab Alb. Henr. de Sallengre (Hagæ Comit. 1716. in folio)* einverleibet. Man ſehe Neue Bibliothek (Frankfurt und Leipz. 1717. in 8.) in der 9ten Nachleſe Seite 738.

"demici Giffenſis decreto habita. Sie ge-
"höret nun gewiß unter die raren Schriften.
"Sintagma hiſtoricum de Gunthero
"Schwarzburgico, Rom. Rege, ſeu Impe-
"ratore, cognomine optimo, adeoque Sci-
"pione Germanorum inclyto, Wetzlar.
"1695. in 4. auch abermahls 1702.„

Auch hat er unter Johann Hellwig Sinold, genannt Schützen, Vorſitz, fünf Diſſertationen gehalten, auf welchen er ſich allemal nennet: **Huldericus
Eyben Oſtfriſius**. Die Titul dieſer 5 Diſſertationen
ſind folgende:

DE
Pactis & Tranſactionibus.
De
Rebus Creditis & Jurejurando &c.
De
Uſuris, Fructibus, Mora Et Probationibus.
De
Succeſſione Prætoria, item Civili ab Inteſtato
novi Operis nunciatione, &c.
De
Privatis Et Publicis Delictis.

Ulrich von Eiben war einer der größten Juriſten
ſeiner Zeit, beſonders ſcheinet er mir im Staats- und
Lehn-Recht des deutſchen Reichs ſtark geweſen zu ſeyn,
auch hat er von dem Staats-Recht der alten Römer
vorzügliche Einſichten gehabt. Man ſehe nur zum Bey-
ſpiel, was Gundling ſaget: (15)

Ich,

---

(15) In *Gundlingianis* 3ter Band Seite 483. in dem
21ten Stück unter der Aufſchrift: Der edele
Römer.

Ich, als sein Landsmann, will zu seinem Ruhm nichts sagen, sondern nur abschreiben, was Fremde von ihm gesaget haben.

Hertius schreibet:

"ob notissima merita Assessorum in numerum
"Ann. MDCLXXIIX. mense Martio recipere-
"tur. Qua in orchestra tanta morum gravi-
"tate se exhibuit, ut suffragia ejus & relatio-
"nes, quas vocant, maximo cum applausu in
"Senatu audirentur &, quæ in medium ad-
"ferret, velut è tripode dicta exciperentur."

und Herr Rath Jugler:

"Das Cammergericht verlohr an ihm einen der vor-
"nehmsten Beysitzer, die gelehrte Welt hingegen
"einen Mann, welcher gewiß unter die berühmte-
"sten Schriftsteller seiner Zeit zu rechnen ist. Von
"der ersten Jugend an hatte er auf alle die Wißen-
"schafften einen grossen Theil des Fleißes gewendet,
"vermittelst welcher sich ein Rechtsverständiger aus
"dem gemeinen Haufen zu erheben pflegt. Und eine be-
"trächtliche Menge gesammleter Bücher, die er hinter-
"lassen hat, ist ein klarer Beweis, wie viel er ge-
"lesen haben müsse. Denn er hat überall, beson-
"ders bey historischen, nicht nur kurtze Noten, son-
"dern auch Urtheile, hinzugeschrieben. Ohne Zwei-
"fel würde es den Gelehrten angenehm seyn, wenn
"man solche nach seinem Tode zusammen gelesen
"und ans Licht gestellet hätte. Eines dieser Bü-
"cher, welches er mit Anmerkungen versehen hat,
"finde ich in der Bibl. Uffenbachiana universali
"Band IV. S. 36. nemlich Henninges Genea-
"log.

"log. Familiar. nobilium in Saxonia. Auſſer
"einer reifen Beurtheilungskraft und dem ſtärkſten
"Gedächtniße, gab eine männliche Beredſamkeit
"ſeinen Unternehmungen noch mehrern Glanz. Es
"fiel ihm nicht ſchwer, viele Stunden nach einan-
"der von verſchiedenen, nicht gemeinen Sachen ſo
"lebhaft und lehrreich zu ſprechen, daß diejenigen,
"welchen er den Zutritt erlaubte, im Zuhören nie-
"mahls ermüdet werden konten. ─ ─ ─
"Hierzu kam noch eine chriſtliche Rechtſchaffenheit
"ſeines Charakters. Entfernet vom Stolze und
"Hitze des Gemüths ging er mit jedermann aufs
"leutſeligſte um, und unter ſeinen Amtsgenoſſen
"ſuchte er die Einigkeit nach allem Vermögen zu er-
"halten.

Vor mir haben ſchon von ihm, auſſer dem jetzt
angezogenem Jugler, Nachrichten mitgetheilet:
Journal dès Sçavans vom Jahre 1709. (Seite
299.)
Reyher in Hiſtoria Juris (31 §. 138.)
Moſer in Bibliothec. Juris Public. (42. pag. 179.)

Sein Epithaphium lautet folgendergeſtalt:
Monumentúm hocce
viri
mente ac gente
genio & genere
illuſtris,
Domini HULDERICI ab EYBEN,
Oſt-Friſii,

quem

quem
Academia primum Giſſena
hinc julia themidos Myſtam
multos per Annos veneratæ ſunt,
inde
Auguſtiſſimi & ſummi
per Germaniam Cameralis judicii
collegio
nomine circuli Saxoniæ inferioris
adſcriptum,
et A S. Cæſarea majeſtate
conſiliarii honore ornatum
immediati quoque equeſtris ordinis
ad Rhenum Sodalitati inſertum,
De Eccleſia & Republica
per omnem vitam
egregie meritum,
Deo demum jubente,
Mors ſeptuaginta circiter annos
natum octavo Kal. Auguſti
Anno æræ chriſtianæ
MDCXCIX
placide evocavit,
honori & meritis
innumerabilibus
lugentes ſtatuerunt
Liberi & Generi.

Unter ſeinem in Kupfer geſtochenen Bildniſſe (16) ſtehet folgendes:

Hulde-

(16) Es iſt daſſelbe zweymal in Folio vorhanden. Eines iſt von Seupel und das andere von Schenk. Carl Ferd. Hommel *Effigies Juris Conſultorum in Indicem redacta* pag. 15.

Huldericus ab Eyben, immediati ordinis equestris circ. Rhen. S. Cæf. Majeſt. Conſiliarius & in ſupremo per Germaniam judicio camerali Nomine Circuli Saxon. infer. Senator & legatus perpetuus. &c. - - - -

Ais igitur parvum claudit
  quem finibus orbis
Teutonici claudi gloria parta vetas? —
Cuius inexhauſtum laudarunt
  pectoris uber
Bina Lycca, uno jure ſuperba viro,
Cæsaris auspiciis qui poſt oracula tori
Teutoniæ pandit nobiliore loco,
Quo nemo ſanctus magis aut
  mage promtus utramque
Et Themidem & patriam
  pignerat usque ſibi.
Oceanus juris, qui publica privaque jura
Promit, ut æternas ille miniſtrat aquas.
  L. M. Q. ſcr. Henricus
    Meibomius.

Eybeni, Auguſti columen qui
  grande Senatus,
Quo pax imperii vindice
  tuta manet,
Illuſtres mirata Titas Germania dotes,
Pridem animi effigiem concipit atque ſolit:
Nunc hærens vultu in placido,
  frontisque ſereno,
Quale ſuper nubes ætheris
  aura fovet ;
Non, ait, iſta Viri eſt ſpecies,
  eſt Numinis inſtar.
ASTRAEAE NUMEN ſic
HABITARE DECET.

  L. M. Q. F. Caſp.
    Corberus.

Mentetus Kettwig.

Gestorben im Herbst 1733.

Mentet Kettwig, eigentlich Meent, oder Meentet (1) Kettwig ist im Jahre 1674. in unserem an der Emso liegenden schönen Flecken Leer gebohren. Sein Vater war Bebäus (2) Kettwig, beyder Rechten Doctor daselbst und seine Mutter Abbenia Weerthymühlen. Ob dieser sein Vater der nemliche gewesen, welcher im Jahre 1648. den 18ten September, also 26 Jahre vor seiner Geburt, den zwischen dem Grafen Ulrich und denen Land-Ständen wegen des Defensions-Werks in den damaligen Kriegs-Läuften wider auswärtige Einfälle der streifenden Partheyen und anderer Puncte getroffenen Interims-Vergleich als Deputirter des dritten Standes mit unterschrieben hat, (3) das kann ich nicht bestimmen.

Wie er in seiner ersten Jugend zu Leer zur Schule kam, konte er, man mogte sich so viel Mühe mit ihm geben, als man wolte, die Buchstaben nicht lernen, bis endlich der damalige Lutherische Schulmeister, ein Hesse von Geburt, es so weit brachte, daß er sie alle zu unterscheiden wuste, worauf er denn auch aber so schnell zunahm, daß er nicht allein sofort buchstabiren, sondern auch in der kurtzen Zeit von 14 Tagen fertig lesen konte.

---

(1) Man sehe *Cadovii Memoriale Linguæ Frisiæ antiquæ Mscpt. pag. mihi* 270.

(2) Der eigentliche alte Ostfriesische Name ist Bahde oder Bäse. *Cadovius* Seite 260.

(3) Ostfrl. Historie *Tom.* 2. Seite 711.

In der untersten Classe der dasigen Lateinischen Schule machte er auch in Sprachen und sonst solche Schritte, daß er binnen 2 Jahre ein Schüler der obersten Classe wurde.

Im vierzehnten Jahre seines Alters war er schon so weit, daß sein Vater ihn auf die Universität Grönningen schicken konte. Daselbst studirete er bis zum Jahre 1688. und nach der Zeit zu Franecker unter dem berühmten Ulrich Huber (4) mit dem grösten Fleis. Auf dieser letzteren Universität wurde er im Jahre 1692 Doctor der Rechte.

Er fing darauf an zu Leer die Rechts-Gelahrheit in Processen und mit consuliren auszuüben, verheyrathete sich auch mit des Doctors und Bürgermeisters Hajo Rieckena Tochter zu Norden. Diese Heyrath hatte auf sein nachheriges Schicksal einen merklichen Einflus, zeiget auch zugleich, wie es damals hier zu Lande hergegangen sey. Ich muß also die Besonderheiten und die ferner entstandene Folgen derselben erzählen.

Seine Braut war seiner Mutter Bruders Tochter, welche er ohne Landesherrliche Dispensation nach den Grundsätzen damaliger Zeit nicht heyrathen konte. Ein Matrimonial-Fall, in welchem unter jetziger Glorreichen Königl. Regierung gar nicht mal Dispensation gesuchet zu werden braucht. Er suchte dieselbe in der gewöhnlichen Ordnung Rechtens zu erlangen.

Der

(4) Mit welchem seinen Lehrer er nachhero, wie man unten sehen wird, Controversen geführet.

Der damalige Cantzley- und Consistorial-Präsident von Petckum, der fast alles zu sagen hatte, forderte dafür eine ansehnliche Summe Geldes. Als Kettwig sich dazu nicht verstehen wolte, wies er ihn mit den Worten von sich, nun solte er auch das Weibsbild nicht haben, er antwortete ihm aber gerade zu, nun will ich sie doch haben und ihr sollet nichts haben. Er verlies darauf Leer, woselbst er auf der einen adelichen Burg des Herrn von Hane, nemlich der Harderwykschen wohnete, begab sich nach Emden, suchte bey dem dasigem Geistlichen Ministerium die Dispensation, holete seine Braut von Norden und lies sich zu Emden copuliren.

Dieses und noch andere Umstände zogen ihm die Ungunst der Fürstlichen Räthe zu.

Regierungs-Rath Palms, mit dem er noch etwas verwandt war, hatte ihm die Stelle eines Advocati Fisci angeboten, er hatte solche aber aus gegründeten Ursachen mit hönischen Worten ausgeschlagen, auch bey dieser Gelegenheit den Tractat de Ambitu antiquo & hodierno geschrieben.

von Pollmann in seinen Racemationibus ad Institutiones hat an verschiedenen Orten (5) heimlich darauf

---

(5) Pag. 5. *Alias autem contra adulatores aulicos (qu juxta Juven. sat. 4. de magnis majera loquuntur, & merito male audiunt, tanquam plusquam servi corrupti rei ut est videre 2. Chronicon. 24 vers 2. & 17. cum seqq. Hosea 7. vers 3.) Principum & Comitum hactenus, per quos saepe quic quid libet licet.*

darauf angespielet, wenn er die Hof=Bediente zu schildern suchet, und unten werde ich eine Stelle von ihm beybringen, woselbst er ganz grob sich darüber ausläſſet.

Sein Schwager Rieckena hatte des Hof=Gerichts=Procuratoris Meppen Tochter zur Vollenziehung der Ehe bey dem Consistorio belanget. In dieser Sache war Kettwig Advocat. Gleich bey der in dieser Sache ergangenen ersten Verordnung glaubte er zu merken, daß das Consistorium partheyisch wäre, er appellirte also davon an den Reichs=Hof=Rath. Damals war es nichts neues, daß man gleich von der ersten Verordnung auf den Libell an die Reichs=Gerichte appellirete. Das Consistorium schlug ihm die Appellation ab, nichts desto weniger setzte er die Sache zu Wien durch, daselbst wurde der Appellations=Proces erkannt und hier insinuiret. Das Consistorium ertheilte folgendes Decretum:

> daß die Processe Kayserl. May. zum Respect vor insinuirt angenommen würden; jedoch, daß Ihro Hochfürstl. Durchl. als ein Evangelischer Reichs=Fürst, dem das Jus Episcopale zustünde, sich quævis competentia reservirte.

Und obwohl der Fürst bey dem Reichs=Hof=Rath sich ferner dawider aus angeführtem Grunde meldete, auch beharrlich wegerte die hiesige Acta einzusenden, so wurden dennoch arctiores Compulsoriales ad edendum Acta priora erkannt.

Ein gleiches bewirkte er in einer Ehe=Sache Iske Meecken wider Engelcke Brennstein,

Dergleichen war damals in OstFriesland nicht erhöret und auch in der That was sonderbares, da bekantestermaßen die höchste Reichs-Gerichte in Ehe-Sachen gar keine Jurisdiction haben, (6) allenfalls zum höchsten genommen, nur über den Punct, ob das Consistorium die Acten an eine Juristen-Facultät zu verschicken schuldig sey, oder nicht, oder sonst nur blos in accidentalibus causarum exemtarum, si scilicet non disceptatur de substantia & viribus matrimonii. (7)

Auf die Weise machte er nun vollends, daß er alle Gunst der Fürstlichen Räthe verlohr.

Daher denn, wie er von dem Hof-Gericht zugleich mit dem Doctore Tammena zu einer ledigen Stelle eines Hof-Gerichts-Assessoris präsentiret wurde, und unerachtet die Madame Kleinau von Sandhorst, damalige Gemahlin des Fürsten Christian Eberhard, für ihn war, nicht er, sondern besagter Doctor Tammena zum Assessore erwählet wurde. Er ist auch nachhero nimmer zu einer Bedienung gelanget, sondern hat bis an sein Lebens-Ende die Rechts-Practic getrieben.

Dieses

---

(6) *de Ludolff de Jure & Processu Cameral. Tit.* 43. num. 14 *Causa matrimonialis neque per viam S. Q. neque per viam appellationis ad Cameram spectat, sed illa inter subditos Imperii mota, quoad Catholicas coram Papa, quoad Augustanae Confess. addictos coram borum Consistoriis dirimenda.* cit. loc. num. 15 & 16.

(7) *de Ludolff c. l. tit.* 47. *n.* 17. Freyherr von Cramer in den Wetzlarischen Neben-Stunden im 120 Theil im 3ten Stück, sodann in denen *Observat. Juris Universi Tom. IV. O. M L.*

Dieses aber auch mit grossem Ruhm und einem allgemeinen Beyfall, sowol bey den hierländischen Ober- und Unter-Gerichten, als auch bey beiden höchsten Reichs-Gerichten. Er hatte eine unglaublich starke Praxin und war einer der Advocaten erster Grösse seiner Zeit, hatte auch von verschiedenen adelichen Häusern dieses Landes jährliche Besoldungen, um sich beständig in allerhand Vorfällen und Rechts-Angelegenheiten seines Raths bedienen zu können.

Was verschiedenen grossen Gelehrten wiederfahren ist, daß sie nemlich in ihrer Jugend beynahe ums Leben gekommen wären, das hat sich auch mit ihm zugetragen. Horn, der bekannte Politiker, fiel in seiner Jugend unter die Mörder, (8) kam aber durch den Terentz, welchen er bey sich hatte und woraus man erkannte, daß er nur ein Schüler sey, glücklich davon. Vincentius Placcius that in seiner zartesten Kindheit einen so schweren Fall, daß er zwar den einen Arm zerbrach, doch noch das Leben davon trug. (9) Gundling bestieg als ein gantz junger Knabe einen hohen steilen Berg, der nicht weit von seines Vaters Hause war, er konte aber nicht wieder herunter finden, brachte drey gantze Tage auf der Spitze des Berges zu, kam aber doch noch glücklich herunter. (10) Lipsius wurde von seiner Amme im Schlaf beynahe erdrucket, im vierten Jahre seines Alters wäre er bald im Schnee ersticket, nachhero fiel er

---

(8) Reinmann Einleit. zur Hist. der Gelehrs. 5ter Band Seite 210.

(9) Reinmann im 4ten Band Seite 621.

(10) Jöchers Gelehrt. Lexicon im 2ten Band Art. Gundl. Seite 1279. 1280.

von einem hohen Gerüſt herunter, blieb aber mit ſeinem Gürtel an einem Balken hängen und zu Brüſſel wäre er gewis erſoffen, wenn ihm nicht noch zu rechter Zeit ein Müller zu Hülfe gekommen wäre. (11) Conrad Rittershuſius iſt viermal aus Lebens-Gefahr, zumal im Waſſer, errettet. (12)

Unſer Kettwig wurde in der Schule durſtig und erhielt die Erlaubnis nach Hauſe zu gehen, er konte aber ſo lange ſich nicht gedulden, ſondern lief zu dem nächſten Brunnen, um daſelbſt Waſſer zu ſchöpfen und zu trinken. Wie er den mit Waſſer angefüllten Eimer herausnehmen will, wird derſelbe ihm zu ſchwer, er ſtürtzet mit demſelben in den Brunnen herunter, bekommt aber zum Glück die Kette des Waſſer-Eimers in die Hände, welche er feſt hält und ſich mit den Füſſen auf dem Eimer ſelbſt ſtützet. Wegen der Schwere ſeiner Kleider, die durch und durch nas waren, fiel es ihm aber unmöglich bey der Kette aus dem ſo tiefen Brunnen ſich in die Höhe zu bringen, und würde er gewis haben erſäufen müſſen, wenn nicht ihm, wie dem Lipſius, jemand zu Hülfe und nach Verlauf einer Zeit von zwey Stunden von ungefehr ein Mann, um Waſſer zu holen, gekommen wäre, welcher ihn mit Hinunterlaſſung einer langen Leiter in den Brunnen vom Tode errettete.

Kettwig war ein Mann mittelmäſſiger Statur, ſprach zu Hauſe wenig, ging nie aus, auch nie aus der Stadt, als wenn es Gerichtlicher Geſchäfte halber geſche-

(11) Neumann im 5ten Band S. 85. 86.
(12) Brucker im Ehren-Tempel der deutſchen Gelehrſamkeit Seite 102, in der Anmerkung c.

geschehen muste, er hatte, so wie ein Fernel (13) an allen Ergetzlichkeiten kein Vergnügen, ging gar in keine Gesellschaften, noch hielt dieselbe in seinem Hause. Dabey war er von einer gantz eigenen Lebens-Art. Er machte zwar nicht wie Andreas Osiander, welcher des Abends um 9 Uhr zu studiren anfing und damit fortfuhr bis des Morgens zwey Uhr, aus Nacht, Tag; (14) allein er stund im Winter sowol, als im Sommer um 3 Uhr auf, arbeitete oder studirete bis um 11 Uhr, alsdann er seine Mittags-Mahlzeit hielte. Nach Tisch legte er sich zur Ruhe und kam gegen 3 Uhr wieder zum Vorschein. Von dieser Zeit fing er wiederum zu lesen an, oder sprach seine Partheyen. Keine einzige Stunde brachte er täglich zu, ohne zu arbeiten, oder zu lesen. Des Vormittags sprach er mit niemanden seiner Partheyen. Denn wenn er in einer Sache, als Advocat, bestellet wurde, so bedung er sich gleich Anfangs aus, daß wenn sie etwas mündlich mit ihm zu sprechen habe, solches Nachmittags von 3 bis 6 geschehen müsse. Waren es aber auswärtige Partheyen, oder Noth-Sachen, ließ er sich auch des Morgens sprechen.

Auf den Schlag 6 Uhr des Abends ging er sowol im Winter, als im Sommer zu Bette und darin war er bis aufs äusserste gestrenge. (15) So war er sich
alle

(13) Bayle Art. Joh. Fernel, Leib-Artzt Heinrichs des 2ten, Königs von Frankreich, *Tom.* 2. Seite 485. Anmerk. *B.* Er bekümmerte sich weder um Spiele, noch Spazier-Gänge, noch Gastgebote, noch Unterredungen.
(14) Reinmann in der G. H im 3ten Band S. 92.
(15) Sein itzo noch lebender ungefehr 50jähriger Sohn, von dessen eigener Wissenschaft ich alle Besonderheiten

alle Tage gleich. Er hat einen grossen, theils practischen, theils gelehrten Briefwechsel geführet. Als mit dem Reichs-Hof-Raths-Agenten Johann Jacob Joannelli, welcher 1715. von Kayser Carln dem sechsten zum Kayserlichen Rath in Mayland bestellet wurde, mit denen Reichs-Hofraths-Agenten Kistler von Klerff, von Maul, welchen letzteren der Kayser seiner Geschicklichkeiten halber in den Freyherrn-Stand von Huldeberg erhob, zu Wetzlar mit den Licentiaten und Reichs-Cammer-Gerichts-Advocaten Faber, Doctor Herd und andern, sodann mit dem bekannten Rechts-Gelahrten Feltmann, dem grossem Leibnitz und andern.

Wie jener, der Professor Feltmann, hier zu Lande Hofgerichts-Assessor wurde, vermehrete sich diese Freundschaft. Feltmann, der ein Schwieger-Vater des (zuletzt seiner Sinne beraubten) Hofgerichts-Secretarii Cloppenburg war, gerieth mit dem damaligen Vice-Hofrichter Hüneken in Feindschaft und daher entstand auch durchgehends auf dem Gericht bey dem Referat ein heftiger Wort-Wechsel zwischen diesen beiden. (16) Kettwig war sein heimlicher Beystand und

    ten von diesem Manne erlernet habe, hat mir erzählet, daß einst um 6 Uhr des Abends ein Bauer gekommen und ihn sprechen, oder ihn consuliren wollen, daß er aber, unerachtet der Bauer ihm einen Louisd'or bieten lassen, wenn er es thun würde, dennoch sich dessen verwegert habe.

(16) Man hat mir erzählet, daß man es auf dem Schloß Wall fast von Wort zu Wort hören können, wenn diese beyde gegen einander gezanket hätten. Das Hofgericht war damals am Schloß-Wall, woselbst nun die Wohnung des Herrn General-Superintendenten ist.

und unterſtützte Feltmann mit ſeinen Conſiliis. Von
der Correſpondenz mit Leibnitz zeiget dieſes, daß Leibnitz in Collectaneis Ethymologicis (17) der hier-
ländiſchen ſeltenen Handſchrift des Memoriale Linguæ Friſiæ Antiquæ des Cadovius (der ſich Anfangs Müller ſchrieb) erwehnet, welche ihm gewis
durch niemanden anders, als durch den Brief-Wechſel
mit Kettwig bekannt geworden und mitgetheilet ſeyn
wird. Kettwig hat ihm auch das Abſterben des Feltmanns gemeldet. Dies erzählet der ehemalige Profeſſor Withoff zu Duisburg in der Lebensbeſchreibung
des Feltmanns mit folgenden Worten: (18)

Obiit Bremæ in Legatione, quam eo nego-
tiorum quorundam publicorum cauſa ſuſceperat
anno 1696., ætatis vero 59., quemadmodum
*ex epiſtola Menteti Kettwigii, Doctoris Jurium Embdani
ad illuſtrem Libnitium*, eo anno die V. Junii ſcripta,
cognoſcitur, quam diligentiſſimus Joachimus Fre-
dericus Tellerus Monumentor. Var. ineditor.
Trimeſtri VI. pag. 380. in lucem protraxit. Re-
ſpondit eodem mox anno Leibnitius &c. und der
Herausgeber dieſer Werke füget in der Anmerkung
hinzu: Is Mentetus Kettwig fuit amicus noſtri
Auctoris, & de veritate Philoſophiæ Hobbeſianæ
contra Ulricum Huberum ad noſtrum Gerhardum (Feltmannum) ſcripſit.

Kortholt ſeine Epiſtolæ Leibnitii ad diver-
ſos (19) ſind mir nicht zur Hand, ich weis alſo
nicht,

(17) *Part. 2. pag. 258.*
(18) *Duorum Fratrum Gerhardi & Theodori Feltmanni
Opera Juridica. Edidit & præfatus eſt, Johannes
Jacobus von Haſſelt, ICtus Arnhemiæ 1764. in fol.
in Præfatione.*
(19) Leipzig 1734.

nicht, ob darin auch Briefe an Kettwig vorkommen, jedoch ist mir ein Beweis bekannt, daß Leibniß in den wichtigsten statistischen Materien mit ihm sich in Briefen unterredet und ihn zu Rathe gezogen habe. Dieses ist:

Excerptum ex Leibnitii Epistola ad Mentetum Kettwigium, qua mentionem facit libri sub Fürstenerii nomine olim a se editi & simul fastum Criticum Juvenum eruditorum placide redarguit in Fellers Monumentis ineditis Trimestrib. VI. pag. 380. und in Ludovici Leben Leibnißens. Zedler in Univerf. Lex. im 16ten Band Seite 1574.

Es scheinet auch, daß Leibniß an der Controvers, welche Kettwig mit dem grossen Huber geführet, Antheil gehabt habe, wenigstens hat er folgendes geschrieben: Judicium de Hobbesio circa notiones necessarias & contingentes, welche man antrift in Feriis Aestivis Groninganis anni 1733. cum notis Engelhardi. Zedler am angezogenen Orte Seite 1553.

Kettwig war nicht allein ein grosser Practicus, sondern auch ein Mann von sonst feiner Gelehrsamkeit, und von philosophischen Scharfsinn. Seine Abhandelung de Ambitu antiquo & hodierno zeiget solches. Buder saget davon, perstringit fraudes maxime Advocatorum (20) und Leyser (21) schreibet davon folgendes:

Miri-

---

(20) *In Bibliothec. Jur. select. cap.* 13. *pag.* 488. (*Edit.* 8.)

(21) *In Medit. ad ff. Tom.* 9. *sp.* 622. *med.* I. *pag.* 899.

Mirifice Claudianus in verſibus 261. ſqq.
Creſcite Virtutes, foecundaque floreat ætas
Ingeniis patuit campus certusque merenti.
Stat favor, ornatus propriis induſtria donis
Surgite ſopitæ, quos obruit ambitus artes.
Nil licet invidiæ Stilicho dum proſpicit orbi.
Mirifice inquam, hæc Claudianus, ſed aſſentatorie ſcribit, non vere, nec temporibus, quibus ſcripſit, convenienter Imperabant tunc Arcadius & Honorius, ſtupidiſſimi principes aut potius Arcadii nomine Rufinus ―― & his extinctis Honorii nomine ſolus Stilicho, peſſimi homines, qui quam iuſtitiam, munera publica, honores, omnia denique venalia habuerint narrat Zoſimus. Itaque Kettwigius in libello illo, quem Bremæ 1696. de Ambitu antiquo & hodierno edidit, ut ſæpe in hiſtoriis & antiquitatibus labitur, ita in eo etiam labitur, quod Claudianus iſta vere de ſuis temporibus ſcribere potuiſſe putat. Multa quoque in eo Kettwigii libro ridicula ſunt, ipſum adeo exordium, ubi locum Petronii de Quartilla quæ nunquam ſe virginem fuiſſe meminit, ad ambitum trahit, ſed & illud argumentum, quod parte III. de Moſe & eius LXX. Aſſeſſoribus ducit. Id tamen ingenioſum eſt lectoribusque placebit, quod inanes honorum ſine vero honore & munere titulos in parte I. campanam ſine piſtillo appellat. Ich will von der Richtigkeit der Leyſerſchen Critic nicht urtheilen, ſondern ich will nur eine kleine Anmerkung dabey machen. Des Zoſimus Zeugniß, worauf er ſich berufet, von dem ſchlechten Character des Stilicho, des Kayſers Honorius erſten Miniſter, kann man nicht verwerfen,

allein

allein der Graf Joseph Gabaleo, Königl. Pohl. und Chur-Sächsischer Cammerherr in seiner Abhandelung ad Legem Juliam de Ambitu (22) hält davor, daß man diese Verse des Claudians nicht in dem Verstande nehmen müsse, als wenn Claudian solche nach der Warheit geschrieben, sondern daß er nur dem alten Rom solche glückliche Zeiten gewünschet habe. Daher der Graf solche folgendergestalt lieset:

Crescite virtutes, foecundaque *floreat* aetas!
Ingeniis *pateat* campus, certusque merenti
S*tet* favor. *Ornetur* propriis industria donis.
Surgite sopitae, quas Ambitus obruit, artes.

Wenn diese Bemerkung richtig wäre, so trift die Critic des scharffsinnigen Leysers Kettwigen nicht, sonst aber alle beide, den Grafen sowol, als ihn.

Nimmer würde auch Leyser bey der Frage: An Princeps qui munus publicum olim vendidit, atque nunc emtori sine causa aufert, pecuniam acceptam restituere obligatus sit? geschrieben haben. (23) Negat Kettwigius ex ineptissima ratione, quoniam scilicet, quod meretrici datur, repeti non possit secundum L. 4. §. 3. de Condict. ob turpem vel iniustam causam, wenn ihm die Umstände, unter welchen er damalen gelebet und welche zu der gantzen Abhandlung Anlaß gegeben, wenn ihm sein Auftritt mit dem Präsidenten von Petkum,

---

(22) *Josephi Gabaleonis Comitis Sarmatorii ad l. J. de Ambitu Commentatio Editio 2da, Lipsiae 1744. in 4.* Allerneueste Nachrichten von Juristischen Büchern (Jena und Leipzig 1744. in 8.) im 4ten Bande im 27 Theil Seite 184 bis 193.

(23) Am angezogenem Orte Med. 11. Seite 900.

der umständige Antrag des Regierungs‐Raths Palms ꝛc. bekannt gewesen wären, als worauf diese Stelle eine beissende Anspielung ist, die gewis fein und sinnreich gnug angebracht worden.

Als Huber sein specimen Philosophiæ Civilis &c. herausgab, widersetzte er sich demselben öffentlich. Es ist zu verwundern, daß er sich an einen Mann gewaget, der nicht nur sein Lehrer, sondern auch von so grossem Ruhm war, welcher die Verehrung der gantzen gelehrten Welt an sich zog und der dabey sich selbst zu gros hielt, Widerspruch von jemanden zu ertragen. Leyser hat letzteres sehr schön geschildert: (24)

Er war ein Mann von gesetztem Wesen und scheuete niemanden, daher denn auch die damalige Fürstliche

(24) *Med. ad ff. Vol. 2. spec. 130. Maxima sunt Huberi in Jurisprudentiam merita. Qui scripta eius legunt ingenium viri doctrinamque non possunt non amare. As, ut Juvenalis verba ex Satyra 6. mea faciam, cum magnis virtutibus adfert grande supercilium. Nimium auctoritati suæ tribuit, dicta sua in dubium revocari ægerrime passus est, dissentientibus asperrimus fuit, & si Johanni van der Wayen credimus, cum iis tantum non pugnis & verberibus dimicavit. Uni quondam Thomasio cessit, aliquaque ad positiones suas scholia probauit, sed parce, & non nisi in re manifesta, cum suam sententiam tueri salva fronte non potuit. Cedit etiam, ut Leo solet, lento gressu subindeque respiciens, ac consentim in part. 2. Prælect. præfatur, id sibi ter saltem accidisse, & addit. Cur quem toties refello, non aliquando laudem, qui a discipulis meis sæpe me doctum esse non gravatus sum fateri. Aliis mordicus resistit & aculeos suos copiosissime intigit. Extant acerbitatis eius specimina plurima.*

liche Räthe, die ihm so sehr zuwider waren, nicht ungeahndet von ihm wegkamen. Bey dem Epilog der 118ten Novelle schreibet von Pollmann, (25) contrarium male practicatur hodie ab officialibus & præfectis nostræ ostfrisicæ, ex quo non asymbolos, sed gratis in *dativo casu* conferuntur officia, quod merito abhorret Kettwig in noviter Bremæ impresso & edito, hic autem Emdæ concepto Tractatu de Ambitu antiquo & hodierno, cuius editioni *quod intercesserint & restiterint quidam Aulici* nec dum sufficiens ratio mihi innotuit.

Seine Schriften sind,

de Ambitu antiquo & hodierno. Bremæ 1695.
de Veritate Philosophiæ Hobbesianæ contra Ulricum Huberum.

auch hat er noch vieles in der Handschrift nachgelassen, so aber alles verlohren gegangen ist.

Diesen letzteren Tractat hat er seinem Freunde Gerhard Feltmann zugeschrieben.

Er starb im Herbst 1733. und ist in der grossen Kirche zu Emden, in dem Chore, woselbst die Eheleute copuliret werden, begraben.

Er hat Sechs Kinder gezeuget, von welchen aber nur ein Sohn, mit dem Vater gleiches Namens, nicht aber gleicher Eigenschaft übrig geblieben ist; vielmehr ist es ein Mann, der zu gar keiner Bedienung gelanget ist, der nicht studiret hat, sondern von einigen ererbten Einkünften kümmerlich lebet. Sein Enkel aber ist ein ehrlicher Zwirnmacher in Emden. Es trift hier also wiederum die Anmerkung zu, welche ich oben bey dem Artikel Eppius aus dem Bayle gemachet habe.

Albertus

(25) *In Racemationibus ad Inst. pag.* 255.

Albertus Seba.
Gestorben den 3. May 1736.

Albertus Seba ist in dem Jahre 1665 den 2ten May alten Styls in dem hiesigen Amte Friedeburg gebohren. Sein Vater war Johann Wilken Seba, ein gemeiner Bauer daselbst, (1) welcher von sehr mäßigem und geringem Vermögen war. Er war nur ein Besitzer eines halben Heerdes, welchen jetzo Albert Groon bewohnet, dessen Großmutter des Albert Seba Schwester gewesen ist. In vorigen Zeiten soll jedoch noch ein ganzer Plaatz mit diesem Grundstücke verknüpfet gewesen seyn, Tsuelmianns Plaatz genannt, so aber nachher öffentlich verkauft ist. Indessen ließ Johann Wilken diesen seinen Sohn in die Schule gehen, ihn im Lesen Schreiben und sonst unterrichten.

Zum Glück dieses Knaben mußte es sich fügen, daß ein Candidat des Prediger-Amts es durch seine liederliche Lebensart so weit gebracht hatte, daß er aus der Anzahl der Candidaten ausgemerzet wurde und sich gemüßigt sahe, um Brodt zu haben, Dorfschulmeister zu Eetzel zu werden, als wo selbst damals eine Vacanz sich zugetragen hatte.

Dieser neue Schulmeister, es sey mir erlaubt seinen Namen zu verewigen und zu sagen, daß er Rost geheißen habe, merkte gar bald einen vorzüglichen Geist vor allen seinen Schülern an seinem Albert und fing an denselben in der lateinischen Sprache und in andern Wissenschaften, überhaupt in allen was er selbst

---
(1) Aus dem Kirchen-Protoll zu Eetzel.

selbst wußte zu unterrichten, womit er, seiner schlech-
ten Lebensart unerachtet, dennoch immer fortfuhr,
weil die großen Schritte, welche sein Schüler fast zusehends machte, ihn natürlicher Weise reitzen mußte,
allen Fleiß an ihn zu wenden. (2)

Nach geendigter Schul-Zeit wurde er, vermuthlich
auf Anrathen eben dieses zum Dorf-Schulmeister ver-
unglückten Candidaten oder auch weil sein Vater vielleicht sahe, daß er lieber nach den Schmetterlingen,
Pflanzen, Kräuter ꝛc. als hinter dem Pflug ging,
auf die Apotheke des benachbarten Orts zu Neustadt
Gödens gegeben, woselbst er die Apotheker-Kunst mit
vielem Eifer lernete. (3)

Nachdem er seine Lehr-Jahre überstanden hatte,
begab er sich nach Holland, dienete in den berühmte-
sten Apotheken zu Amsterdam als Gesell, suchte nachhero bey den Ost- und Westindischen Handlungs-Ge-
sellschaften als Schiffs-Apotheker Dienste und that
verschiedene Reisen nach beyden Welttheilen, auf
welchen Reisen er sich einen ansehnlichen Schatz an
Naturalien, aller auch der seltsamsten und noch nie
gesehener Art sammlete. Darauf heyrathete er in
Amsterdam, setzte sich daselbst an als Apotheker,
welche Apotheke noch heute zu Tage unter der Firma

    Elias Engelbronner, ehemals Albert Seb.
    Apotheke

blühet und errichtete sein Naturalien-Cabinet.

(2) Aus einer mündlichen Nachricht von dem jetzigen
    Schulmeister Walther zu Eetzel, welcher solche von
    seinem Vater, der jenem Candidat im Schuldienst
    gefolget ist, vernommen.

(3) Aus einer mündlichen Erzählung alter Leute

Im Jahre 1713 schenkte er der Kirche seines Geburts-Orts einen schönen Taufstein mit einem großen meßingenem Deckel, sodann zwey schöne Gemälde, davon das eine an der Nordseite der Kirche aufgestellet ist, welches das Gespräch Christi mit Nicodemus vorstellet; das andere, welches an der Südseite hänget, stellet die Taufe Christi vor, beyde hat der Holländische Mahler Pieter von Alsen verfertiget und auf beyden Gemälden stehet: (4)

Diese zwey Tafeln und die Taufe hat zu Ehren und Gedächtniß der Kirche zu Eetzel verehret Albertus Seba, Apotheker zu Amsterdam und seine Hausfrau Anna Loopes 1713 den 12ten May neuen Styls.

Der Rußische Kayser, Peter der Große, von welchem der Herr von Beaumelle sehr richtig saget, daß er dasjenige ersonnen, was in einem Lande von 15 Millionen Menschen noch niemand vor ihm ausgesonnen hatte und das alleine that, was hundert von seinen Vorfahren zu thun sich nicht einmal in den Sinn kommen lassen, (5) hatte auf seiner ersten 1698 angestellten Reise etliche hundert in Gläsern verschlossene Fische, Vögel und Insecten erhandelt; bey seiner zweyten Reise aber, die er 1716 nach Holland that, war unser Seba schon viel zu groß und seine Naturalien-Sammlung bereits viel zu berühmt, als daß er dem forschenden Geiste dieses großen Prinzen entgehen

D 2

---

(4) Aus einem Schreiben des jetzigen Herrn Predigers zu Eetzel Gerdes.

(5) Anekdoten zur Lebens-Geschichte großer Regenten und berühmter Staatsmänner, 3ter Theil 4te Abtheilung §. 46. Seite 237.

gehen konnte. Er suchte ihn gar bald auf, bestellete ihn zu seinem Agenten und kaufte ihm seine damalige Sammlung vierfüßiger Thiere, Fische, Vögel, Schlangen, Eydexen, Muscheln und anderer Seltenheiten der Natur aus Ost- und West-Indien für eine große Summe Geldes ab, (6 a) welche Sammlung noch jetzo in den Gebäuden der Akademie zu Petersburg aufbewahret wird. (6 b) Seba, der die Zugänge des Heiligthums derjenigen Wissenschaft, welcher er gehuldiget hatte, in allen vier Welttheilen kannte und solche mit eigenem Nachdenken studiret hatte, wußte sich gar bald eine andere Naturalien-Sammlung zu verschaffen und solche in der Folge der Zeit nach und nach zu der Größe und Vollständigkeit

(6 a) Neueste aus der anmuthigen Gelehrsamkeit vom Jahre 1761. Seite 649.

(6 b) Peter der Große kaufte bey seiner zweyten Reise nach Holland zwey seltene und kostbare Cabinette von Kunstwerken und Naturalien zu Amsterdam. Das eine bestund in dem vollständigsten anatomischen Schatze, woran der berühmte Professor Ruysch etliche vierzig Jahre gesammelt und gearbeitet hatte. — Das andre war die Sammlung des Seba von allen bekannten Land- und Seethieren, Geflügeln, Schlangen und Insecten aus Ost- und West-Indien. Peter ließ die Portraits dieser beyden berühmten Männer von dem Mahler Efell, einem Historien- und Stillleben-Mahler aus der Schweiz, zu Amsterdam copiren, und sie in seiner Naturalienkammer, bey diesen von ihnen gesammelten Sachen aufstellen. Das von Seba ist annoch in der Akademie vorhanden. Jacob von Stählin Original-Anekdoten von Peter dem Großen, S. 77. Anekd. 27. Anmerk. der Herausgeb.

keit zu bringen, daß sie alle Naturalien=Cabinette von ganz Europa übertraf und von denen Reisenden nach Amsterdam sowohl an Ungelehrten als Gelehrten als ein Schauplatz der größten Seltenheiten der Natur und der Welt besuchet wurde.

Bey seinem Absterben fand sich kein Prinz auch keine Privat=Person aus der gelehrten Welt, welcher diese neue ungleich wichtigere Sammlung, als die vorige, im Ganzen erstehen wollte, sie war auch gewiß für eine Privat=Person zu kostbar, als daß er den größten Theil seines Vermögens dazu hätte aufopfern können, daher denn dieselbe im Jahre 1752 durch einen öffentlichen Verkauf zerrissen und in andere Cabinette durch ganz Europa vertheilet worden. (7)

Ein Glück daß derselbe bey seinem Leben noch die Beschreibung dieser seiner großen Sammlung zu Ende gebracht, dabey aber nicht nur für die Genauigkeit derselben an sich, sondern auch für die Richtigkeit, Präcision und Pracht der Kupferstiche gesorget hat.

Dieses sein unsterbliches Werk, von welchem ich hier rede, führet folgende Aufschrift:

Locupletissimi Rerum Naturalium Thesauri accurata Descriptio et Iconibus artificiosissimis Expressio, per universam Physices Historiam;

D 3   Opus

(7) Leipziger Gel. Zeitungen vom Jahre 1765 Num. 96. Seite 761. 762. Man sehe auch Gundlings vollständ. Hist. der Gelahrt. im 4ten Bande Seite 5972. in der Anmerk. (g. 44.)

Opus cui in hoc rerum genere nullum par extitit, ex toto terrarum orbe collegit, digessit, defcripfit & depingendum curavit *Albertus Seba*, Eetzela-Ooftfrifius, Academiæ Cæfareæ Leopoldino-Carolinæ Curioforum Collega, Xenocrates dictus, Societatis Regiæ Anglicanæ, & Inftituti Bononienfis Sodalis Tomus I. Amftelodami apud I. Welftenium & Guil. Smith & Janffonio-Wæsbergios. 1734. fol. maj.

Es ist das Werk in zweyfacher Art gedruckt. Einmal in zwey Columnen lateinisch und holländisch und lateinisch und französisch. Der erstere Abdruck wird höher als der letztere geschätzet, die Kupfern sind aber in beyden gleich.

Dieser erste Theil ist groß 2 Alphabet und enthält hundert und eilf Kupferstiche.

Ich will hieher setzen, wie die gelehrte Welt über diese Erscheinung in Verwunderung gesetzet wurde, weil niemand wußte, daß unser Seba bey seinem Leben für dieselbe noch gesorget und alles so vortrefflich zu Stande gebracht hatte. Majorne sit felicitas, (8) qua terræ marisque conventum in mufeo fuo indixit Cl. Autor, an animus major, quo tantum Opus condere aggreffus eft, imo vero an amplior ingenii fertilitas, qua hiftoriam rerum naturalium uberrimam tradit, dubitare omnino
fas

(8) Die lateinische *Acta Eruditorum* vom Jahre 1734. im 8ten Stück Seite 337 und folgend. Es ist auch dieses Werk im 12ten und 13ten Theile der *Bibliotheque raisonnée* recenfiret worden. Zedler Univ. Lexicon Tom. 34. Seite 808.

fas est visurum & lustraturum haec naturae spectacula, prodigia, monstra etiam et portenta, quae in orbis eruditi conspectum producuntur. Solent quidem in Bibliothecis asservari, magnoque pretio haberi, *Oligeri Jacobaei*, *Olai Wormii*, *Kircheri*, *Calciolarii*, *Valentini*, aliorumque, Musea, splendida fortasse illa aetate, qua vixerant, visa et amplus Tabularum *Vincentionarum* Elenchus; verum parum abest, quin credamus, sicut certum est, ad hanc gloriam neminem hactenus adspirasse, ita simile vix futurum, ubi feliciter ad finem perductum fuerit, id quod non speramus, sed confidimus, splendore & apparatu Opus. Sufficit libro, quod *Boerhavio* placere meruit, nec alia, quo vendibilis fiat, indiget hedera; ea tamen futura erat veritatis, etiamsi hunc clypeum non tulisset, sicut, ferre posse, gloriae cedit, apud omnes efficacia, ut calumniae parum, laudis vero, nisi penes amusos, rerumque, quae tractantur, ignaros, plurimum, inventurus sit, etiam in Deorum conviviis praelegendus, liber. Non desunt, quibus cum Autore intercedit necessitas, & quibus, amicitia ejus frui posse, magno in pretio est, quorum scilicet ocularis inspectio, sicut vere *Xenocrates*, quod ipsi nomen est, id est, hospitalitatis strenuus cultor, esse praedicatur, de rerum, quae depictae jam animo admirationem pariunt, copia, ordine, &, quam contra annorum injuriam salvam obtinuerunt, integritate, nos certissimos fecerunt. Exsuperat omnem, quam conceperamus de edendo libro, expectationem rei successus, merenturque praeter

ter lucrum, quod ipfis opulentiffimum auguramur, nominis famam Editores, quorum prætoriis fumtibus effectum eft, ne diutius langueſceret ſpe, votorum impatiens, orbis eruditus. De Methodo rerum ſuarum inſtituenda nec cogitavit, nec cogitare poterat Autor, evitaturus rixas vanasque Contentiones, quæ ex præoptata quadam ordinum claffiumque inſtruendarum ratione plerumque ſuboriri ſolent. Aliter *Jonſtonus* ſentit, aliter *Raius*, aliter de plantis pronuntiat *Boerhave*, aliter Gallorum, aut Germanorum, Italorumve, ſcholæ. Quid faceret? Claſficum caneret, pomumque Veneri adjudicaret, videretque ſuam decennali obſidione cingi Trojam? Acquievit, quam caſus tulerat, ordinis digeſſione, ſicut ſolent, qui aleæ jactu, aut forte, non judicio, controvertentium lites componunt. Idem eſt Cel. *Boerhavii* de hac re in Præfamine judicium. Rerum ipſarum elegantiæ, deſcriptionis induſtriæ, hoc ipſo, quod vegetabilia animalibus mixta eadem Tabula conſpiciantur, nihil decedit, invertuntur plerumque, qui nimis ordinantur, rerum conceptus, maximamque inivit undique gratiam Cl. *Seba*, dato nobis promte Theſauro, quem, priusquam in claſſes redactus fuiſſet, decennium forte expectaſſemus. Interim, quantum ejus fieri potuit, ſimilia ſimilibus adiudicata eſſe, deprehendimus. Magnus ipſi eſt foliorum, radicum, fructuumque, arte *Ruyſchiana* eviſceratorum, numerus, quorum Catalogum Tabula I-VI tradit, felix auſpicium laboris regni vegetabilis evolutione facturus. Ipſe hujus Sceletopoeiæ vegetabilis inſignis eſt

ar-

artifex, et, qua enchirefi illuc deveniri poffit, in Schediafmate ad Academiam Leopoldinam, cuius Meritiffimus eft Socius, peroravit. Succedunt plantae integrae, exoticae aeque ac indigenae, rariores, quas, affabre exfculptas, ad mentem *Horti Batavi* denominatas tradit, ftudiofus antiquae veritatis cultor, quo factum ut in defcriptione Ficoidum, nomine *Mefembryanthemi* ad mentem neotericorum, utpote praeter neceffitatem allato, minus delectatus, illud prorfus omiferit. Ericas, quas Tab. XX. exhibet, capenfes, acutiffime ex flore urceolaris figurae quadrifido, calyce etiam tot fegmentis divifo, judicavit. Eadem eft in ceteris judicii maturitas, fiquidem *Breynii*, *Commelini*, *Pluckenetii*, aliorumque, nomina folertiffime apponit, probe gnarus, nomina, ex autoritate majorum impofita, in re herbaria plus valere illis, quae nimia fui fiducia a novaturientibus excogitantur. Sequitur glirium murumque familia, inter quos eminent, qui agrii, feu filveftres, ex defcriptione *Merianae*, apud Americanos appellantur, quorum ϛοργή et impenfus catulorum amor praedicatur, quos fcilicet, dorfo matris adhaerentes, in fugam fecum abripiunt, qui, ne ex genere *Philandri*, feu *Opaffi*, effe viderentur, quamvis non levis utrinque intercedere deprehendatur differentia, fedulo ab ejusdem focietate divelluntur, cuius fcilicet Tabulae XXXVI. explicatione fingularem nutriendorum catulorum induftriam praedicat, quod fingulari, in abdominis cute exiftente, facculo fecum aufert, intra quem foboles, fugiente matre, fe recipit,

ita

ita fabrofactum, ut claudi atque recludi commode poffit, donec grandiorem factam mater abigat. *Myrmico Leonis*, feu *Myrmicophagi*, gliris, rapina formicarum viventis, non minus curata eft defcriptio, cuius variae Icones cum defcriptione ex *Marggafio* exhibentur. *Ichneomones*, feu *Vulpeculae*, quas varias fiftit, non male loco, quem obtinuerunt, conveniunt, cum ex gliris familia effe manifefte deprehendantur. Eminent de cetero inter quadrupedia curiofa Mufei *Sebani* tres fimiolarum fpecies, *tardigrada* ipfi dicta, *Cynocephala*, & quam *caput mortuum* appellat, et, ficut quadrupedium volantium ftudiofiffimus fuit collector, ita, praeter Vefpertilionum Americanarum varias fpecies, etiam Glirem volantem Tab. LVI., duas fciuri volantis fpecies, canem etiam Ternatanam volantem Tab. LVII., exhibet, quae utrum male a noftratibus Felis volans appelletur, eo nomine dubium effe poterat, quod fortaffe neutrum fit animal; parum fane eft differentiae inter felem canemque volantem, qui eadem Tabula LVIII. exhibentur, Vefpertilionum ordini eo magis accenfenda animalia, quo certius apparet, ex mammellarum, fuperiore in loco exiftentium, protuberantia, perinde effe cum Vefpertilionibus. Apri Indiae Orientalis, quem Apro-Ceruum apellat, integram figuram Tab. L. apponit, cuius capita fceleta facta in plurimis curioforum mufeis obfervantur. Asmodillus ipfi alius eft fcutifer, alius fquammatus, quem diabolum Javanicum apellat. Inter ferpentes, variis in locis exfculptos, eminent Ammodites Tab. XXXVI.,

qui

qui ferpens idololatrarum, aut ejus fpecies, eft,
Abgott=Schlange vulgo, ferpentibus phyticis,
Tab. LXII. recenfitis, forte annumerandus;
Nintipolonga Tabulae XXXVII., quae, cum dentibus armata deprehendatur, utrum ad viperas
referenda, dubium fecit; Cobrae de Capello
fpecies Tab. XLIII., ad cuius familiam colubros
vittatos qui perfpicilli figuram in cervice gerunt,
refert. Serpens Americae arborea, (quorfum
etiam dryina Tab. LXXXIV. referenda,) quae
Tabula LIII. exiftit, cum focio Asmodillo fquammato, feu Diabolo Tojavonico, quandoquidem
ejus pullis vefcitur, magni aeftimanda eft. Dubium fupereft nullum, prodituros fequentibus
Tomis vel ferpentum, vel viperarum, ordines,
fuis defcriptionibus illuftres, quandoquidem
illa Hiftoriae naturalis pars curiofos cumprimis
exercet. Tabula LIX. ad LXVIII. avium Icones
exhibet e Manucodiatarum, Pfittacorum, Ardearum, Merularum, Picarum, Fringillarum, aliarumque, familia. Phoenicopterus Tabula
LXVII. ille idem eft, quem *Catesby* delineatum
dedit. Nidi avium cum Colubridis & Aranaei
Surinamenfis ex recenfione *Meriana* ultimo inter
avium ordines loco adducuntur, ex quo fcilicet aquatilium, amphibiorum, & infectorum,
feriem orditur. Prolixus eft in recenfenda Ramarum, quarum fortaffe rariores adhuc fpecies
ipfi fuperfunt, & Bufonum hiftoria. Perplacet
Bufo cornutus *Virginianus*, Tabula LXXII. exhibitus, cum rana maxima *Virgiana*, certo perfuafis, ob nominis faltem analogiam ranarum
pifcatricium Icones admixtas effe, utpote quae
.ex

ex aquatilium pinnigerorum, feu pifcium, funt, familia. Curiofa omnino funt quæ de transmutatione pifcium in ranas, harumque retrograda in pifces metamorphofi, edifferit; ficut omnes huius mutationis ætates, vel in Amboinenfibus, vel noftratibus, ranis ad normam modumque *Merianæ de infectis Surinamenfibus* fedulo collegit. Equidem vulgare illud eft experimentum, quo exuviis fuis caudiformibus prodire ranulas conftat, ficut etiam id ipfum in Amboinenfibus ufu venit; verum, ranas denuo in pifces abire, prout huius rei rationem in Americanarum ranarum Ichthyometamorphofi Tabula LXXVIII. reddit; id fane curiofum eft, & ulteriore fcrutinio dignum. Elegans eft Lacertarum feries, quas coronidis loco Tomo hoc primo recenfet, ita quidem, ut agmen ducant lacertæ macrocephalæ arboreæ, Chamæleontes, quarum mufcas aucupandi, lingua ejaculata, ratio clare & perfpicue adducitur. Succedunt cordyli caudatæ & caudiverberæ; inde ftrumofi cum criftatis, Leguani dictæ, feu ophiomachi Streit-Schlangen, fubfequuntur, quarum elegantiffimæ depinguntur fpecies. Eminent inter omnes caudiverbera Tab. CI., quamvis dubium adhuc effe poffit, genuinane fit Hydra Hamburgenfium Lernææ, quæ Tabula CII. Eptacephalus, depingitur. Plurimum valent ingenium & naturæ æmuli artifices, qui ex Raia dracones volantes effingunt, cur ex capitibus catulorum maris affabre junctis, nam dentes capitisque forma optime conveniunt fuperinducta pelle Crocodili, appenfisque ferpentis exuviis,

Hy-

Hydram efficere non tentarent? Crocodilorum genesin ex ovo, exacte descriptam, magni facimus, nec dubium est, Crocodili Ægyptiaci & Americani differentiam in rostri forma consistere, quod his productius, illi compressius est. Commendatissimum cupimus Opus illis, qui Museorum Collectores sunt, quorum apparatui Catalogi loco inservire Liber poterit, &, quam magno pretio etiam constare videri possit, etiamsi splendor ille regius non esset, deliberato tamen animo male parci sumtibus, si quis eundem sibi comparare nolit, vitam, sanitatem, laboris constantiam, Cl. Autori insimul comprecati, pronuntiamus.

Im Jahre 1735 kam der zweyte Theil dieses Werks heraus 1 Alphab. 16 Bogen mit 114 Kupferstichen und eben die lateinische Acta Eruditorum Lipsiensia vom Jahre 1735 Num. VIII. Seite 337 urtheileten und sagten davon folgendes:

Eadem felicitate, qua in *priore Tomo* usus est, Clarissimus & in acquirenda rerum physicarum copia felicissimus Autor *alterius Tomi* immensos fere labores exsuperavit, quibus tandem maximam partem absoluta nobis concessa fuit Serpentologia, et eleganti dictionis genere, et sculpturæ magnificentia, commendabilis. Metuendum sane non est, ne quispiam facie animalculorum istorum, quorum familiæ enumerantur, offendatur, quod fieri posse suspicatur Cl. Autor, quandoquidem ille nobis eosdem adeo venustos, ingenuo haud raro vultu, habituque ad naturam rei maxime compofito, dedit. Cuius Operis eo major futura eft dignitas, quo majori induftria & ferpentum genera evoluta, & æquivocorum reptilium errores, fiquidem ferpentibus aliquando remotiffimæ ab ifthac gente beftiolæ accenfentur, extricati, & uniuscuiusque hiftoricæ æque ac phyficæ rationes adjectæ fuerunt. Quo conftare Autori de rerum hoc Thefauro difpofitarum ordine poffit, monendum, duo fibi exhaurienda doctrinarum capita fumfiffe eundem, quorum alterum ferpentum & viperarum hiftoricam recenfionem, alterum Anatomicam organorum, quibus animalia ifthæc utuntur, declarationem, contineat. Equidem non unius generis animalia eadem Tabula depinguntur; noluit enim fcholafticam in dividendo, fubordinando, claffificando, argutiam & aliquando fuperftitionem adoptare, veritus anomaliarum difcuffiones & characterum declamationes, quibus charta, tempus, laborque teritur; neque tamen ordinis adeo nullam rationem habuit, ut non poffint feries ferpentum quædam inftitui. Quod ut accuratius fieret, præmonendum duxit Autor, non perinde effe ferpentum & viperarum notionem, quandoquidem oviparum fit animal ferpens, viviparum, ova in utero concipiens, vipera. Convenire fummo genere utramque familiam, cum & reptilia fint, & apoda. Mirum naturæ ordinem declarat eo, quod affinitates animalium varias, ceteroquin inter fe difcrepantium, inftituerit. Exemplo funt Lacertæ, quas ferpentes quadrupedes diceres. Conveniunt hac cum

iis-

iisdem organorum ſtructura, partiumque quarundam uſu utrinque pari. Lingua utrique beſtiolarum genti bifida eſt, utrigue epiglottis deeſt. quod pari vitæ genere aſſuefactæ ſint, &, deglutiendo integra inſectæ aliquando ſatis ſpatiola, alantur. Qui character a lingua deſumtus efficit, ut Salamandræ, Igvanæ Gekko, utpote quibus lingua eſt craſſa, lata, & brevis, a Lacertis magno ſpatio abſint. Quodſi quis præter ſeſe multiplicandi, quo utuntur, modum, aliud diſcrimen inter ſerpentes & viperas quærere fuſcipiat, non obſcure utriusque reptilis diſcrepantiam capite cognoſcet, quod planum eſt, obtuſum, coloribusque varium in viperis, in acumen extenſum in ſerpentibus, de quibus notandum, ſenſoriorum externorum Conditione, aut noxam inferendi facultate, eosdem diſcrepare: ſunt, qui dentibus carent, adeoque & innoxie morſicant, alii coecutiunt, aliis ignei, fulgidi, & prægrandes, intuiti corporis, ſunt oculi, alii minuſculi, coerulei, aut rubicundi. Quandoquidem vero veneni ſuſpicione ſerpentes in vulgus non carent, quid de hoc negotio ſentiat Autor, in Præfactione exponit: *Morſus*, ait, *vel tum præcipue nocent, quando uncinatis ſuis dentibus acutiſſimis tendinem aut nervulum pungunt atque dilacerant; unde mox oritur inflammatio late proſerpens.* Sane præviderat Autor rei difficultatem, ſuſcipere ſerpentum atque viperarum legitimam diviſionem: ſuppoſito enim, quod caput debeat eſſe utriusque characteriſticum fignum, obtuſius in vipera, acutius in ſerpente, nihilo ſecius obiturus eſt methodicus quispiam, quo ungues præmordere poffit, animadvertendo, dari ferpentes, quibus elongatum eft caput, alios, quibus brevius, alios, quibus latum, quo cum viperis poffent quandoque confundi. Neque dentes fufficiunt, fi quis ferpentes inermes, viperas vero armatas, pronuntiare velit, cum et inter ferpentes fint, qui uncis dentibus metuendi exiftunt. Id tamen videtur in viperarum diagnofi omittendum non effe, quod earundem mares tefticulos habeant extus confpicuos, fecundum Tab. VIII. n. 4., ex quo judicari poffet, viperam effe, quæ ferpentis nomine Tab. XXXVI. n. 1. depingitur, quo ipfo, fuo jure in feligenda methodo ufurus, quam norat effet liberrimam, hiftoricam felegit, & pro patriæ ferpentum vel viperarum diverfitate, qua notum eft & beftiarum ejusmodi mores & qualitates internas infigniter difcrepare, earundem hiftoriam, fecundum mundi partium quaternionem, quadrifariam fecat. quandoquidem Europæ, Afiæ, Africæ, & Americæ, incolas feorfim enumerandas fufcepit. Graciliores ferpentes primo loco, eosdemque vel minus flexuofos, antiquis a baculi rigiditate fcytalas dictas. inde flexuofos, Ambifphænas aut Cæcilias, ex quibus funt, qui a colore *corallinæ*, ab effectu morfus *dipfades*, a figura capitis duplicis vifi, quamvis id imaginarium fit, *bicipites*, & fic porro, dici poffunt. A victuquidam *myophagi* audiunt; nam mures ab his, bufones ab illis, integros deglutiri, res declarata eft, mirumque videtur intuentibus, quomodo fine fuffocationis periculo majora volumine totius capitis ferpentini animalcula

quæquandoque deglutiantur. Crassiusculo corpore sunt aliæ, capite etiam lato et Obtuso, quo viperæ esse videri possent; neque præter rationem Autor bestias istas serpentes viperis æmulas appellat, guarum insignis est voracitas & deglutiendi integra animalium corpora vigor, siquidem et nostrates maribus, gliribus, aviculisque insidiantur, quæ aliquando integra nec digesta extrahuntur. Ex his, maxime vero Africanis, sunt, qui cerastes a cornibus limacum cornibus æmulis dicuntur. Aliis fasciatis *Æsculapii* serpentum nomen est, quibusdam, eo quod insignes pluresque oculorum forma effictas maculas cute gerant, *Argorum* nomen datur, *testudinei* quidam sunt, quandoquidem scuti testudinum instar varie mixtos colores habent, qualis est murium insidiator, Americanus Tab. XXX. *Catenati*, qui catenæ articulorum simulacrum pictura habent. Efficaces sunt ejusmodi termini, & non obscurum significandi valorem habent, magnamque methodo lucem accendunt. Est inter alios curiosum serpentis genus Tab. XL. descriptum, pinnis ad capitis latera gaudens, quod *anguigenam* appellat, seu anguillam mariam tigrinam, quod, quamvis de cetero diversum, ob affinitatem, sicut & Congeres alibi, serpentibus additur, neutiquam vero cum iis sem permiscetur. Speciatim de viperis monet, curvo vultu et quadrato fere capite easdem facile cognosci posse, ex quibus sint, quæ cauda

fo-

fonent; unde *Caudifonæ*, a quarum morfu l[e]
thali futuro, ut caveant, præmonentur viatore[s]
crepitaculis beftiæ ad caudam natura quafi a[p]
penfis. Ex viperarum claffe eft Ammodyte[s]
veterum, cuius icon Tab. L. exhibetur, ab ar[e]
nis Lybiæ fic dicta, Crotalophora vulgaris, alia[-]
que. Quis vero aufit infignem rerum appar[a]
tum anguftis concludere fpatiis. Plura inv[e]
niet Lector, quam eidem de vaftiffimo Ope[re]
in compendio dici poterunt. Quodfi mufei
divitias, ampliffimas fane, publico feliciter
communicavit Autor, ingenii fui fertilitate[m]
non luculentis minus argumentis declarata[m]
efficit anatomica partium declaratione, quib[us]
œconomiæ fuæ animali ferpentes & viperæ p[er]
fpiciunt. Jam in limine magni Operis mon[ue]
rat Autor de vitæ genere, quo ferpentes
vipere utuntur, accedere id quam proxime
amphibiorum vivendi ac refpirandi conditione[m]
fiquidem unico faltem ventriculo cordis, pr[o]
pifces, gaudeant, pulmonumque interrupt[am]
obtinuerint, &, pro rei neceffitate, vel rep[e]
tiam, vel fufflaminatam, agitationem. Ne[que]
enim refpirare poffunt, quo tempore mus,
lacerta, aut avicula, totum gulæ rictum opp[let]
adeoque pulmonibus quiefcentibus vita nih[il]
minus frui poffe debent. — Jam ex dign[ita]
te prorfus curiofi *Ophiotomi*, ne quid imperfec[tum]
reliquiffe videretur, fceletographiam & exu[via]
rum ferpentinarum hiftoriam addit Tab[ulis]

egantiſſima eſt de inteſtinis ejus-
animalium Commentatio. In
otius, quam latitudinem, pro-
ſe, ne, quando flexuoſis gyris
ir, nodosque ex ſe ipſo confi-
ſic fiunt, interna contorquean-
liciantur, id quod tum in hoc,
reptilium generibus uſu venit.
tini corporis jucundiſſimam de-
olationem. Lingua bifida & in
vaginula tegitur. Trachea
uta in pulmones definit veſicu-
cturae, & ad renum usque re-
endentes, qui inflati aëre pel-
'entriculis œſophago continuus
ſt continuata, animalibus inte-
et paulatim conſumendis apta,
iminibus & gyris deorſum ten-
um mæandros conficiens, quo
n rectum, ſeu cloacam fecum,
es utrinque recipit renum pro-
ntibus maribus abdomine con-
li, viperis extra abdomen pro-
r. Ovaria fœmellarum, eodem,
ium, loco conſtituta, tempore
gnia, & miro ovorum numero
ialogiam additur & Crocodili &
iekko dictæ, anatomia, illius
a, folliculo ſuo concluſa, a plu-
vocata, detegitur, accedunt

aliæ

aliæ, curiofæ æquæ ac utiles, de lapidibus animalium Commentationes. Faxit Deus, ut tanti Viri, Reipublicæ literatæ decoris, falus ulterius conftet, utque, corporis viribus animi impetum fuftinentibus, ad laboris præfixam metam feliter adfpiret, qui utriusque orbis animalia hofpitio excepit, Xenocrates.

Im Anfange ist ein Brief von Johann Jacob Baier zu Altdorf (9) abgedruckt, worin er diese Sebaische Naturalien-Sammlung denen Naturalien-Cabinettern des Franz Calceolars zu Verona, des Ferr. Imperatus zu Neapel, des Beslers zu Nürnberg, des Pettivers zu London und des Schwammerdams zu Amsterdam weit vorziehet. Darauf folget ein schönes deutsches Gedicht von eben demselben. Außer der Abhandlung von den Schlangen, Ottern ꝛc. aller vier Welttheile widerleget er einiger Gelehrten Meinung, als des Uliß Aldrovandus, welcher aus Schlangen mit Füßen Drachen machen wollte, des Kirchers, als wenn die Schlangen keinen andern Gift haben, als in ihrem erzürnten Speichel, er widerlegt die Fabel von den Basilisken, unter welchem Namen nur die boshafteste Art von Ottern zu verste-

(9) Derselbe war ein Sohn des berühmten Jenaischen Gottesgelehrten J. W. Baiers, wurde im Jahre 1701 Doctor der Arzney Gelahrheit und 1704 Professor zu Altdorf, war ein großer Naturkundiger, ein Mitglied und zuletzt Präsident der Akademie Naturæ Curioforum hat aber den weitern Abdruck des Sebaischen Werks nicht erlebet, indem er schon im folgenden Jahre 1735 den 14. Julius verstorben ist. Jöchers Gelehrt. Lexic. I. Band Seite 713.

stehen sey, handelt von ihren Gliedmaßen, ihrer Stimme und bemerket, daß zwar in allen Theilen der Welt eine große Menge derselben zu finden sey, in den heißen Ländern aber die mehreste anzutreffen. (10)

Der dritte Tom dieses Werks war zwar bey seinem Leben schon unter der Presse, (11) kam aber lange nach seinem Tode erst heraus, indem die Vorsorge seines Schwiegersohns von Ommering (12) es so weit brachte, daß im Jahre 1739 dieser dritte Theil etwas über die Hälfte abgedruckt war und bald darauf völlig fertig wurde.

Von diesem dritten Theil muß ich folgendes erzählen.

In der Mitte des Sommers 1735 kam ein junger gelehrter Schwede, aus der Provinz Ingermanland gebürtig, Peter Artedi von London, woselbst er von dem berühmten Sloane und allen Gliedern der Societät der Wissenschaften viele Ehre und Lobsprüche genossen hatte, in Amsterdam zu unserm Seba. Derselbe hatte ganze zehn Jahre lang sich auf keinen andern

P 3

---

(10) Eine umständliche Recension von diesem 2ten Theil stehet in den Hamburg. Berichten von gelehrten Sachen vom Jahre 1735. Seite 481 = 485.

(11) Im Monat May 1736 Hamb. Berichte vom Jahre 1736. Seite 341.

(12) Nicht von Somrigk, wie es in den besagten Hamb. Berichten vom Jahre 1739 im 60sten Stück Seite 521 heißet.

dern Theil der Naturkunde, als die Kenntniß der Fische geleget, so, daß er in diesem Fache seines gleichen nicht hatte. Seba suchte die Manuscripte desselben, worin er die Fische nach ihren Benennungen beschrieben und in gewisse Classen eingetheilet hatte, an sich zu handeln, um solche diesem 3ten Theil seines Werks einzuverleiben. Artedi hatte seine Handschrift bis auf zehn Fische zu Stande gebracht, als ein unvermutheter Unglücks-Fall die Absicht des Seba rückgängig machte. Denn wie jener den 28 September nach eingenommener Abend-Mahlzeit zur späten finstern Nachtzeit von ihm weg und nach Hause ging, fiel er unversehens in einen der Canäle, welche bekanntermaßen die Stadt Amsterdam fast in allen Strassen durchschneiden und kam ums Leben. Sein Landsmann und Freund, der nachherige Ritter Linnee, der sich damals in Holland aufhielt, bemächtigte sich der Handschriften und hat solche auch nachhero in Druck herausgegeben. (13)

Derselbe hat nachhero behauptet, daß Seba in Ansehung dieser Manuscripte gegen ihn verfänglich, gegen den Artedi aber, der durch ihn demselben empfohlen war, undankbar gehandelt habe. Ich will die eigene Worte, welche unlängst ein Schriftsteller über diesen Punct von neuen öffentlich verbreitet hat,

(13) Zu Leiden im Jahre 1738 in groß 8. diese *Opera postbuma ichtyologica* des Artedi bestehen in 5 Theilen und hat Linnee das Leben des Verfassers vorangesetzet. Es stehet davon eine Recension in den Hamburg. Berichten von gelehrt. Sachen Jahr 1738 im 16ten Stück Seite 131. 132.

hat, (14) hier mittheilen. "Albert Seba, Apo-
„theker in Amsterdam, schon ein Greis und eifersüchtig
„auf seine Naturalien=Sammlung, die damals in
„Ansehung des Thierreichs nicht ihres gleichen hatte,
„arbeitete um eben die Zeit (1735) an der Ausgabe
„seines Thesaurus Rerum naturalium, wovon die
„beyde erste Bände von den vierfüßigen Thieren und
„Amphibien fertig waren. Beym dritten Bande,
„welcher die Geschichte der Fische enthalten sollte, hatte
„er sich den Beystand des Herrn Linnee erbeten, wel-
„cher dis Ansinnen von sich ablehnen mußte und Artedi
„statt seiner empfahl. In der Lage und in den Um-
„ständen, worin sich Artedi befand, war es dem Linnee
„etwas leichtes, ihn zu einer Reise (von Leiden) nach
„Amsterdam zu bereden, wo er sich bey der Beförde-
„rung des Sebaischen Werks eine seinen Verdiensten
„angemessene Belohnung versprechen könne. Er
„folgte auch würklich dem Rath seines Freundes und
„Seba selbst gerieth in Verwunderung, einen Mann
„zu finden, dem es kein anderer in der systematischen
„Behandlung der Natur=Geschichte zuvor und in der
„Fischkunde gleich that. Mit Vergnügen überließ er
„ihm also die noch rückständige Arbeit. Der edele
„und uneigennützige Artedi war hiebey auf nichts we-
„niger, als auf seinen Vortheil, sondern einzig und
„allein auf die Erweiterung der Wissenschaften be-
„dacht; Seba aber besaß einen dem seinigen entgegen
„gesetzten Character. Indes brachte er die Geschichte
„der Fische nach ihren Geschlechtern und Gattungen,

die

(14) Hannöverisch. Magazin vom Jahre 1780. im 86sten
Stück Seite 1369.

„die er sammt den Synonymen der Schriftsteller aufs „sorgfältigste beschrieb, glücklich und zu Seba's größ- „ter Zufriedenheit bis auf einige wenige zu Ende.

Dieser Schriftsteller bestärket auch das den Artedi betroffene unglückliche Lebens-Ende, wovon ich seine eigene Worte, gewisser Ursachen halber, auch hieher setzen muß: „Einige Tage nach Linnee's Abreise von „Amsterdam nach Leiden, saget er, und zwar den „27sten September (ich habe oben den 28ten) 1735 „bat ihn Seba zum Abend-Essen zu sich. Sie speise- „ten mit einander und unter ihren Gesprächen merk- „ten sie nicht, wie die späte Nacht sie übereilete. „Artedi nimmt hierauf Abschied und gehet nach sei- „nem Hause vergnügt zurück. Amsterdam ist mit „vielen Canälen durchschnitten —— langs einem der- „selben mußte er in der stockfinstern Nacht vorbeyge- „hen —— stürzet hinein und ersäuft.

Dieser Schriftsteller, sage ich, will es von neuem verbreiten, daß Seba undankbar gegen Artedi ge- handelt und nach seinem Tode auch noch seine Hand- schriften, die er doch auf den Sterbe-Fall dem Linnee zugedacht hatte, auf eine ungleiche Weise an sich zu bringen gesuchet habe.

Die Unpartheylichkeit, ein Gesetz der Geschichte, erfordert es, daß ich wiederum die eigene Worte des Verfassers abschreiben muß.

„Hier können wir nicht umhin einen Zug von „Seba zu erzählen, der freylich auf den Character des „Man-

„Mannes kein vortheilhaftes Licht wirft. Artedi's
„Verdienste um dessen Thesaurus sind bekannt und
„dessen beym dritten Bande übernommene Arbeit das
„schätzbareste im ganzen dem eigentlichen Natur-For-
„scher, so daß man dahero auch nicht ohne Grund den
„Wunsch äußern möchte, dieses in den kostbaren Fo-
„lianten vergrabenes Stück durch einen besondern Ab-
„druck allgemeiner bekannt gemacht zu sehen. Lasset
„uns hören, wie ihm Seba vergilt. So lange als
„Artedi sich deswegen in Amsterdam aufgehalten,
„hatte er sich niemals von einer Art Aequivalent für
„seine mühsame Dienste beym Seba was vermerken
„lassen, noch weniger war ihm dieser damit zuvor-
„gekommen. Aus der Ursache und um seines noth-
„wendigen Auskommens war er in die Umstände gese-
„tzet worden, bey dem Wirth, wo er wohnete, einige
„Schulden zu machen. Grund genug für einen Mann
„dieser Art, auch nicht das geringste von den Manu-
„scripten verabfolgen zu lassen, bevor ihm seine ganze
„übermäßige Forderung entrichtet wäre. Linnee,
„welcher damals auch nicht zu glücklich war, konnte
„ihm nicht mehr, als die Hälfte darauf ausbezahlen,
„und überließ ihm den sonstigen Nachlaß seines ver-
„storbenen Freundes für zwanzig Gulden. Allein es
„war umsonst den harten Mann vom öffentlichen Ver-
„kauf, womit er täglich drohete, zurückzuhalten, ja
„er war jetzo schon im Begriff, diesen seinen Vorsatz
„auszuführen. In dieser Beklemmung gehet Linnee
„mit der angelegentlichsten Bitte zum Seba hin, ihm
„die Summe zur Abtragung der andern Hälfte der
„Forderung nur so lange vorzustrecken, bis er selbst
„das in dieser Absicht erforderliche Geld aus Schwe-

P 5 „den

„den würde erhalten haben, dahingegen möchte er,
„wenn es ihm gefiele, die Manuscripte bis zur Wie-
„dererstattung, als ein Unterpfand, annehmen und
„nur dahin sehen, daß nichts davon wegkäme nnd es
„bey einander bliebe. Aber was that Seba? Er
„zuckte die Achseln mit den Worten, er könne sich un-
„möglich mehr mit dergleichen Geschäften befaßen. So
„sprach Seba, dieser reiche Mann, Seba, der dem
„Verstorbenen so große Verbindlichkeiten schuldig war,
„Seba, von welchem Linnee mit Mühe nichts mehr,
„als funfzig Gulden zum Leichen-Begängnis erhalten
„hatte. Warlich für so viele Verdienste eine schöne
„und angemessene Belohnung. Er gab ihm indes
„den Rath, den Wirth an dem öffentlichen Verkauf
„nicht zu verhindern, weil sodann die Papiere in
„keine andere, als in seine Hände und zwar um einen
„desto geringeren Preis gelangen sollten, je weniger
„es zu vermuthen sey, daß ihrentwegen in Amsterdam
„Nachfrage geschehen würde, ein Rath der jenem zu
„sehr auf die Spitze gestellet und zu verfänglich
„deuchte, um demselben trauen zu können und die
„Absicht nicht daraus errathen zu sollen.

Wenn es wahr ist, was Linnee versichert hat,
wie man einem so großen Manne wohl zuglauben
muß, so scheinet es, daß Seba des Artedi Verdienste
nicht mit Rechtschaffenheit belohnet habe; dennoch
bleibet dieses allemal noch etwas zu zweydeutig. Vielleicht hat Seba ihm auf andere Art Gegendienste geleistet, die dem Linnee, der sich in Leiden aufhielt,
unbekannt waren, vielleicht hat er gegenseitig dem
Artedi an seiner Ichtyologie arbeiten helfen! Die
ge-

gelehrten Geschichte saget wenigstens leßteres, daß nemlich Seba die von jenem gemachte Ordnung geändert und umgearbeitet habe, (15) und Linnee saget selbst, daß er bis auf den leßten Abend seines unglücklichen Lebensende vergnügten Umgang mit ihm gepflogen habe.

Ob wegen der Manuscripte auf den Character des Seba ein so schwarzes Licht falle, als der Schriftsteller hier beclamiret, kann ich noch so völlig nicht finden. Man muß sich erst in das innerliche der Umstände hineinsetzen, um von der Sache recht urtheilen oder doch wenigstens den Seba entschuldigen zu können. Hier kamen zwey Liebhaber der Natur-Wissenschaft in Collision. Der alte Greis wollte durch diese Manuscripte seinen Thesaurus erweitern und demselben dadurch mehrere Vollständigkeit geben, der junge Linnee hergegen wollte diese Collectaneen gerne mit in sein Vaterland zurücknehmen und sich durch die Herausgebung derselben berühmt machen. Jener suchte also die Verlegenheit, worin dieser steckte, zu nutzen, er wucherte aber in der That nicht aus Eigennuß, sondern fürs Publicum, für Erweiterung der Wissenschaften und für den reichhaltigeren Nutzen seines Werks. Das war nichts schlimmes, wenigstens keine so schwarze That, als hier angegeben wird. Dergleichen Kunstgriffe sind in der gelehrten Geschichte nicht selten. Haben doch wol Gelehrte zum Westen ihrer Schriften Papiere und Bücher gar gestohlen. (16)
Das

(15) Hamburg. Berichte von gelehrten Sachen vom Jahre 1736. Seite 141.

(16) *Joh. Christoph Coler Analecta ad Struv. Noris. reiliterar. pag.* 65. *Bayle art.*

Das war es denn nun, was zur Geschichte des dritten Bandes gehörig ist.

Alle drey Theile sind auf dicken schönem holländischen Papier abgedruckt. Dem Titul des ersten Bandes ist ein sauberes Kupfer, sodann das Bildnis des Verfassers vorgesetzet.*) Es ist das Werk mit artigen Viguetten versehen, die Kupfer der beschriebenen Naturalien sind sehr sauber gestochen, so, daß sie die Kupfer Rumphens Amboinischer Raritäten-Cammer weit übertreffen. Der große Boerhave hat eine Vorrede dazu gemachet. Er saget unter andern darin, daß noch kein Werk in dieser Art herausgekommen, so dem Sebaischen gleich käme. Der gelehrte Prediger und Naturkundiger Leßer zu Nordhausen verfertigte auf den ersten Theil ein deutsches Lob-Gedicht, worin er über das in Kupfer gestochene Bildnis seine Gedanken eröffnet und für die ihm mitgetheilte seltene Stücke seinen Dank entrichtet. Er erkläret auch die Ursache, warum die Akademie der Naturæ Curiosorum bey der Aufnahme des Seba zu ihrem Mitgliede ihm den Namen Xenocrates beygeleget habe mit folgenden Worten:

Hat

*) Als der Graf Heinrich der sechste Reuß und der Graf zu Lynar auf ihrer Reise nach Holland, Frankreich und England in den Jahren 1731 und 32 das Cabinet des berühmten Seba besahen, und in ihm einen alten überaus höflichen Mann antrafen, zeichnete der Graf zu Lynar desselben Gesicht mit Bleistift unvermerkt, und traf es so gut, daß Seba eine große Freude darüber hatte, und ihm sein von Hoebracken gestochenes Bildnis dagegen verehrete. Büschings Beyträge zu der Lebensgeschichte denkwürdiger Personen, 4r Th. S. 207. Anmerk. d. Herausgeber.

Hat nun Xenocrates die Wunder der Natur
Mit unverdrosnem Fleiß vernünftiglich erwogen,
So hat dein Fleiß dir auch den Namen zugezogen,
Weil du ganz glücklich folgst des Philosophen
     Spuhr. (17)

So weit war nun bisher dies Werk fertig geworden, aber von nun an schien es in Stecken zu gerathen, indem viele Jahre verliefen, ohne daß der vierte und letzte Theil zum Vorschein kam. Die Ursache wird wol darin bestanden haben, theils, daß der Verfasser verstorben war, theils, daß weil der Verlag so äußerst kostbar war. Im Anfange, wie der erste Theil herauskommen sollte, übernahmen drey der vornehmsten Buchhändler Janßonins-Waesbergen, Wetstein und Wilhelm Smith die Ausgabe. Sie rechneten aus, daß jeder Theil 58 Gulden 16 Stüver holländisch Current, also das ganze Werk 235 Gulden 4 Stbr. (130 Rthlr. 36 Stbr.) kosten müsse, sie erkläreten sich, daß sie gegen Vorschuß jeden Theil zu vierzig Gulden liefern wollten; daß diejenige aber, welche nicht vorausbezahlet, nachhero 225 Gulden zum wenigsten würden erlegen müssen.

Dennoch wurde nach einem langen Zeitverlauf, einer Reihe von ungefehr 25 Jahren endlich diese Schwierigkeit überwunden und nun auch der letzte Theil zu Stande gebracht. Der Buchhändler Pieter Schouten brachte das ganze Verlagswerk an sich und machte es durch die Ausgabe des vierten Bandes im Jahre

---

(17) Hamb. Berichte von gelehrt. Sachen vom Jahre 1734 Seite 415 und Seite 547.

Jahre 1765 vollständig. Es sind dabey 105 Kupferstiche vorhanden.

Die Leipziger gelehrte Zeitungen sagen von diesem Werke:

„Ist eines der prächtigsten und kostbarsten Werke, „in welchem die Beschreibung des so berühmten „und beträchtlichen Naturalien-Cabinets des Herrn „Seba enthalten ist. Man darf es gewiß vor „keine Prahlerey ansehen, wenn auf dem Titul „behauptet wird, daß dieses Werk in der Art kei„nes seines gleichen habe. Der Anblick selbst be„stätiget es zur Gnüge, daß hier eine so reiche „Sammlung von natürlichen Schätzen und Sel„tenheiten vorhanden sey, dergleichen man schwer„lich irgendwo in einer so großen Menge und so „reicher Mannigfaltigkeit beysammen antreffen „wird. — Das ganze Werk ist jetzt um so viel „schätzbarer, da das Naturalien-Cabinet selbst, „nach dem Tode des Besitzers, welcher bereits im „Jahre 1736 verstorben ist, das gewöhnliche Schick„sal solcher Sammlungen erfahren müssen, indem „es im Jahre 1752 durch eine öffentliche Auction „verkauft worden. (18)

In dem prächtigen Insecten-Werk, welches zu Amsterdam im Jahre 1775 französisch und holländisch herausgekommen ist unter dem Titul:

De Uitlandsche Papellen voorkomende in de drie Waereld-Deelen, Asia, Africa en America,

(18) Leipzig. Gelehrt. Zeitungen de Ao. 1765. Num. 96. pag. 761. 762.

rica, door Pieter Cramer. Amſterdam 1775.
mit illuminirten Kupfern,

ſind die von Seba genau beſchriebene Schmetterlinge in Kupfer geſtochen. (19) Der Ritter Linnee hat den Seba ſehr benutzet, gar ſeine wenige kleine Fehler, die in ſolchen Werken unvermeidlich ſind, beybehalten, wie Büffon und andere bemerket haben (20) In dem Natur-Forſcher, ſo in dem Jahre 1774 unter der Aufſicht des Jenaiſchen Profeſſors Johann Ernſt Immanuel Walch (in groß 8.) herausgekommen, bemerket derſelbe, (21) daß von dem Aſtroites denticulatus das Original beym Seba im 3ten Theile Tab. 112. Figur 15. 19. 22., Diaconus Schröder (22) daß von unverſteinerten Strocubiten die beſte Abbildung mit beym Seba ſey Tab. 56. Num. 9. 10. 15. 28. und Profeſſor Beckmann zu Göttingen, (23) daß von dem größten Inſect, dem Rie-

(19) Leipziger Gelehrte Zeitungen vom Jahre 1775 im 36ten Stück Seite 292. In den Göttingiſchen Gelehrten Zeitungen vom Jahre 1776. 113tes Stück, Seite 967 heißt es bey der Fortſetzung dieſes Werks: "Man bemerkt im zweyten Heft beym Priamus "an, daß man verſchiedene ſeltene Schmetterlinge "in dem 4ten Bande des Verzeichniſſes des Seba "weggelaſſen hat, die doch Seba in ſeiner Sammlung beſaß.

(20) Neue Mannigfaltigkeiten vom Jahre 1774. Woche 14. Seite 211. 215.

(21) Im 5ten Stück Seite 45.
(22) Im 4ten Stück Seite 185.
(23) Im 6ten Stück Seite 39.

Riesenfuße, groß und ausgemahlt, mit dem Seba 3ten Th. Tab. 17. Figur 1 und nachhero auch in Knorrens Deliciis Natur. anzutreffen sey. Dieser letztere vermeinet jedoch, daß die Abbildungen in diesem theuren Werk zwar gut, die Beschreibung, oder der Text dazu zum Theil unvollständig sey, allein dieses hat n ch kein Gelehrter sonst gesaget, und kann dem großen Werth desselben keinen Abbruch thun.

Er hat geleistet, was er zu seiner Zeit thun können. Gnug, daß er so vielen gelehrten Männern und der Nachwelt vorgearbeitet hat und daß von ihm für richtige Abbildungen gesorget worden.

Hat doch Professor Kliemann (24) gezeiget, daß ein Rösel, welcher doch so viele Jahre nach dem Seba gelebet, **gar Abbildungen** in seinen Tafeln habe, welche selten ganz ähnlich seyn.

Zu den oben erwähnten beyden Schilderungen soll er selbst dem Mahler die Zeichnung angegeben, auch den Taufstein selbst auf Marmor Art bemahlet haben.

Der in seinem Thesauro vorkommende weisse Maulwurf ist hier in Ostfriesland zu Friedeburg gefangen und ihm von dem damaligen Drosten daselbst zugesandt.

Man hat auch von ihm in dem siebenden Theile der Bibliotheque Britannique eine anatomische Präparation der Pflanzen und Vegetabilien, in welcher
er

(24) Im angezogenen Naturforscher im 4ten Stück Seite 123.

er zeiget, wie man durch die Fäulung das Mark von den Fibern absondern und die Gerippe in Spiritibus aufbehalten solle. (25)

Seba ist unstreitig einer der merkwürdigsten Männer seines Jahrhunderts gewesen. Aus dem niederen Bauern-Stand sich zu erheben, sich selbst zu bilden, das größte Hindernis, durch Gelehrsamkeit sich empor zu schwingen, Unvermögen und Mangel der Güter, wovon Juvenal Sat. 3. V. 164 saget:

Haud facile emergunt, quorum virtutibus obstat,

Res angusta domi

durch unermüdeten Fleiß, gestrenge Sparsamkeit und muthige Standhaftigkeit zu überwinden, zumahlen in einer Art Wissenschaften, welche sonst königliche Unterstützungen erfordern (26) das weite Feld seines Gegenstandes zu erschöpfen, gar darin sich über seine Zeiten hinauszusetzen, das ist wol alles was groß seyn kann und kaum glaublich ist.

Hier ist ein Beyspiel, ich drucke es mit den Worten eines mir unbekannten Gelehrten (27) aus, wie sehr

(25) Universal-Lexicon an obenangezogener Seite.

(26) Königliche Unterstützung hat es erfordert, daß der Herr Etatsrath Otto Friederich Müller die Thierarten der beyden Dänischen Reiche beschrieben und in Kupfer stechen lassen. Und doch war dieses nur von zwey Reichen. Leipz. Gelehrt. Zeit. vom Jahre 1775. im 54sten Stück S. 433. Seba leistete solches aus allen Welttheilen ohne dergleichen Unterstützung.

(27) Hall. Gel. Zeit. vom Jahre 1776 im 75sten Stück Seite 599.

sehr viel in allen Wissenschaften und Kenntnissen geschehen würde, wenn jederzeit die, welche dazu gebohren sind, deren Neigung und Lust innerer Beruf für sie ist, in dem Felde arbeiteten, zu dem sie die Natur bestimmte. Denn der Fleiß des Menschen und der Geist des Forschers kennet keine Grenzen; Je weiter er gedrungen ist, desto weiter will er dringen, ihm ists überall als sähe er Herkules=Säulen und vor dem Auge die Flammenschrift

Plus ultra! ──

Der Marquis d'Argens würde von diesem Manne, so, wie auch von dem berühmten Engelländer Harrison eine Bestätigung seines sonderbaren Satzes, haben hernehmen können, daß es in der Gelehrsamkeit keiner Aufmunterung bedürfe, sondern die Natur alles thue. (28)

Ich erwehne dieses Engelländers hier nur beyläufig. Jedoch vielleicht aber auch nicht umsonst, vielleicht gar am rechten Orte, indem ich Gelegenheit nehmen kann, zwischen diesen beyden Personen eine ziemlich treffende Parallele zu ziehen.

Harrison war ein Sohn eines Zimmermanns und Seba ein Sohn eines Bauern, den ersten ris die Natur von der Axt und dem Höbel zu der größten künstlichen Mechanik, die damals die Welt kennete, und welche er dieselbe lehrete, den letzteren vom Pfluge zu einer Kenntnis in der Natur=Geschichte, welche seine Zeit in Erstaunen setzte und der folgenden zum Vorgang dienete. Jener erhielte in dem Anfange seines
Lauf

―――――

(28) *Esprit du Marquis d'Argens, ou Receuis de Pensé philosophiques tirées de ses Ouvrages.* Tom. 1. Berlin 1775.

laufbahne Unterricht und Beystand von einem Geistlichen, dieser ebenfalls. Jener machte neue wichtige Entdeckungen in seinem Fache, und dieser aus allen Welttheilen desgleichen in seinem Fach; Ob er wol, wie aus allen Umständen erscheinet, so gute Anleitung und Unterstützung nicht gehabt haben mag, als jener gehabt zu haben scheinet. (29) Jener erhielte für

(29) Johann Harrison, ein sehr geschickter Mechaniker, Erfinder des berühmten Zeitmessers und des zusammen gesetzten Hängegewichts an den Uhren, war zu Wragby ohnweit Pontefract in Yorck-Shire, im Jahre 1693 gebohren. Die Stärke seiner natürlichen Fähigkeiten ersetzten bey ihm eine mangelhafte Erziehung, wobey seine Aufmerksamkeit nur auf wenig Gegenstände geführt werden konnte, sehr reichlich; und hiervon giebt wohl der bewundernswürdige Fortgang in allen mechanischen Künsten, denen er sich widmete, den stärksten Beweis ab. Sein Vater war ein Zimmermann, und unser Harrison trieb unter jenes Anführung eben dasselbe Handwerk; lernte zugleich ein wenig Feldmeßkunst und Stuben- und Taschen-Uhren auszubessern, welches beydes auf dem Lande in England bey dieser Profession so mit hergebracht ist. Er hatte von seiner frühen Jugend an ausserordentlichen Gefallen an allen durch Räderwerk getriebenen Maschinen, und soll schon im 6ten Jahre, wie er an den Kinderblattern krank war, beständig eine Uhre vor sich auf dem Bette gehabt haben, um sich mit dem Gange ihres Räderwerks zu beschäftigen. Im Jahre 1700 zog er mit seinem Vater nach Barrow in Lincolnshire, wo er, so wenig Gelegenheit sich ihm auch darbot, seine Kenntnisse zu vermehren, doch jeden Augenblick, wo er etwas lernen, und den er abmüßigen konnte, aufs sorgfältigste benutzte; ja öfters ganze Nächte zum Schreiben und Zeichnen anwendete. Ein Geistlicher, der

seinen Fleiß und für die Bemühungen, wozu ihm sein Talent, die Natur und seine Emsigkeit ausgebildet hatte,

der in der Nachbarschaft von Barrow alle Sonntage Amtsverrichtungen hatte, liehe ihm des Professors Sandersons Vorlesungen in Handschrift, welche Herr Harrison nicht allein mit der größten Sorgfalt abschrieb, sondern auch alle darin befindliche Risse und Zeichnungen mit der genauesten Pünktlichkeit nachzeichnete. Im Jahre 1726 hatte ihm sein natürliches Genie so weit gebracht, daß er schon zwey Stuben-Uhren, größtentheils von Holz, mit einem nach seiner eigenen Erfindung zusammen gesetzten Hängegewicht, fertig hatte, welche damals alle Werke dieser Art ungemein übertrafen, weil sie in einem ganzen Monate kaum um eine Secunde fehlten. Im Jahre 1728 kam er nach London mit der Zeichnung einer Maschine, um die Meereslänge zu bestimmen, in Hofnung, daß die niedergesetzte Commißion daselbst ihn unterstützen und Mittel an die Hand geben würde, die Maschine selbst zu verfertigen. Doctor Harley, an welchem er sich wendete, wies ihm zum Herrn George Graham, der sein ungewöhnliches Verdienst sogleich erkannte, und ihm anrieth, die Maschine selbst erst fertig zu machen, und sich alsdenn wieder zu melden. — Er kehrte also in dieser Absicht in seine Heymath zurück, und ging darauf im Jahr 1735 mit seiner ersten Maschine dieser Art, zum zweytenmale nach London, und wurde mit selbiger das folgende Jahr nach Lissabon geschickt, um die Probe damit zu machen. Bey dieser kleinen Reise verbesserte er die bisher gewöhnlichen Berechnungen um anderthalb Grade; und dieser erste glückliche Erfolg verschafte ihm sehr viele öffentliche und Privat-Ermunterungen, seine nützlichen Arbeiten fortzusetzen. Im Jahre 1739 war seine zweyte Maschine fertig, deren Zusammensetzung weit einfacher und ihrer Bestimmung gemäßer war. Diese wurd

zwar

hatte, von dem Parlement in Engelland eine Beloh‍nung von 20000 Pfund Sterling und dieser für seinen Fleiß und den Umfang seiner Thätigkeiten, wozu ihn seine Natur angefeuret hatte, von dem Rußischen Kayser, Peter dem Großen, eine Belohnung gleicher Art, indem er für das Naturalien-Cabinet, so er ihm verkaufte und dafür, daß er nachhero noch viele Jahre sein Agent und Correspondent in dieser Art Sa‍chen

zwar nicht würklich auf der See gebraucht, aber Herr Harrison empfahl sich durch selbige dem Publi‍kum sowohl, als seinen Freunden noch stärker als durch die erste. Seine dritte, noch einfachere und um ein beträchtliches richtiger gehende Maschine, als die zweyte, wurde im Jahre 1749 vollendet. Bey dieser glaubte er nun anfänglich alles mögliche geleistet zu haben: aber in seinen fleißigen Versuchen, die Taschen Uhren zu verbessern, fand er auf einmal seine Erwartung durch die Grundsätze, nach welchen er arbeitete, so sehr übertroffen, daß er es nunmehro unternahm, seinen vierten Zeitmesser, in der Form einer Taschen-Uhr von 6 Zollen im Durchmesser zu machen. Mit diesem Zeitmesser that sein Sohn zwey Seereisen; die eine nach Jamaika, die zweyte nach Barbados, und berichtigte bey beyden die Bestim‍mung der Meereslänge mit so gutem Erfolge, daß sein Vater als Erfinder desselben endlich, wiewohl nicht auf einmal, und erst nach langem und vielem Anhalten, die vom Parlement ausgesetzte Belohnung von 20000 Pfund Sterling ausbezahlt erhielt ꝛc.

Hamburg Addreß-Comtoir 7. Stück d. 23. Jan. 1777. Seite 53. Art. X. wie auch in den Goth. Gelehrten Zeitungen des Jahres 1777. im 15 Stück S. 35 bis 58 daselbst eingerückt aus *John Noors‍bouks Historical and Classical Dictionary. London 1776* nicht weniger in dem Hannöv. Magazin vom Jahre 1777 im 92sten Stück Seite 1467.

chen blieb, Summen Geldes gezogen hat, die nie bekannt geworden sind und die nicht genennet werden können.

Zu Malchow im Mecklenburgischen hat auch ein originelles Genie, Joachim Trump gelebet, dessen Vater Küster und Garn-Weber war. Schon auf der Werkstube veredelte er das gemeine Linnen, suchte figurirte Arbeit zu machen, wurde bald ein großer Meister in dem General-Baß auf der Orgel und ein vertrauter Freund des berühmten Componisten Mathesons, er brachte eine Orgel von 36 Registern zu Stande, in den mathematischen Wissenschaften, in der Naturlehre, Sternkunde, in der Lehre von der Electricität brachte er es gar bald weit, machte neue Entdeckungen und besonders erfand er die Verfertigung eines großen Tubus von 130 Fuß lang, welcher wol der größte und der einzigste in seiner Art in ganz Europa gewesen ist. (30) Diesen Trump kann man also jenen beyden zugesellen. Ich kann hier in keine Paralelle treten, sondern will nur noch die Anmerkung machen, daß mehrere Bauern-Söhne, so wie Seba, gelehrte Männer geworden, als Pierre de Montmaur, der berühmte Criticus, Adrian Baillet, der gelehrte Cornelius a Lapide, der Cardinal Baronius (31) und andere mehr.

(30) Man kann dieses weitläuftiger in dem neuen Braunschweigischen Magazin vom Jahre 1770 im 2ten Stück dritten Bandes Num. 12 Seite 385 lesen.

(31) Neuer Bücher-Saal von Gelehrten Sachen des Jahres 1715 im 49sten Theil Seite 56. 250. Jöchers im Gelehrt. Lex. im 1sten Bande Seite 717.

Seba war von der Kayserlichen Leopold-Carolui-
schen Academie, der Englischen Societät der Wissenschaften und dem Bononischen Institut zum Mitglied
aufgenommen, er war ein Mann, der nicht nur für
seine Zeit sammlete und schrieb, sondern auch für uns
und vielleicht ganze Jahrhunderte.

Er starb an einer Kolic den 3ten May 1736 (32)
in dem ein und siebenzigsten Jahre seines so merkwür-
digen Lebens und ruhmvollen Alters (33). Hinterließ
keine männliche Erben, sein Manns-Stamm hörete
also zwar mit ihm auf; allein er gehöret nicht nur
zu denen berühmten Apothekern, welche die Naturkunde befördert und erweitert haben, (34) sondern

---

(32) Man sehe den Brief aus Amsterdam vom 4ten May
des Jahres 1736 in den Hamburg. Berichten
Seite 341.

(33) Sein Leben soll auch stehen in dem Anhange des
sechsten Theiles der *Actor. Physic. Medicor. Acad. Cæsar Leopold. Carolin. Naturæ Curios. Num. 4.* Leipz.
Gelehrt. Zeitung. 1734. 1736. 1742. Beyträge 3ter
Theil.

(34) Dr. *Ferdinand Jac. Beyer de claris pharmacopoeis historiæ naturalis amplificatoribus. Noribergæ* 1779.
1½ *pl. in* 4. Die Namen der hier genannten Apo-
theker, die sich durch Sammlung von Naturalien-
Cabinettern, oder durch Beobachtungen aus der
Naturkunde berühmt gemacht haben, sind: Fran-
ciscus Calceolarius, Johannes Pona, Antonius
Donanus, Ferdinandus Imperatus, Donatus Ere-
mita, Nicolaus Clavena, Johann Jacob Swammer-
dam, Johann Parkinson, Thomas Johnson, Joh.
Frider. Rücker, Jacob Zanoni, Johann Walmarius,
Joh. Ralla, Heinrich Corvinus, Johann Dortmann,
Joh. Hinr. Linke, der Vater, Albertus Seba,
Basilius Besler, Johann Ambrosius Beurer, Carl
Gottlob Steding und Johann Hinrich Linke.

der Nahme dieses Ostfriesen stehet auch noch heute und bis zur Unsterblichkeit in der Reihe mit einem Rösel, Ledermüller, Wrisberg, Münchhausen und Schäffer in Deutschland, mit einem Jablot, Reaumour, Saußüre, Büffon, Brißon, Lyonet, in Frankreich, mit einem Spalangani in Italien, einem Bonnet in der Schweitz, einem Sloane, Bakker und Hill in Engelland, einem Trembley in Holland, einem Otto Friederich Müller in Dännemark, einem Linnee in Schweden und einem Pallas in Rusland.

Jacob Isebrand Harckenroht.
Gestorben den 6ten Februar 1737.

Jacob Isebrand Harkenroht ist ein Mann gewesen von großer Gelehrsamkeit, ein Mann der seinem Vaterlande allerdings zur Ehre gelebet hat, der aber doch seinem angebohrnen Landesherrn unglaublichen Verdruß verursachet und die hierländische innsländische Uneinigkeiten genähret und vermehret hat.

Es ist derselbe im Jahre 1676 zu Emden gebohren. Sein Vater war Johann Harkenroht, Fähnrich der Garnison zu Emden, welcher am 8ten October 1693 daselbst verstorben ist. (1)

Den ersten Unterricht genoß er in dieser seiner Vaterstadt, studirete sodann auf denen Holländischen Universitäten die Gottesgelahrtheit nach den Grundsätzen der reformirten Religion, in welcher er erzogen war. Seine Talente und große Fähigkeiten, verknüpft mit gründlichen Wissenschaften, verschaften ihm gar bald Beförderungen. Schon im 25sten Jahre seines Alters wurde er als Prediger nach Rysum, einer zwar kleinen, aber blühenden Herrschaft dieses Fürstenthums berufen. Im Jahre 1712 wurde er zu einer größeren Gemeine zu Larrelt im Ember Amt gerufen.

Seine Gelehrsamkeit und sein Ruf nahm von Zeit zu Zeit dermaßen zu, daß Ostfriesland diesen ihren vortreflichen Landsmann verlohr, indem er im Jahre 1722 als Prediger und Rector nach dem benachbarten

(1) *Harkenroht* Oostfriesche Oorsprongkelykbeden Seite 696.

Appingadam in Gröningerland berufen wurde, welchen Beruf er um so lieber annahm, weiln er dadurch denen fiscalischen Verfolgungen des Fürstlichen Hofes entging.

Von diesem fiscalischen Verfahren wider ihn muß ich etwas näher reden, weiln solches auf sein Leben und seinen Character Einfluß hat. Die Veranlassung zu demselben gab der von Harckenroht herausgegebene Tractat Ostvriesse Oorspronglykheeden.

Wegen einiger darin vorkommenden die Landesherrliche Rechte beleidigenden Stellen wurde er fiscalisch angeklaget. Ich kann davon Actenmäßige Nachricht geben und thue solches auch um so mehr mit Vergnügen, damit jeder meiner künftigen Landesleute, er sey, welchen Standes er wolle, einen practischen Begrif davon erlange, wie man zu damaligen Zeiten wider den Landesherrn Processe geführet, sollte ich nicht lieber sagen? denselben gequälet habe.

Extractus Protocolli
In Consistorial = Sachen
Ex Officio
contra
den Pastorem Jacob Isebrandi Harckenroht
Generalis in termino reproducirte Citationem ad personaliter comparendum coram Consistorio; und als Citatus gehorsamst erschienen wäre; So stellete er die Sache zu dieses hohen Consistorial-Gerichts Erkänntniß

Citatus Pastor Harckenroht zu Larrelt erschien.

Nach

Nachdem man in Durchblättern des von dem Pastore zu Larrelt Jacob Isebrando Harckenroht neulich here ausgegebenen Buches Ostvriesische Oorsprongklykheeden &c. genannt, wahrgenommen, daß in demselben verschiedene Dinge, so theils Sr. Hochfürstl. Durchl. höchstnachtheilig, theils denen Landesverträgen zuwider, theils dem Autori, als einem Prediger unanständig, enthalten seyn, so ist ex speciali jussu Serenissimi, vorgedachter Pastor gegen den 2. Dec. 1712 ad Consistorium citiret worden; Wie er nun erschienen ist, ist ihm vorgestellet worden, daß man dergleichen Dinge als vorhero erwehnet, in seinem Buch hin und wieder gefunden hätte.

Nun wäre es zwar andem, daß seine Schrift, wenn auch noch mehr unanständige Dinge darin enthalten wären, Sr. Hochfürstl. Durchl. so wenig, als einem andern präjudiciren könnte; Weil er aber ein Prediger wäre hier im Lande unter Serenissimi Gebieth, so nicht allein als ein gemeiner Unterthan schuldig wäre seines Landesherrn Nutzen zu befördern, allen Schaden, Nachtheil und verkleinerlichen Eintrag zu vermeiden, sondern auch bey Antretung seiner Bedienung solches in specie vermöge der Hochfürstl. Confirmation angelobet hätte, und da nun solches Buch hier im Lande öffentlich divulgiret würde, so hätten Sr. Hochfürstl. Durchl. nöthig erachtet, damit es nicht das Ansehen gewönne, als wenn man tacito Consensu solche Dinge approbirete, ihn anhero fordern und ein und anders vorstellen zu lassen: Sr. Hochfürstl. Durchl. hätten zwar der Sachen Beschaffenheit nach wohl Ursache, zumal in dem letzten Punct

der

der ihm würde vorgestellet werden, diese Sache fiscaliter zu tractiren; Sie wollten aber aus bewegenden Ursachen nur consistorialiter darin verfahren lassen.

Und weil die in solchem Buch enthaltene anstößliche Dinge, theils Politica, theils Ecclesiastica wären, so wollte man in solcher Ordnung wie man sie in solchem Buche noch zur Zeit beym Durchblättern angemerket hätte, ihm ein und anders vorstellen ꝛc.

Hierauf ist der Citatus abgetreten, und wie er wieder herein gefordert, ist ihme nomine Serenissimi angezeiget, daß Serenissimi finale Resolution über diese Sache zwar noch ausgestellet bliebe: Indessen würde er erinnert, sich solche anstößlichen Dinge, als ihm vorgehalten wären, künftig zu enthalten, und seines Berufs mit allem Fleiß zu warten; Auch ist ihm per Decretum Judiciale injungiret worden, künftigen nichtes drucken zu lassen, ehe er solches Sr. Hochfürstl. Durchl. zur Censur eingeschicket hätte.

Decretum.

Nachdem der Pastor über eine und andere Sache vernommen worden; so bleibet der Bescheid noch zur Zeit zwar ausgestellet: Indessen soll er sich poena funfzig Goldgülden enthalten, etwas drucken zu lassen, ehe er solches Sr. Hochfürstl. Durchl. zur Censur eingeschicket hat. Publicatum in Consistorio den 2ten Decbr. 1712.

Pro vero Extractu
E. Dettmers Secret.

Im Jahre 1716 wurde er von neuem angeklaget, und zwar darüber, daß er diesem Straf=Verboth zuwider gehandelt habe, er erschien zwar durch einen Advocaten, ließ aber nach damaliger hierländischer Praxi (2) die Ablieferung der Acten an das Hofgericht bitten. Er erhielt darauf zum Bescheide:

> Als diese Sache Cenſuram Librorum beträfe und ohne das, vermöge ausgelassener Citation notorie alhier schon hängig ist; Als wird dem Paſtori Harckenroht novus terminus gegen den 2. Octbr. sub priori poena angesetzet. Publ. den 8ten Sept. 1716.

Wider diesen Bescheid übergab er bey dem Hofgericht eine Vorstellung mit einer der damaligen Praxi gemäßen, heute zu Tage aber barbarisch scheinenden Aufschrift:

Unterdienstliche Supplication

pro

decernendis 1) Citatione ex Lege diffamari ut & 2) Citatione ad videndum Decretum post petitionem Remiſſorialium latum declarari nullum nec non 3) Mandato poenali de lite in periluſtri Dicaſterio pendente, alibi non ulterius procedendo S. C. junctis Documentis

A. & B.

---

(2) Haagiſch. Vergl. de ao. 1662. cap. I. art. 6. p. 7. Final-Receſs de ao. 1663. cap. I. art. 6. Oſtfrieſ. Hiſtorie Tom. 2. Seite 750.

In Sachen
Paſtoris Harckenroht diffamaten
itzo Supplicanten
contra
Fürſtl. Oſtfrieſiſchen Procur. Generalem diffamanten
itzo Supplicaten
Præſ. d. 26 Sept. 1716.

Das Hofgericht erkannte dieſes Mandatum und ließ es dem Advocato Fiſci, welcher beym Hofgericht Generalis (ſcilicet procurator principis generalis in omnibus cauſis) genennet wurde, inſinuiren. Dieſer appellirte davon an den Reichs-Hof-Rath zu Wien. Zwey Notarii Johann Chriſtoph Mehler und Sebaſtian Röſe kündigten unter dem 20ten October 1716 dem Hofgericht dieſe Appellation an. Bey dem Reichs-Hofrath ließ der Fürſt vorſtellen, "daß "obwohl des Harckenrohts Entſchuldigungen ganz un- "erheblich geweſen, man ihn dennoch dißmahl mit "der wohlverdienten Fiſcaliſchen Strafe in Gnaden "überſehen, gleichwohl aber eine nöthige und dabey "glimpfliche Correctur gegeben, und in ſub Lit. B. "in forma probanti adjungirten am 2ten Decemb. "1712. publicirten Decreto poena Funfzig Gold- "gulden verboten worden, hinfohrt etwas drucken zu "laſſen, ehe Er ſolches Sr. Hochfürſtl. Durchl. zur "Cenſur eingeſchicket. Welches Decretum dann "4) denen bekannteſten Reichs-Geſetzen, in ſpecie "Reichs Abſchiede zu Augſpurg de Anno 1530. "artic. 58. Reformation guhter Policey aufn "Reichstage zu Augſpurg de Anno 1548. aufge- "richtet artic. 34. Verbeſſerter Policey-Ordnung "auffm

"auffm Reichstage zu Franckfurth de Anno 1577
"aufgerichtet, artic. 35. §. 2. 3. & 4.
"Als nach welchen kein Buch ohne Censur und Ap-
"probation der hohen Landes-Obrigkeit und von de=
"roselben dazu specialiter verordneten Commissa-
"riorum durch den Druck mag gemein gemachet wer=
"den, Conform gewesen ꝛc. Sodann diese Sache
"ihrer Natur und Eigenschaft nach keine gemeine
"Justiz-Sache, als wozu allein das Hofgericht ange=
"stellet ist, sondern eine solche Sache ist, welche der
"Judicatur des Landesherrn privative unterworffen,
"und zur Landes-Regierung gehöret, maßen die vor
"allegirte textus des Heil. R. Reichs Abschieden
"das Recht Bücher zu censiren, eines jeden Orts
"hohen Landes-Obrigkeit unmittelbahr und privative
"zuschreiben, auch überall bey denen publicisten aus=
"gemachet ist, daß das Recht Bücher zu censiren,
"der hohen Landes-Obrigkeit privative zustehe.

"Limn. de Jure publ. Tom. 3. lib. 8. cap. 10.
"n 9. 10. & seqq.
"Carpz. Jurispr. Eccles. Lib. 2. Tit. 25. def. 413.
"Fritsch Thes. Pract. Besold. Continuat. voc.
"Buchdrucken §. Typis mandandum p. 114. 6.
"in princ.
"Folglich dieselbe unstreitig Frey Macht hat, wen
"Sie zu solcher Censur committiren wolle, der=
"gleichen Commission aber dem Ostfr. Hofgericht
"niemahls gegeben worden ꝛc.

Es erfolgte ein sehr gerechtes und für das Fürstliche
Haus auch in andern Fällen wichtiges Reichs-Hof-
Raths Conclusum:

"Mar-

"Martis 25. May 1717.

"Zu Ostfriesland Fürst contra Pastorem Harcken-
"roht & consorten Appellationis, sive Appellan-
"tischen Anwald Daniel Hieronimus von Praun, sub
"prſto. 10. huius exponendo wie das von dem
"Fürstlich-Ostfriesischen Hoffgericht in dieser Conſi-
"ſtorial- als seinem Herrn Principalen alleinig zu-
"stehenden Streit-Sache, verschiedene widrige De-
"creta und Citationes abgefasset worden, Suppli-
"cat. humill. pro Clement Caſſandis Decretis
"à dicto Judicio in hac Cauſa in competenter
"latis, & manutenenda Jurisdictione ſui Domini
"Principalis privativa in Cauſis Ecclesiaſticis
"Appon. Lit. A. B. C. D. & E.

Idem von Praun sub prſto. 19. ejusdem, in-
stat: "humill. pro Clement. maturanda reſo-
"lutione modo dicti exhibiti, concedendoquè
"adhuc bimeſtri termino ad inſinuandum & re-
"producendum proceſſus.

I. "Ihro Kayserl. Maj. laſſen es nunmehro, in
"Betracht, der angeführten Uhrſachen und ge-
"thanen Erklährung bey dem wieder den Pa-
"storem Harckenroht vom Fürstlichen Con-
"siſtorio Ertheilte verboth, und deſſen Ma-
"nutenentz derer in dieſem ad Cauſas Ju-
"diciarias gantz nicht, ſondern zur Landes-
"Fürstlichen Obrigkeit und Diſpoſition gehöri-
"gen Fall in competenter ergangenen, und
"hiemit auffgehobenen Hoffgerichtlichen Decre-
"torum ungehindert lediglich bewenden.

II. Cum

II. Cum Notificatione huius Concluſi Rescribatur: "dem Fürſtlich-Oſtfrieſiſchen Hofgericht, "in denen Fällen, ſo zur Policey gehören, und "der Landes-Fürſtlichen Bothmäßigkeit zur "Diſpoſition unterworffen, ein folglich von "denen Juſtitiariis ihrer Eigenſchaft nach ſe= "pariret ſeyn, ſich nicht einzumiſchen, noch einer "Cognition über die derowegen außgehende "Fürſtliche Verordnungen, oder ſonſt einer "Einſchränkung der Landes-Fürſtlichen Obrig= "keit in denen dahin gehörigen Sachen, wider "die Reichs-Satzungen und Landes-Accorden "ſich anzumaßen; dahingegen auch bemeldtes "Fürſtliche Hofgerichte bey demjenigen, weßen "ſelbiges Rechtmäßig befuegt, in allen bege= "benden Fällen jederzeit geſchützet und gehand= "habet werden ſolle."

Frantz Wildrich von Mentzheng.

Carl der Sechſte V. G. G. Erwehlter R. Kay=
ſer zu allen Zeiten Mehrer des Reichs ꝛc. ꝛc. ꝛc.

Ehrſame Gelehrte Liebe Getreue!

Ihr habt Euch vorhin gehorſamſt zu erinnern, wasmaßen Wir, auff bey Uns von des Fürſten zu OſtFriesland Ebben, von denen bey Euch, wegen des Paſtoris zu Larrelt, Jac. Iſebr. Harckenroht, ohn= geachtet der, bey Dero Conſiſtorio den 2 Dec. 1712 Decretirten Inhibition, publicirten breyen Decre= tis introducirte Appellation, nicht nuhr die gebe= tene Proceſſus Appellationis am 14 Jan. nup. er= kannt, ſondern auch ihme, Paſtori, biß auff Unſere weitere Verordnung, solchem Consistorial-Spruch zu geleben, anbefohlen, und anbey des Fürsten zu Ostfriesland Ebben die Festhaltung darüber aufgetragen haben.

Wie nun bey Unß dieselbe anjetzo mit einer fernern Nothdurfft und Deduction eingekommen, mit Bitte, Wir nunmehro obbemelte, von Euch ergangene Decreta zu cassiren, und Jhro Ebben bey der, in causis Ecclesiasticis & politicis privativè zustehenden Jurisdiction zu manuteniren, gnädigst geruhten, wie auch hierauff, nach vorgegangener reiffen der Sachen Erwegs und Betrachtung der darin angeführten Ursachen, und angehängter Erklärung, es bey obgedachten, wider dem Pastorem Harckenroht von dem Fürstlichen Consistorio abgegangenen Verboht, und dessen von Uns angeordneter Manutenenz, den obgedachten, von Euch, in diesem, ad Causas Judiciarias gantz nicht, sondern zur Landes-Fürstlichen Obrigkeit und Disposition gehörigen Fall, incompetenter ergangenen und hiemit auffhabenden Decretorum ungehindert lediglich haben bewenden lassen.

Alß Thun Wir euch solches mit dem gnädigsten Befehl hierdurch notificiren, daß ihr in denen Fällen, so zur Policey gehören, und der Landes-Fürstlichen Bohtmäßigkeit zur Disposition unterworffen, ein folglich von denen Justitiariis, ihrer Eigenschaft nach separiret seynd, euch nicht einmischet, noch einer Einschränkung der Landes-Fürstlichen Obrigkeit, in denen dahin gehörigen Sachen, wider die Reichs Satzungen und Landes Accorden anmaßet; dahingegen Wir euch gleichfalls bey demjenigen, weßen ihr rechtmäßig

mäßig befugt seyd, in allen begebenden Fällen, jederzeit schützen und handhaben werden. An deme beschicht Unser gnädigster Wille und Meinung, und Wir seynd Euch mit ꝛc.

Laxemburg den 25 May 1717.

Das Hofgericht brachte dawider Exceptiones sub- & obreptionis ein, bald nachhero aber den 4ten Octbr. 1717 mischten sich auch die Landes Stände in diese Sache, einen Interventions-Libell bey dem Kayserlichen Reichs-Hof-Rath übergebend, allerunterthänigst bittend, jene Conclusa wiederum zu cassiren und aufzuheben, wowider aber Fürstlicher Seits eine so vortrefliche, gründliche und in der That lesenswürdige Deduction übergeben wurde, daß man zwar so wohl von Seiten der Landstände als des Hofgerichts die Sache noch bis Monath Junius betrieb, von solcher Zeit an aber den Proceß liegen ließ, welcher auch nachhero nimmer weiter gerühret ist, weiln Härckenroht ein paar Jahre nachhero, nemlich im Jahre 1722 als Prediger und Rector der Schule zu Appingadam zugleich berufen wurde. (3)

An diesem Orte und in diesem Amte ist er auch bis an sein Lebens-Ende so den 6ten Februar 1737 erfolgete, geblieben.

Harckenroht war ein Mann von einer unersättlichen Liebe zu der Geschichte seines Vaterlandes, der schärfste, unermüdeste und glücklichste Nachforscher unserer Ostfriesischen Alterthümer des jetzigen Jahrhunderts,

(3) *Boeckzael der geleerde Waerelt* pag. 505 vom Jahre 1722.

berts, er war in der lateinischen Litteratur ungemein gut beschlagen, wie dieses das Gedichte, so er auf das Absterben des Herrn Claes Moritz von Freese, Erb-Herrn zu Hinte bey Emden verfertiget hat, zeiget, er verwandte seinen Fleis nicht blos auf die Alterthümer, sondern auch auf die Geschichte seiner Zeit, wie seine Schriften, die ich bald anzeigen werde, bezeugen; dabey war er ein Mann von einer ganz außerordentlich großen Lecture. Seine Ostfriesische Oorspronglykheeden zeigen dieses. Man tadelt daran, daß er bey jeder Gelegenheit mit dieser seiner großen Belesenheit glänzen und ausschweifend allerhand andere gelehrte Sachen gleichsam bey den Haaren herbeyziehen wollen; allein ich sehe nicht, daß er deßfals so sehr zu tadeln sey. Wessen Critic, saget ein gewisser Schriftsteller, so strenge und wessen Geschmack so ekel ist, daß er jemanden, der sonst sein gutes Verdienst hat, nicht verzeihen kann, wenn er von einer Materie außer seinem Fach etwas einmischt, oder auch dem Publicum ein Gericht vorsetzet, das nicht so stark gewürzet ist, der lese das Buch lieber gar nicht. Und ich sage, dergleichen Excursionen stehen zwar am unrechten Ort, jedoch ist es wiederum eine ausgemachte Wahrheit: der eine nimmt sie mit vorlieb, der andere aber, dem sie nicht anstehen, kann sie überschlagen. Manche hiesige Gelehrte sind auch nicht zufrieden mit seinen Wortforschungen der Ostfriesischen Namen. Freylich ist es wol nicht allenthalben getroffen; allein man muß bedenken, es sind nur blos Muthmaßungen, wobey ein jeder denken kann was er will, die mehresten treffen ganz gut zu, wenigstens sind sie ungleich besser, als des Johann Segers Ueleitungen der Friesischen Namen und Wörter aus der Hebräischen Sprache. (4) Fleis, Gelehrsamkeit, ungemeine Einsichten in die Geschichte seines Vaterlandes krönen unstreitig den Namen dieses Mannes und von seinem Character kann man auch nichts schlimmes sagen, nur schimmert es aus seinen Schriften allenthalben gar zu sehr durch, daß er seinem angebohrnen Landesherrn bitter aufsätzig gewesen, wie er denn auch von Applingadam aus noch Ausfälle wider das Fürstliche Ministerium gethan hat. (5) Indes hat er unschätzbare historische Nachrichten gesammlet, sorgfältig beschrieben und sich dadurch um sein Vaterland unsterblich verdient gemachet.

Seine Schriften sind folgende:

Chronik van Oostvreesland 1700.

Cathechismus 1706.

R 3   Kort

---

(4) *Epitome Onomastici Phrisici*, das ist: Kurzer Auszug des erst erfundenen und sonst weitläuftiger aufgesetzten Friesischen Namen-Buches. In welchen nach Ordnung des Alphabets die in andern sonderlich teutschen Landen ganz fremde und unbekannte Namen aus der hebräischen Sprache, die Gott selbst gebrauchet, sampt ihrer Bedeutung und was etwa aus h. Schrifft dabey anzumerken kürzlich angezeiget wird. Nicht nur allen denen, die solche Namen haben, sondern allen Gottseligkeit liebenden zur Nachricht, zur Christlichen Ergetzlichkeit und Erinnerung einfältig aufgesetzet von Johanne Segero, C. M. Oldenburg 1651.

(5) Man sehe die Vorrede der zweyten Auflage seiner *Oorspronglykheeden* Seite 6. und sonst.

Kort Bericht van Ooſt-Friesland, van alle Perſoonen die in publyke dienſt zyn, in 8. welches er angefangen, nachher aber nach ſeinem Abzug aus dieſer Provinz fortgeſetzt worden. (6)

Ooſtvrieſche Oorſpronglykheeden 1712. und vermehrt Grönningen 1731.

Emdens Heerder-Staff 1716.

Ooſtvrieslands Rundvee Peſt. 1716.

Verhaal van Ooſtvrieslands Keers-Vloed 1721.

Ooſtvrieslands Muſe- en Jubel-Jaer 1722.

Briefwiſſeling over de Outheit van Appingadam. 1732. (7)

Worm in Neederlands Paalwerck voor de Zee-Dyken. Groningen 1733. (8)

Georg

(6) Eilard Folcard Harkenrohts *Geſchiedeniſſe der Moederkerke in Emden* S. 287. Neershemius hat dies in ſeinem reformirten Prediger-Denkmal nicht mit angeführet.

(7) Dieſes Buchs hat Neershemius in dem reformirten Oſtfr. Prediger-Denkmahl nicht gedacht, alſo nicht gekannt. Man ſehe davon *Boekzael der geleerde Waerelt* 25. Deel Seite 252 und 27. Deel Seite 300.

(8) Neershemius hat dies ebenwenig unter ſeinen Schriften.

Georg Ludewig Hertzog.
Gestorben den 11ten September 1737.

Jetzo stelle ich einen Ostfriesen auf, welcher zu der Zahl der frühzeitigen, zugleich aber in die Classe der frühzeitig gestorbenen Gelehrten gehöret.

Georg Ludewig Hertzog ist hier in Aurich den 7ten September 1712 gebohren. Sein Vater war Doctor Hertzog, welcher ein großer practischer Arzt und Hochfürstl. Leib- und Hof-Medicus war.

Die Anfangs-Gründe der schönen und anderen Wissenschaften erlernete er in unserer Stadt-Schule, besonders unter Anführung des damaligen Rectors der Schule, Bilstein, genoß aber dabey Privat-Unterricht von einem Candidaten Pfeiffer, welcher damals in des Canzlers Brenneysen Hause bey dessen Stief-Sohn von Lengering Privat-Informator war (1) und

nach-

---

(1) In dem Juristischen Bücher-Saal (Frankfurth 1737) im 8ten Stück Nummer 73 Seite 701 ist das Leben dieses Mannes vorhanden, woraus ich diese gegenwärtige Nachrichten hauptsächlich genommen habe, sie sind allem Ansehen nach völlig ächt, nur wegen des Geburts-Orts scheinet ein Fehler begangen zu seyn, indem dort stehet Esens, da doch Doctor Hertzog nicht in Esens, sondern in Aurich gelebet hat, auch war Pfeiffer von welchem er hier den Privat-Unterricht genos, damals noch kein, wie es dorten heißt, Prediger, sondern nur erst informirender Candidat in Canzler Brennelsen Hause. Dieses letztere habe ich von jemanden erfahren, dem

Pfeif-

nachher zu Hage in Beerumer Amt Prediger geworden ist. (2) Es brachte aber dieser ofne Kopf es hier in Aurich schon so weit, daß er im 12ten Jahre seines Alters auf ein Gymnasium gebracht werden konnte. Sein Vater erwählete dazu das damals schon berühmte Gymnasium zu Gotha, woselbst er unter die Hände der Professoren Reichards, Fischbecks, Heysingers und besonders des berühmten Vockerodts gerieth und daselbst in den Wissenschaften so sehr zunahm, daß er bald eine Universität beziehen konnte.

Jena war diejenige, welche er erwählete. Hier hörete er in den philosophischen Wissenschaften Köhler, Hamberger und den unlängst in Halle verstorbenen Geheimten Rath Segner, in den Historischen Schweitzel und Buder und in den Juristischen den Hofrath Caspar Agathus Beck, den Doctor Moter, die Professores Buder, Heimburg, Kemmerich, Brunquell und Pertsch. Im zwanzigsten Jahre seines Alters wurde er Magister in der Philosophie und so frühzeitig fing er schon an, über die Vernunft-Lehre, die Metaphysik, die Mathematik, das Natur= und Völker-Recht öffentliche Vorlesungen mit gutem Beyfall zu halten. Daher denn auch die Philosophische Facultät ihn bald nachhero, nemlich im Jahre 1734 zu ihrem Adjunct erwählete und im Jahre 1735 wurde er beyder Rechte Doctor, und im Jahre 1737 ausserors

Pfeiffer es selbst erzählet und noch dabey gerühmet hat, daß dieser sein Schüler nachhero es so weit gebracht, daß er schon in frühzeitigen Jahren zu Jena öffentliche Vorlesungen halten können.

(2) Reersh. Luth. Pred. Denkmahl Seite 223.

ordentlicher Professor der Welt-Weisheit und Rechts-Gelehrsamkeit.

In dem 21sten Jahre seines Alters fing er auch schon an, sich durch Schriften berühmt zu machen, nicht weniger gerieth er schon mit andern Gelehrten in Controversen. Mit dem damaligen Adjunct der Philosophischen Facultät zu Jena Fabricius, welcher in seinen Thüringischen Nachrichten von gelehrten Sachen vom Jahre 1734. Num. 14. Seite 18. von Hertzogs Dissertation de arte abstrahendi informandis notionibus ein ungünstiges Urtheil gefället hatte, gerieth er darüber in Streitigkeiten, declamirte nicht nur wider ihn in seinem Hörsaal öffentlich, sondern gab auch wider denselben eine besondere Schrift heraus, auf welche Schrift Fabricius durch eine Beylage in dem 14ten Stück seiner Thüringischen Nachrichten antwortete. Einen noch lebhafteren Streit bekam er mit dem Regierungs- und Gerichts-Assessor Johann Carl Langguth zu Weimar wegen seiner Schrift, in qua præcognita Jurisprudentiæ Romanæ Mathematicorum ordine explicantur, indem derselbe bevor kaum diese Abhandelung völlig abgedruckt war, folgenden Brief dawider drucken ließ:

Hugonis Epistola ad Dn. Georg. Ludov. Hertzogium, J. U. D., in qua varia dubia ex eius præcognitis iurisprudentiæ nata proponuntur. 1734. in 4.

Hertzog setzte dieser Schrift entgegen:

Georgii Ludovici Hertzogii ad Clar. Hugonem Epistola, in qua id, quod contra præcogcognita iurisprudentiæ Romanæ dixit modeſte refellitur, in 4. ohne Benennung des Orts, des Druckers, des Jahres.

Langguth wiederum:

Joh. Car. Langguthi, J. U. D., Epiſtola ad Georg. Ludovic. Hertzogium, J. U. D., in qua ea, quæ ad defendenda præcognita iurisprudentiæ attulit, diluuntur, in 4. ohne Benennung des Orts, des Druckers und des Jahres.

Auf dieſe Schrift hat Hertzog nicht geantwortet und hat man geglaubet, daß dieſe Streitigkeit, welche Langguth, uneracht Hertzog ſeine Schrift ſehr höflich und beſcheiden abgefaſſet, mit ſo vieler Hitze, Bitter- und Heftigkeit geführet, dieſes gelehrten und fleiſſigen Jünglings Lebens-Ende wo nicht veranlaſſet, doch beſchleuniget habe.

Es wurde derſelbe im Jahre 1737 ſehr unpäßlich und mußte von der Mitte des Monats Februar bis Oſtern die mehreſte Zeit im Bette zubringen. Darauf begab er ſich nach Halle in die Cur bey dem berühmten Geheimten Rath Hofmann, allein ſeine Krankheit wollte ſich nicht heben laſſen. Der September, welcher ſein Geburts-Monat war, war auch ſein Sterbe-Monat. Er ſtarb 4 Tage nach zurückgelegten 25ſten Jahre ſeines Lebens, nemlich den 11ten September 1737 und zwar ganz gelaſſen, indem er eine halbe Stunde vor ſeinem Tode zu den Anweſenden ſagte: Sein Sterben käme ihm nicht anders vor, als wenn er in einen tiefen Schlaf fiele.

Seine

Seine Schriften sind:
1) Diss. de Microscopiis simpl. et theoret. et practic. Jenæ 1733.
2) Diss. de arte abstrahendi in genere ib. e. a.
3) Diss. de arte abstrahendi in formandis notionibus, ib. 1714.
4) Diss. de crimine conatus præside Gui. Hier. Brucknero, ib. 1735.
5) Commentationem iuridicam, in qua præcognita Jurisprudentiæ Romanæ Mathematicorum ordine explicantur. Jenae 1736. 8.
6) Anhang zu Herrn Hofrath B. G. Struvens Universal-Historie, Jena 1736. 8.
7) Consultationem Academicam de quæstione: An hæredis institutio, legatis præmissis valeat verbis: JAVOLENO reliqua omnia bona lego, Jenae 1736. 4.
8) Orationem de cladis propter Mühlbergam causis, ib. 1736. 4.

Auſſer dieſen Schriften ſoll er annoch
Diss. de felicitate philosophica, de arte abstrahendi in formandis propositionibus, de prudentia politica eine Lob- und Trauer-Rede auf Ihro Hochfürstl. Durchlauchtigkeit Georg Albrechten, Fürsten von Ostfriesland, zum Drucke befördert, und einen Tractat de matrimonio per procuratorem inter principes, wozu er schon 103 Exempel aus der Historie gesammlet, unter seinen Handschriften hinterlaſſen haben.

"Her-

"Hertzog (3) war von vortreflichem Geist und es
"würde von denen vortreflichen Bemühungen dessel-
"ben, so lauten die Worte des Verfassers seines Le-
"bens, welchen ich oben angeführet habe, die gelehrte
"Welt ungemeinen Vortheil gehabt haben, wenn nicht
"ein allzufrüher Tod diesen geschickten und wackern
"Mann in der besten Blüthe seines Alters der Zeit-
"lichkeit entrissen hätte. Man hat indes damals in
Jena davor gehalten, daß er ein sehr großer Mann
geworden seyn würde, wenn er allein bey der Welt-
Weisheit geblieben wäre, und sich nicht in die Rechts-
Gelehrsamkeit gemischet hätte.

Was seinen Ruhm auch noch bis zum heutigen
Tage verherrlicht, ist dieses, daß er den ersten Grund
zu der Lateinischen Gesellschaft geleget hat, welche noch
jetzo in Jena blühet. (4)

Eduard

(3) Man muß mit ihm Friedrich August Hertzog nicht
verwechseln, welcher Actuar bey dem Schöppen-
Stuhl zu Magdeburg gewesen und eine Sammlung
auserlesener *Responsorum Juris Criminalis*, mit Leysers Vorrede von dem Vorzugs-Recht der Frauens-
Personen bey dem Laster des Ehebruchs in 4. herausgegeben hat. 1745. Und welcher derjenige ist,
von welchem *Leyser in Meditatt. ad Pand. Vol. X.
pag. 132-139.* redet.

(4) Am angeführten Orte Seite 703 und die daselbst angezogene Einleitung zur Historie der Lateinischen
Sprache des M. Johann Adam Webers.

Eduard Meiners.
Gestorben den 19ten December 1752.

Eduard Meiners ist 1691 den 22sten des Monats Julius zu Emden gebohren. Sein Vater war Wiard Herrmann Meiners, Bürger-Hauptmann dieser Stadt.

Der Vater ließ es an allem, was zum Unterricht seiner Söhne erforderlich war, nicht ermangeln, und dieser sein Sohn war von so fähigem Verstande und von so großem Fleiß, daß er mit seinem ältesten Bruder, welcher den Arzeney-Wissenschaften gewidmet war, schon im sechszehnten Jahre seines Alters sich nach der Universität Leiden begeben konnte. (1) Daselbst suchte er mit ungemeinem Eifer und ununterbrochener Emsigkeit die philosophische historische und die höhere Wissenschaften der Gottesgelahrheit unter Anführung der Weltberühmten Männer, eines Jacob Perizonius, Carolus Schaaf, Salomon van Till, Franziskus Fabricius zu erlernen.

Ganze vier Jahr hielt er sich zu dem Ende zu Leiden auf, und kehrete sodann mit seinen aus allen Theilen der Wissenschaften eingesammleten Schätzen wieder in sein Vaterland zurück.

Bey dem Coetus zu Emden, so wird hier zu Lande das Consistorium Ecclesiasticorum genannt, vor welchem die Candidaten der reformirten Religion

---

(1) Diese Nachricht ist aus dem mehrgedachten Manuscript des adelichen Hauses Grimersum Seite 403.

examiniret werden müssen, bevor ihnen die Canzel eröfnet werden kann, bestand er mit großem Ruhm und dahero konnte es nicht fehlen, daß er bald zu einem Amte im öffentlichen Gottesdienst gelangte.

Im Jahr 1712 wurde er als Prediger nach Groothusen berufen, im Jahre 1715 nach Westerhusen und im Jahr 1717 nach Wehner, woselbst er auch des dasigen vormaligen Predigers Hermann Rösingh Tochter heyrathete. Im Jahre 1723 den 26ften August wurde er als Prediger nach Emden berufen und daselbst den 10ten October eingeführet. In diesem Amte ist er auch beständig geblieben und als der Vorsitzer des Embischen Coetus, H. G. Swarte, verstarb, erlangte er das Präsidium in diesem Collegio, die höchste Ehren=Stelle, wozu hier zu Lande ein der reformirten Religion zugethanener Gottesgelahrte gelangen kann.

In seiner Ehe lebte er zwar eine sehr gute Zeit ganz vergnügt, mußte aber zuletzt noch das bittere Schicksahl erfahren, daß nicht nur seine Ehefrau Trientje Rösinghs im Jahre 1746, sondern auch sein einziger Sohn, Herrmann Meiners, welcher bereits studiret hatte, schon examiniret und gar seit fünf Monaten Prediger in der hiesigen Herrschaft Jarßum war, in dem Jahre 1749 mit Tode abgingen. Er selbst aber lebte dennoch nachhero ungefehr drey Jahre, indem er in seiner Vaterstadt Emden den 19ten December 1752 sehr schleunig an dem nemlichen Tage, als er noch in der sogenannten neuen Kirche daselbst über Job XI. vers 13. geprediget hatte, im 62sten Jahre

sei=

feines Alters verstorben ist. (2) Er hat hinterlassen drey Töchter; Jedoch aber auch zugleich folgende wichtige Schriften:

Christus alles en in allen. 2 Theile. Emden 1724. in 8vo.

Practyk des Christendoms. Groningen 1734. in 8vo.

Verklaaring van den Oftvriefchen Catechismus. Emden 1737. in 8vo. und nachhero vermehrter. Emden 1740. in 4to.

Lykpredicatie over G. H. Swarte, uit 2 Thim. 4. in 8vo.

Lykpredicatie over G. C. Refe, uit Pf. 89. 49.

Kort Opftel over de Waerheeden.

Levens-Befchryvinge van Joh. Everhardi. 1735.

Prakticale Gods-Gelaarheyd. 1738. in 8.

Kerklyke Gefchiedeniffe van Ooftvriesland. 2 Deelen. 1738. in 8.

Verdediging van de Kerkelyke Gefchiedeniffe.

Jefus de uitverkoorne Geneesmeefter. 1740.

Verklaaring over den Brief Pauli an de Romeinen. 4 Deelen. Emden 1742-744. in 4to.

Schriftuirlyke Wegwyfer. Emden 1747-753.

Das

(2) Reershemius Nachrichten von diesem Manne in dem Lutherischen Prediger-Denkmahl Seite 616 sind also ganz richtig, nur hat er das Sterbe-Jahr unrecht auf 1753 gesetzet. Jedoch wird dieses wohl nur ein bloßer Druck- oder Schreibfehler seyn, indem er in dem Reformirten Prediger-Denkmahl Seite 45 das Sterbe-Jahr richtig angiebt.

Das Hauptwerk unter diesen Schriften ist die Ostfriesische Kirchen-Geschichte. Er hat dieselbe mit meisterhafter Hand ausgearbeitet und dazu so viel er thun können, alles sorgfältig gesammlet und der Nachwelt solche Stücke aufbehalten, welche, wenn sie 100 Jahre weiter fortgerücket, unstreitig verlohren gewesen seyn würden.

Wegen dieser seiner Ostfriesischen Kirchen-Geschichte gerieth er mit dem damaligen hiesigen Hochfürstlichen Hof-Prediger Bertram in eine öffentliche Streitigkeit.

Die Gottes-Gelahrte unserer Stadt Emden haben jederzeit behaupten wollen, daß zur Zeit der schon ums Jahr 1519 angefangenen Kirchen-Verbesserung, Ostfriesland der reformirten Religion zugethan gewesen. Die Emder Prediger, besonders die beyde Harckenrothe und Outhoff haben solches von neuem in gedruckten Schriften zu zeigen gesuchet. Sie haben behauptet, daß die Städte Aurich, Norden eben sowohl wie die Stadt Emden der reformirten Religion zugethan gewesen und dabey geblieben seyn, bis zum Absterben der Gräfin Anna, der Mutter Grafen Edzard des zweyten, daß zwar auch deren jüngster Sohn, Graf Johann, beständig bey der reformirten Religion geblieben, der älteste der regierende Herr Edzard aber durch seine Gemahlin, die Königliche Prinzeßin Christine von Schweden, welche der lutherischen Religion eifrig zugethan gewesen, davon abgeleitet worden.

Gerhard Outhof (3) hat dieses daraus zu erweisen vermeinet, 1) weiln im Anfange der Abschaffung

des

---

(3) *Warschouwinge an alle Kristenen en Geschiedeniskundigen Berige van de Kerckbervorminge in Zwitser-*

des Pabstthums noch kein Unterscheid zwischen Lutheranern und Reformirten bekannt gewesen, daß die reine Lehre des Evangeliums in Aurich durch Henricus Bruno und zu Norden durch Johann Stephanus 1519 und durch Georg Aportanus zu Emden 1520 hier zu Lande so eingeführet, als wie sie von denen Reformatoren, Luther, Zwinglius, Carlstadt, Oecolampadius und andern, welche im Jahre 1529 den Namen der Protestanten bekommen, verfochten worden,

2) Weiln die Uneinigkeit wegen des Abendmahls zwischen Luther und Carlstadt allererst im Jahre 1524 und noch später zwischen Luther und Zwinglius entstanden, man also in den Jahren 1519. 1520. 1521. 1522. 1523. 1524. 1526 und 1527 von keinem Unterscheid beyderley Religionen gewußt habe, auch um deßwillen diesen Unterscheid

3) nicht in den ersten Jahren wissen konnte, weiln Luther in seinen ersten Schriften, welche man hier zu Lande damals nur erst gehabt, selbst in der Lehre vom Abendmahl noch dasjenige nicht gelehret hatte, was er und seine Anhänger nachhero vertheidiget haben. Operum Vitembergens. Fol. 31, a. Tom. 6, Fol. 194.

4) Hätten doch auch die Lehrer zu Aurich das Glaubens-Bekänntnis der Emder Geistlichkeit im Jahre

---

serlands, Duitsland en in Oostvriesland. Ewden 1723. in 8. im 14ten *Byvoegsel* Seite 649 welchem die beyde Harckenrohte, der erstere in den *Ostfries. Oersprongslickheden* und der zweyte in der Vorrede zu Beningas Chronik nachgegangen,

Jahre 1528 gedruckt mit unterschrieben, ja alle übrige Prediger des Landes zu einer Zeit, da man von einer Augsburgischen Confeßion noch nichts wuste, als welche allererst ein Jahr nachhero 1530 auf dem Reichstag dem Kayser Carl dem fünften übergeben worden,

5) auch wäre der dritte Auricher Prediger Johann von Gröningen, Oldeguil genannt, im Jahre 1530 von Aurich nach Emden berufen worden, welches nicht seyn können, wenn Aurich damals nicht reformirt gewesen.

Im Jahre 1731 gab der damalige Fürstliche Hof-Prediger Johann Friederich Bertram heraus:
Summarische Erzählung der Ostfriesischen Reformations-Geschichte von Ao. 1519 bis 1535. (4)
In dieser Abhandlung suchte er zu behaupten, daß Ostfriesland zur Zeit der Reformation der Evangelisch-Lutherischen und nicht der reformirten Kirche beygetreten sey.

Im folgenden Jahre führete er diese Materie weiter aus in einer Schrift:
Historischer Beweis, daß Ostfriesland zur Zeit der Reformation der Evangelisch-Lutherischen und nicht der Reformirten Kirche beygetreten sey. Oldenburg 1732.
welche er selbst eine Apologie wider die Emder Prediger die beyde Harckenrohte und Outhof nennet und

worinn

---

(4) Es ist der 2te Anhang seines Historischen Berichts von dem in Ostfriesland gehaltenen Evangelischen Jubel- und Dank-Fest wegen der vor 200 Jahren geschehenen Uebergabe der Augspurgischen Confeßion Braunschweig 1731. in 4.

worinn er seinen Satz mit zwanzig Beweis-Gründen
zu bestärken suchet. (5)

Dieselbe bestehen hauptsächlich darinn, daß Graf
Edzard der erste durch Luthers Schriften zur Reformation bewogen worden, wie sowol unsere Geschichtschreiber Beninga, Emmius, und von Wicht in Annalibus bezeugen, als auch selbst Emder reformirte
Prediger Eilshemius und Abraham Scultetus gestunden. Unser vortrefliche Ulrich zu Dornum und Oldersum Häuptling, sodann die in Ostfriesland aus
andern Landen gezogene Geistliche, Brunius, Resius,
Aportanus und andere hätten ihre Evangelische Lehre
aus den Schriften Luthers nicht aber aus eines Schweitzerischen Gottes-Gelahrten Schriften gefasset. Graf
Edzard sowol, als sein Sohn und Nachfolger am Regiment Enno der andere habe keinen einzigen Prediger
aus der Schweitz, sondern solche alle aus Wittenberg
anhero kommen lassen, und sowohl damals, als in
den zunächst folgenden Jahren hätten alle Ostfriesen
die Gottes-Gelahrheit zu Wittenberg studiret. In
dem zu Oldersum gehaltenen Religions-Gespräch so
wenig als in Resius Gesang als den beyden ersten
Denkmählern der Lehre damaliger hiesigen Kirchen-
Reformatoren finde sich keine Spuhr von der reformirten Lehre, vielmehr lauteten in dem letzteren die
Worte in unsern ältesten Gesangbüchern in dem Gesang: O Christ wir danken deiner Güte 2c. folgendergestalt:

Deinen Leichnam uns zur Speise giebst,
Dein theures Blut zu trinken 2c.

---

(5) Man sehe davon die Hamburgische Berichte von Gelehrten Sachen des Jahres 1733. Num. 20. S. 165.

In der Kirchen-Ordnung vom Jahre 1593 wären gnugsame Spuren anzutreffen, daß Graf Enno die Augsburgische Confeßion in seinem ganzen Lande, als ein symbolisches Buch an- und aufgenommen habe. Hätte doch auch derselbe durch zwey Lüneburgische Lutherische Prediger die neue Kirchen-Ordnung aufertigen lassen, und wäre es nicht Geschichtkundig genug, daß verschiedene Prediger, welche sich der Augsburgischen Confeßion und der Kirchen-Ordnung nicht unterwerffen wollen, abgesetzet und das von solcher Zeit an alle Prediger auf diese beyde allemal verpflichtet worden. Selbst in den Kirchen der Stadt Emden wären die Bilder bis zum Jahre 1543 gelassen. Bis zum Jahre 1545 wären keine andre Catechismusse in Gebrauch gewesen, als Luthers und Brentius. Und was wären denn damals vor Gesänge in den Kirchen des Sonntags zum Gottesdienst gesungen —? Im ganzen Lande auch selbst in Emden keine andere als Luthers und seiner Mit-Gehülfen Gesänge, wie die alte Gesang-Bücher zeigeten. Was übrigens Hamconius in Frisia von dieser Sache melben wollen, verdienete keinen Glauben, weiln er ein Ausländer sey, und von der Sache nicht eigentlich unterrichtet gewesen.

Meiners grif diese Schrift in seiner Kirchen-Geschichte an und bemühete sich mit dem größten Fleis alle diese Beweis-Gründe zu widerlegen. (6) Er behauptete, Graf Edzard der erste habe zwar durch Luthers Schriften die reine Lehre des Evangeliums erlernet, er habe aber, wie Beninga, welcher an seinem

---

(6) Im ersten Bande im 8ten Haupt-Stück von Seite 161 bis 194.

nem Hofe sich aufgehalten, sich hauptsächlich an die Bibel gehalten, in Luthers Schriften wäre damals das noch nicht zu finden gewesen, was er nachhero in dem Punct vom Abendmahl gelehret, es sey, meinet er, nicht erwiesen, gestalt Ulrich von Dornum und die übrige damalige Reformatoren den besonderen Lehrbegriffen Luthers in allen Stücken zugethan gewesen, man gebe zwar vor, Johann Stephanus sey im Jahre 1520 von Wittenberg verschrieben, wenn aber auch dieses wahr wäre, so erscheine zwar, daß Graf Edzard Luthern und dessen Lehre hochgehalten, weiter aber auch nichts, indem man damals von Streitigkeiten noch nichts gewußt, vielmehr nur mit vereinigten Kräften für einen Mann wider das Pabstthum gefochten habe. Aportani Gesinnungen wegen des Abendmahls erschienen aus denen nun von ihm beygebrachten Articulis klar genug: Und wenn gleich in dem Gespräch zu Olbersum und in dem Resiusschen Gesang keine Beweise für die Zwinglische Lehre und seine Hypothese vorhanden wären, so würden dem doch auch keine Beweise für die Lutherische Lehre und die Bertramsche Hypothese darin angetroffen. Resius Worte in dem alten Emder Gesang-Buch kämen vielmehr mit den Worten Johannis am 6ten v. 53=56 überein.

Dyn Lycham ons thor Spyze gift,
Dyn düre Blodt tho drinken,
Dat wy gestärket in dem Geist,
Den olden Menschen krenken,
Unde wassen in der nye Gebordt
Dat jo dat Brodt der Kindern vort
Den Hunden nig gereiket.

Allerdings müsse man auch glauben, daß Graf Edzard des ersten Söhne Enno und Johann, wie die Zwinglische Lehre vom Abendmahl ruchtbar geworden, sich wohl darum würden bekümmert haben, zumahlen da Graf Johann einen beständigen Hang für das Pabstthum gehabt und zuletzt gar Catholisch geworden. Man müßte hier sich auch nicht auf die Gesinnungen seines Bruders des Grafen Enno des zweyten, sondern auf die seines Vaters, des Grafen Edzards sehen. Hamconii Zeugnis von jenem Hic sacra, quorundam suasu, mutavit avita sey so verwerflich nicht, als Bertram vorgebe. Wenn gleich ferner dieser Graf Enno der andere die Augspurgische Confeßion als ein symbolisches Buch in seinen Landen angenommen habe, so erweise doch solches nichts, man müßte auf Edzards Zeiten zurückgehen. Die Lüneburgische Kirchen=Ordnung wäre zwar von Lutherischen Predigern abgefasset, nie aber im Lande publiciret, gedruckt noch allgemein angenommen worden. Ueberall erweise dieses nichts, weiln es nicht zu Graf Edzards Zeiten sich zugetragen. Wahr sey es zwar ferner, daß einige Prediger, als Regnerus, Johann von Grönningen, Lübbertus Cantius abgesetzet worden, weiln sie sich der Lüneburgischen Kirchen=Ordnung widersetzet, es sey aber unwahr, daß sie darum abgesetzet, weiln sie sich wider die Augspurgische Confeßion aufgeleget hätten, und eben darum erweise dieses noch nichts wider seinen Satz, daß sie der reformirten Religion zugethan gewesen, übrigens platterdings läugnend, daß von solcher Zeit an die Prediger auf die Lüneburgische Kirchen=Ordnung und Augspurgische Confeßion verpflichtet worden. Es sey auch lange so ausgemacht noch
nicht,

nicht, als Bertram unterstelle, daß die Kirchen zu Aurich, Norden, Hage, Nesse, Dornum und andere zu Anfang der Reformation Lutherisch gewesen. Die Bittschrift der Prediger vom Jahre 1528 und 1530 (7) scheine dieses einigermaßen zweifelhaft zu machen. Der Umstand, daß die Studenten damals die Universität Wittenberg, nicht aber Niederländische oder Schweizerische Lehrstühle besuchet, um die Gottes-Gelahrheit zu erlernen, erweise nichts, gehöre auch nicht in die erste Epoche der Reformation und vielleicht wäre es nicht jedermanns Gelegenheit gewesen, nach der Schweitz zu reisen, zudem wäre Wittenberg nicht blos wegen Luther, sondern auch zugleich wegen des großen Melanchthons sehr berühmt gewesen. Das von der im Jahre 1543 allererst geschehenen Wegräumung der Bilder aus den Kirchen in Emden hergenommene Argument erweise nichts, weiln nicht zugleich dargethan worden, daß die erste Reformatoren davor gehalten, daß die Bilder in den Kirchen ungeschadet der Abschaffung des Pabstthums wohl geduldet werden könnten. Luthers und Brentius Catechismus wären hier zu Lande zwarn überall gebrauchet, allein dieses wäre nicht in der ersten Zeit gewesen, indem Luther sein Catechismus allererst im Jahre 1527 (8) herausgekommen wäre. Und endlich hielten die alte Gesang-

bü-

(7) Man sehe oben Outhofs Argument Num. 4.

(8) Der kleine und grosse Catechismus Lutheri ist nicht wie oben, wahrscheinlich aus einem Schreib- oder Druckfehler von Meiners angegeben worden im Jahre 1527, sondern 1529 in Druck herausgekommen. Herrnschmidts Beschreibung des Lebens D. Martin Luthers. Halle 1742. Seite 130 §. 33.

bücher zu Embden zwar Luthers Gesäng: in sich, allein keine solche, welche dem Zwingliuschen Lehr-Begrif zuwider wären.

Aus diesen Gründen vermeinet nun Meiners den Hofprediger Bertram widerleget zu haben, wenigstens glaubet er 1) daß man nicht mit Gewißheit behaupten könne, von welchen Gesinnungen Graf Edzard und die erste Reformatoren in der Lehre von dem Abendmahle gewesen, daß dieselbe 2) sich nur einzig und allein mit vereinigten Kräften verbunden, den päbstlichen Aberglauben auszurotten, Aportanus habe 3) im Jahre 1526 in seinen Artikeln deutlich gesaget, welcher Meinung er in der Lehre vom Abendmahl sey, ohne Zweifel würde er solches öffentlich geprediget haben; und dennoch hätte niemand, es sey Graf Edzard oder einer der übrigen Reformatoren ihm darunter Hinderung in den Weg geleget, ersterer habe vielmehr sehr viel von ihm gehalten und die letztere hätten mit ihm in brüderlicher Liebe gelebt, daher es denn sehr wahrscheinlich sey, daß Graf Edzard und die übrige erste Reformatoren in diesem Stück vom Abendmahl mit ihm gleicher Gesinnung gewesen. Nachhero hätten 4) sehr viele, wo nicht alle Prediger in den Glaubens-Bekänntnissen vom Jahre 1528 und 1530, deren ersteres Bertram selbst ein Zwingliusches Formular nenne, gleiche Gesinnungen geäußert. Und hierwider hindere nichts, wenn gleich Aportanus und einige wenige seiner Anhänger solche abgefasset haben möchten, durch Unterschrift hätten sie doch solche genehmiget, hingegen sey nicht erwiesen, daß die Anabaptisten, besonders Carelstadt, der sich damals einige Zeit hier in Ostfriesland aufgehalten den Aportanus und

einige andere verführet haben. Man könne auch
5) sehr leicht ermessen, daß wie die Sacrament-Streitigkeiten auch hier zu Lande erwachsen und Graf Enno der andere die Lüneburger und Bremer Gottes-Gelahrte anhero kommen lassen, um diesem Unwesen Einhalt zu thun und Luthers Lehre mit Gewalt durchzusetzen, es unter den Predigern dergestalt gegangen, daß ein Theil bey seiner alten Lehre geblieben, ein anderer etwas nachgebender geworden und noch ein anderer zu Luthers (9) Lehre übergegangen sey. Bey allen solchen Umständen sey er demnach am mehresten geneigt, zu glauben, daß Graf Edzard der erste, Aportanus und andere der ersteren Reformatoren dieses Landes in der Lehre vom Abendmahl in solchen Gesinnungen, wie in jenen obenerwehnten Glaubensbekänntnissen vom Jahre 1526 geäußert worden, so lange gewesen und geblieben, bis diese Lüneburger und Bremer Prediger hier angekommen.

Der Hofprediger Bertram saß bey dieser vermeinten Widerlegung seines Historischen Berichts nicht stille, sondern vertheidigte solchen und die von ihm darin vorgetragenen Säze in seiner erläuterten und vertheidigten Ostfriesischen Reformations- und Kirchen-Geschichte (10) mit vieler Lebhaftigkeit, auch mit

eini-

(9) *Voor wien men met Recht en Reden groote ageing hadde* fügt er hinzu.

(10) Der eigentliche Titul dieses Werks ist: Erläuterte und vertheidigte Ostfriesische Reformations- und Kirchen-Geschichte, sammt einer historischen theologischen Untersuchung der 1535 eingeführten Kirchen-Ordnung. Aurich 1736. in 4. 20 Bogen.

einiger Heftigkeit wider Meiners, darauf denn dieſer, welcher ſchon darüber etwas aufgebracht geweſen zu ſeyn ſcheinet, daß Bertram in ſeinen l'arergis S. 150 geſchrieben hatte, poſſent utique, ſi vellent, Emdane Hiſtoriam Friſiæ Evangelicæ & reformatæ egregie condere, tanta oprimorum Documentorum farragine inſtructi. Utinam producerent antiquitatis monumenta *integra et ſine dolo* alsbald die Schrift, welche ich unter ſeinen Werken angeführet habe, Beveſtiging en Verdediging drucken ließ, (11) den Bertram einen Phariſäer ſchalte und mit folgendem Macht-Spruch heraustrat:

Ik neeme dan ook eens de ſpreekbeurt op, en betuige opentlyk voor al de Waereldt, zonder te aarzelen:

Het is de gereformeerde Religie! (12)

Die

(11) Der ſehr umſtändliche Titul dieſes Buchs iſt folgender: *Beveſtiging en Verdediging van Ooſtvrieſchlandes Gereformeerde Hervorminge of en uitvoerig en gegrond: Vertoog Dat in 's begin der Hervorminge, onder de Regeringe van Graaf Edzard den 1ſten, door openslyk Gezag, of met Kenniſſe en Goedskenringe der Overheids, niet de Evangeliſch Luterſche maar de Gereformeerde Lere in Ooſtvrieſchlands ingevoert zy: wordende alle uitvluchten en bedenkingen daartegen, onlangs in een zeker Partydig Geſchrift opgegeven, weggeruimt- en op de batelyke bewoordingen en ongegronde beſchuldigingen, in dat Geſchrift voorkomende, behoorlyk geantwordt. Uit Liefde tot de Hiſtoriſche Waarheit, en om andere gewigtige redenen opgeſteelt Door Eduard Meiners Predikant te Emden.* Emden 1738. in groß 8. 203 Seiten.

(12) Seite 28.

Die Sache ist von solchem Belang heutiges Tages, da wir jetzo unter dem toleranten Scepter des Preußischen Monarchen leben und der damalige Enthusiasmus zu Emden für die reformirte Religion in die Schwindsucht übergegangen ist, nicht mehr, daß es nöthig seyn sollte, die widerseitige neue Beweise und Vertheidigungen im Detail durchzugehen und gegen einander zu halten. Alles gehet ohnehin auf dasjenige hinaus, was ich vorhin davon erzählet habe. Die eigentliche Duplic=Vertheidigung gehet von S. 11 dieser Schrift bis zu deren Ende. Man muß sie selbst lesen, wenn man über diese heutiges Tages so wenig wichtige Streitigkeit sich näher belehren will. Folgende Stelle darf ich jedoch nicht übergehen: (13)
"Wy Emder Predikanten met malkanderen
"gaan in't behandelen van de Verschil-Puncten
"tusschen ons en de Evangelisch-Lutherschen
"op de volgende wyze te werke: Zonder noodt-
"zakelykheit rakenwe de zelve niet aan; doch
"als het geschieden moet, de stoffe het onver-
"mydelyk medebrengende, dan stellenwe ons
"gevoelen voor, wy bevestigen het uit de H.
"Schrift, de tegenwerpingen lossenwe op, en
"dat zedig met alle Bescheidentheit. Zomtydts
"noemenwe niet eens de gene, met welke wy
"in verschil zyn; doch als wy dezelve uitdruk-
"ken, dan sprekenwe van Luther onder de be-
"namingen van Doctor Luther en Man Godts
"en van de Evangelisch-Lutherschen onder die
"van de Broeders der Augsborgsche Belyde-
"nisse. Zo is ons gedrag in dezen; en wie kan
"'er wat op te zeggen hebben?„

(13) Seite 199.

Mein

Mein Urtheil über diese Contro
weiln ich ein Lutheraner bin, ich wi
auswärtiger Catholischer Gelehrte da
ertheilen mögte; so stark ich aber au
Landsmann, Meiners, mit der größ
eingenommen bin, so sehr befürchte id
der Ausspruch wider ihn ausfallen di
1) von selbst in die Augen, daß wenn
Reformation unter dem Grafen Ed;
auf welchen Zeitpunct Meiners die C
ner Kirchen-Geschichte sowol, als hie
zurückgeführet wissen will, noch kein
ligion, in dem jetzigen Verstande, in
sen, Ostfriesland auch im Anbeginn d
besserung nicht der jetzigen reformirte
than gewesen seyn könne. Es ist 2)
Graf Edzard durch keine andere, als
ten zum Licht der Wahrheit gekomm
dem Reformations-Werke keine ander
bergische und Lutherische Gottes-Gela
wie selbst der erst lutherisch gewesene,
mirt gewordene Emmius bezeuget v
gend und unwiderleglich. Und dann
Bertram und Meihers 3) beyde nid
Edzards Nachfolger am Regiment, (
dem Reichstage zu Augspurg seinen C
von Knyphausen gehabt, und dur
Augspurgische Confeßion dem Kayser
ben übrigen protestantischen Ständen
Es hat auch 4) ein Lutherischer Predi
der Ostfriesischen Kirchen-Geschichte se
werflichen Gründen gezeiget, welcher

nula Concordiæ in Ostfriesland zu einem symbolischen Buche angenommen worden. (14)

Was das beste an dieser polemischen Schrift des
Reiners war, bestehet darin, daß er eine ihm von
em Professor Gerdes zu Gröningen mitgetheilte
ortrefliche Urkunde zu unserer vaterländischen Kir-
hen-Geschichte bekannt machte, und dabey zugleich
nzeigte, zu welchen Stellen seines Werks dieselbe,
ls Supplemente dienen können. Es sind folgende:

. Het Testament van Georgius Aportanus, met
 zyne eige Handt, gelyk de Heer Gerdes
 bericht, geschreven; luidende het Op-
 schrift aldus:
 Dyt is dat Testament Mester Jurgens by den dare
 1ste Deel *p.* 110.
I. Altingii responsso ad Comitis Edzardi propo-
 sitionem. 2de Deel p. 260.
II. Gerhardi ten Camp litteræ ad Herm. Len-
 tium in causa Fusipedii &c. p. 219.
V. Literæ Pastoris Reepsholtani ad Johannem
 a Lasco An. 1547 d. 7 Sept. datæ, quæri-
 moniarum plenæ. p. 294.
. Annæ Comitissæ quædam edita Rescripta
 adversus Dav. Joris & Anabaptistas 1549,
 p. 276.
I. Literæ Mscpt. ad Brassium, Bramium &
 Veltmannum Pastores Emdanos 1552,
 Scriptæ p. 355.

VII.

(14) Joachim Christian Jhering Erörterung der Frage,
ob und welchergestalt die *Formula Concordiae* in
Ostfrießland zu einem symbolischen Buche angenommen sey. Mscpt.

VII. Edictum Annæ Comitiffæ adverfus Anabaptiftas. d. 20. Febr. 1557. datum p. 362.
VIII. Literæ Ligarii Fil. ad Menfonem Altingium datæ An. 1592. 2de Deel p. 388.
IX. Querela ab omnibus Coetus Paftoribus. An. 1565. d. 27. Jun. Auricæ Comitibus oblata 1fte Deel. p. 404.
X. Literæ Ligarii ad Johannem Comitem den 3den Maii 1567 datæ, cum Nordæ abire coactus effet. 2de Deel p. 83.
XI. Edictum fenatus Antverpienfis. An. 1567 p. 83.
XII. Literæ Altingii ad Ligarium d. 13 Dec. 1577 datæ, in quibus eum, ne Ecclefiam Nordanam turbet, hortatus. p. 84.
XIII. Literæ Ligarii refponforiæ ad Altingium datæ d. 3 Febr. 1578 p. 84.
XIV. Adolphi manus d. 23 Maji 1578 p. 87.
XV. Literæ Altingii ad Edzardum Comitem fcriptæ, cum Formulam concordiæ trans mitteret. p. 95.
XVI. Petreji epiftola ad Ligarium & Ligari refponfio. p. 124.
XVII. Edzardi Comitis Refcriptum d. 17. Dec 1579 quo mandat, ut Emdani fuam Confeffionem e Germanica in Latinam linguam transferrent, idque ut, nichts darzu, an oder abgefetzet werde. p. 150.
XVIII. Hortatur Johannes Comes Emdanos d 1. Jan. 1580 ne Edzardi Comitis Refcrip moram gerant, fufcipatus, hanc transl

tic

tionem non Concordiæ inservituram, sed
nova diffidii femina sparsuram esse p. 150.
XIX. Emdensium Excusatoriæ ad Comitem Edzardum. d. 4 Jan. 1580. datæ. p. 150.
XX. Literæ Coetus Pastorum ad Edzardum Comitem d. 20. Januar. 1580. p. 159.
XXI. Literæ Comitis Johannis ad Pastores Emd. datæ d. 26. Jan. 1580. p. 165.
XXII. Literæ Ligarii ad Coetus Delegatos & horum Responsoriæ p. 178.
XXIII. Literæ Delegatorum ad Ligarium d. 26. Aug. 1580. p. 180.
XXIV. Decretum in Coetu d. 15. Apr. factum. p. 196.
XXV. Historia, quæ p. 200. l. c. enarratur, ab Altingio consignata.
XXVI. Scriptum Concionatorum novem excusatorium. p. 199.
XXVII. Comitis Edzardi Rescriptum reprehensorium ad quatuor Concionatores datum. p. 263.
XXVIII. Secretari Paulini responsio ad Comitem Edzardum, a quatuor Pastoribus subscripta. p. 263.
XXIX. Edzardi Comitis responsio. p. 270.
XXX. Copia dessen, dat etliken der Erb-Burgerschaft d. 1. May 1589. in der Kerken mith openen doren verzamblet von uns vorgelezen. p. 282.
XXXI. Der zamptlichen Prediger reinen Christliche Lehre zu Emden erinnerung bey diezem Grüfflichen mandat. p. 283.

XXXII.

XXXII. Enarratio totius caufæ propria Altingii manu confignata. p. 283.

XXXIII. Supplex libellus ad Comitem Edzardum pro reftituenda Ecclefia p. 288.

XXXIV. Literæ Ennonis Comitis ad Altingium de articulis pacis Delfz. p. 310.

XXXV. Literæ Ennonis Comitis de erigenda Concordia Reformatos inter & Lutheranos. Refponfio Paftorum Emd. ad illas literas. p. 330.

Ook heeft de Heer Secretarius Hayckens my noch mede gedeelt eenen Latynfchen Brief van Nicolaus Selneccerus an Alting gefchreven, nevens Selneccerus Bedenkingen over den Emder Catechismus. p. 288.

Er verfprach diefelbe, als eine Nachlefe oder als Supplemente zu feiner Kirchen-Gefchichte drucken zu laffen, er ift aber, vermuthlich in der Hofnung noch etwas mehrers zu fammlen, darüber weggeftorben.

Bertram hat auf diefe Schrift nicht geantwortet, ift auch bald nachher verftorben, er foll aber, wie Reershemius (15) erzählet, jemanden der ihn gefraget, ob er folches nicht thun wolle, folgendes in Antwort gefandt haben; (16)

Sieh'

---

(15) Im Lutherifchen Prediger-Denkmahl. Seite 91.

(16) Ich fchreibe diefe Antwort nur ab, ohne daran Theil zu nehmen.

Sieh' da ein Buch, woran die Stirn von Andacht
glühet;
Der Magen und das Herz voll bittrer Galle
ist:
Das für die Wahrheit ficht, fürs Recht zu Felde
ziehet;
Und doch die Wahrheit kränkt, das klare Un-
recht küßt:
Das viel von heisser Lieb, vom theuren Frieden
schwätzet;
Und den verboßten Fuß auf beyden grimmig
setzet.
Du sprichst: ich weis nicht, wie man so verschiedne
Dinge
Doch unter einen Hut mit Fug zusammen
bringe?
Borg nur den Hut mein Freund, den dieser Schrei-
ber hat,
So ist es leicht gethan, er heißt: Significat:

Ich habe, um die Pflicht eines richtigen Biogra-
phen zu erfüllen, diese Controvers umständlich erzählen müssen, kann mich aber dabey nun nicht länger
aufhalten, weiln man zu der Frage, ob in dem allerersten Anfang der Reformation die allgemeine Kirche
in Ostfriesland lutherisch oder reformirt gewesen, heutiges Tages denken kann, was der berühmte Conrad
Celtes von der Schul-Gelehrsamkeit seiner Zeit gesaget hat: (17)

„Est

(17) *Lib.* 3. *Amorum, Elegia* XI. *Fol.* L, b. *Nürnberg*
1562. *in* 4.

"Est quem per totum Dialectica sauciat an-
num,
"Cuilis de *Rebus*, *Nominibusque* venit;
"Bella chimerifico cui funt rabiofa tumultu,
"Dum fervet totis rixa proterva fcholis.
"Cum *res* defendit, cui *nomina* praetulit alter
"Pro quorum rixis non faba danda mihi.

Ich will nur noch anzeigen, daß ich geglaubet habe, wegen der Urkunden, so der Profeſſor Gerdes dem Meiners mitgetheilet und dieſer nachhero nicht herausgegeben hat, meine Landesleute durch eine Anzeige daß der Profeſſor Gerdes nachhero dieſe Stücke ſelbſt habe abdrucken laſſen, ſchadelos zu halten, allein es iſt mir fehlgeſchlagen. Dieſer Daniel Gerdes (18) der Gottes-Gelahrheit Doctor, Profeſſor auf der Univerſität erſt zu Duisburg und nachhero zu Gröningen und Mitglied der Societät der Wiſſenſchaften zu Berlin hat im Jahre 1748 herauszugeben angefangen: Scrutinium Antiquarium, ſive Miſcellanea Groningana ad Hiſtoriam Reformationis Eccleſiaſticæ præcipue ſpectantia (19) worin ſehr viele Urkunden zur Kirchen-Geſchichte, Brieſe von Gottes-Gelahrten, welche hier zu Lande in den erſten Zeiten der Reformation gelebet, Johann von Laſco, Martini, Micronius, Utenhovius, Gottfried von Wingene, Peter Medmann, der Embdenſchen Geiſtlichkeit, dem Ubbo Emmius, dem Emdenſchen Bürgermeiſter Herrmann Lenthe vorhanden ſind, allein
die

(18) Iſt verſtorben zu Gröningen den 2ten Februar des Jahres 1765. im 67ſten Jahre ſeines Alters.

(19) *Groninga & Brema* in 4.

die oben gedachte Stücke sind darin nicht anzutreffen, aller Wahrscheinlichkeit nach also verlohren gegangen, weiln Meiners keine Söhne hinterlassen hat, die des Vaters Versprechen erfüllen können.

Kein Schriftsteller unter allen Embder Gelehrten, dies muß ich zum Schluß noch bemerken, hat gegen das Gräfliche, nachmals Fürstliche Regierhaus mit mehrerer Mäßigung geschrieben, als Meiners. Er scheinet reine Grundsätze der Verbindlichkeit gegen seinen angebohrnen Landesherrn gehabt zu haben, die aus allen seinen Schriften deutlich durchschimmern. Auch verkennet er es nicht, daß man in den ersten Zeiten nach der Reformation von Seiten der Emdenschen Geistlichkeit, sowol in Religions- als Staats-Sachen zu übertrieben gehandelt habe, und daß besonders Menso Alting überall zu weit gegangen sey.

Eduard Meiners, dessen wohlgetroffenes Bildnis vor dem ersten Theil seiner Kirchen-Geschichte stehet, war einer der größten reformirten Gottes-Gelehrten in Ostfriesland, ein guter Exeget, ein practischer und feuriger Prediger, in der Geschichte seines Vaterlandes überaus wohl erfahren, vorzüglich aber in der Kirchen-Geschichte und stehet wohlverdient in der glänzenden Reihe derer vortreflichen Männer Ostfrieslandes, welche man der Nachwelt zur Verehrung, Dankbarkeit und Nachfolge darstellen kann.

Einige Zusätze und Verbesserungen.

Im ersten Bande.

Seite 5 Zeile 3 ließ: Grosvater Ajold.
» » » 4 » Grosmutter Occa.
» 135 Zeile 2 » den 22. Januar.
» 151 Zeile 24 » den 22ſten Januar. Siehe Calendarium Hiſtoric. a Davide Fabricio Mſpt. Monat Januar 1596.

Seite 180 Zeile 16 ließ: In ſolcher ſagt von Wicht, daß er ſie ſeit ꝛc.

Seite 190 Zeile 2 ließ: Geſtorben den 13ten Auguſt 1611.

Seite 192 Zeile 3 ließ: Er ſtarb den 13ten Auguſt 1611 ꝛc. S. Fabricii Calendar. Hiſtor. &c. Mſpt. menſ. Aug. 1611.

Seite 194 hinter Zeile 8 ſetze man hinzu:
2. Bericht vom chriſtlichen Leben und Seligen Abſchied des Grafen Caroli Ottonis, Wittenberg 1606. in 4. (4 b)

(4 b) Dieſer Carl Otto war der 6te Sohn des Grafen Edzard II. Er ging 1577 in den Ungariſchen Krieg, ſtarb aber, als er in ſein Vaterland zurükkehren wollte, 1603 zu Znaim in Mähren, nachdem ihm Gott, durch eine auſſerordentliche Stimme, ſein bevorſtehendes

des Ende bekannt gemacht, welche Begebenheit Eljenius in diesem Tractat S 15 umständlich angeführet, wie solches von Jacob Martini Professor zu Wittenberg in einem daselbst 1606 in 4. herausgegebenen Bericht S. 23. 24 gleichfalls geschehen.

Ibid. Zeile 9 lies 3.

Seite 207 bey der Lebensbeschreibung des David Fabricius, kann man aus einem sehr raren Manuscript dieses Mannes, welches dem Verfasser der Lebensbeschreibung nicht zu Gesichte gekommen, ein und anderes zur Ergänzung derselben mitteilen, wobey man bemerket, daß die darin herrschende Schreibart und Construction, dem Originale buchstäblich gleich, beibehalten worden. Dies Manuscript, welches folgenden Titel führet:

Calendarium Historicum Earum rerum quae ministerij mej tempore in Europaeo orbe hinc inde contigerunt, Nam praeteritorum (quorum Calendaria multa ac Varia reperiuntur) hic nulla mentio fit, A me Dauide Fabricio Esensi, pastore Resterhauensi collectum Anno 1590 & sequ. Klein Folio.

fängt eigentlich mit dem Jahre 1585 an, endiget sich mit dem Monat Januar 1613 und würde S. 217 unter No. 1 seinen Schriften beyzusezzen seyn.

Man findet nötig, zuvörderst eine kurze Beschreibung des Buchs selbst voranzuschikken, und dann dasjenige, was die Lebensumstände des Fabricius mehr aufklären kann, nachfolgen zu lassen.

Der Band selbst stammt her aus einem Closter der Minnoriten in Gent, die es zu einem Sterberegister der Kloster-Brüder bestimmt gehabt haben. Auf jeder Seite des Blatts ist ein rother Initialbuchstabe der in 3 Linien schwarz zu Anfang untereinander stehet, so daß die erste Seite A, die zwote B und so in Verfolg bis zu dem Buchstaben G jede Seite damit versehen, mit letzterm Buchstaben aufgehöret und darin allemal wieder mit A angefangen und auf ähnliche Art mit diesen 7 Buchstaben, als die 7 Tage der Woche fortgefahren ist. Gegen jeden rothen Buchstaben stehet das Datum des Monats, und wo ein neuer Monat anfängt, steht zuerst mit römischen Buchstaben KL. und denn der Name des Monats, beydes mit rother Dinte. Der Calender ist in dem Closter 1570 angefangen, und da zu jedem Dato eine besondere Seite genommen, so machen die 12 Monate den ganzen Band aus. Es ist derselbe indes nicht vollständig, indem im Febr. 4 Blätter, nemlich vom 6ten bis 13ten, im Mart. 2 Blätter, vom 12ten bis 15ten und im December 7 Blätter vom 19ten an, die Tage bis zum Schluß des Monats fehlen. Auf jeder Seite oben ist mit Mönchsschrift der Tod eines der Brüder angemerket, das übrige alle weis gelassen worden. Dies Sterberegister der Mönche ist gleichwol nicht für ein Jahr bestimmt gewesen, sondern es sind bereits die von 1550 bis zum Jahre 1577 verstorbene Mönche, so weit möglich gewesen, darin verzeichnet und mit letzterm Jahre aufgehöret worden. Daß zu jedem Dato eine ganze Seite rein gelassen, ist aus der Ursache geschehen, damit wenn in folgenden Jahren etwa an eben demselben ein Bruder versterben würde, sol-

cher

cher nur mit Bemerkung des Jahres nachgetragen werden können. Z. B.

18 Mart, Obiit dilectus pater Frater Judocus van eeke sacerdos (1570)

Eodem die obiit dilectus Fr. noster Fr. Vincentius de Munck, laycus braxator et ad omnia promptissimus (1572)

Wie dieser Sterbecalender aus dem Closter in Fabricii Hände gerathen seyn mag, davon läßt sich nichts sagen, weil man nicht die geringste Spur darin antrift. Er hat solchen indessen ganz vortreflich genuzzet, oben das Jahr und den Monat, in jeder linie das Datum und dagegen die an jedem Tage gewesene Witterung, astronomische und andere Bemerkungen, auch sonstige Merkwürdigkeiten verzeichnet. Ueberdem finden sich bey jedem Monat allerlei meteorologische, astrologische, historische, politische, genealogische und öconomische Anmerkungen, auch am Schluß des Calenders einige Tabellen von seinen astrologischen Observationen, die vorzüglich 1595 angefertiget worden. Die Ueberschriften derselben sind folgende:

Obseruationes aliquot stellar. planetarumque factae a me ao. 1595.

Obseruationes aliquot astrologicæ D. Fabr. ab exper. sumptae.

Declinationes asc.r. longit. et latitud. stellar. p.cipuar. a me Davide Fabricio calculo inuentae.

Distantiae praecipuar. stellar. diligenter Semisextante sumptae, ex quib. decl. et asc.r. eruitur.

Obſeruation: motus ~ exactae et diligenter
  anno 1595 factæ p. Sext. et Quadr.

Es iſt mit nicht geringer Mühe verknüpft, etwas zuſammenhängendes aus dem Manuſcripte herauszubringen, und es wird dazu eine geübte Gedult erfordert, weil teils die Hand des Verfaſſers äuſſerſt unleſerlich und undeutlich, teils durch die Länge der Zeit und oftmaligen Gebrauch des Buchs, die Dinte verbleicht auch verwiſchet iſt.

Die Stellen, die auf ſein Leben Einfluß haben, und zerſtreut in dem Calender vorkommen, will man hier nicht nach der Ordnung, in welcher ſie in dem Calender verzeichnet, ſondern nach der, welche bei der Lebensbeſchreibung beobachtet worden, mitteilen, und bey einem jeden Satze das gefundene bemerken.

S. 207. "Wer ſein Vater geweſen — ſolches iſt mir unbekannt." Von dieſem findet ſich nur blos eine Nachricht von dem Abſterben, von dem Namen deſſelben, und was er geweſen, aber nichts. Dieſe ſo weit man ſie herausbringen können, lautet:

1608. 1 Octob. pater meus circa 8 Hor. —
— ilico aegrotus cepit deficientib. ſenſib.
non loqut. et — 3 Octob — inter 2 et 3
expirauit ſepultus Embdae vp dat gaſthuß
Kerkhoff 6 Oct. inter 8 & 9 Hor. aet. 82.
annorum.

Ibid. "Er gerieth auch glücklicherweiſe in die "Hände des berühmten Aſtronomen Hinrich Lampa- "dius zu Braunſchweig, welcher ihn — unter- "richtete.

Davon hat Fabricius folgendes angemerket:

AN-

ANNO 1583. 13. Nou. obijt diem fuum. Henricus Lampadius Gronouienſis, verbi diuini miniſter ad ſanct. Magnum Brunſuigae, Miniſterij ſenior, aetatis ſuae annum 81 jam ingreſſus. Fuit primus qui abjectis papatus nugis ac ſomnijs, renati Euangelij lucem in vrbe Brunſuicenſi promouit. Mathematices admodum peritus, qui etiam me in Aſtronomicis Rudimentis aliquando inſtituere non fuit dedignatus. annos 58 Eccleſiae Dej inſeruiuit, ac placido vitae ſuae curriculo peracto ex hac in foeliciorem commigrauit vitam.

Ibid. Im Jahre 1603 wurde er Prediger zu Oſteel ꝛc.

Fabricius ſcheint hier mehr auf Befehl des Landesherrn, als aus freier Wahl der Gemeine, der ſonſt, ſo wie den übrigen Gemeinen in Oſtfriesland das jus patronatus zuſtehet, Prediger geworden zu ſeyn. Denn unter dem Monat November des gedachten Jahres 1603 ſchreibt er davon:

Hefft mi Nicolaus Cramerus geſchreuen, d. paſtor zu Oſtel Juliius bott ſi, darup Jk 14 nou: an graff Enno, Her van Knipens vnd Carl nußel

Kaiſ: geſante geſchreuen vmme mine promotion zu beforderu, welche ſulche mühe all geban, vnd me inſcio vp gude weg gebracht, d. Comes Hern Jco Knlphuſ. †) am nehen beuel mi
p.alijs

†) War Gräflicher Landrath, ein Bruder des Ember Droſten Wilhelm Freyherrn von Kniphauſen, wurde von

p. alijs ben Denſt tho conferire, barup Jck 17 Nov. ju Aurich gkamen, vnd 19 No: in Marienheue mit den amptmann Johan Wilcken mit ein grafflich ſchriuent an be gemene, d. ſie mi horen ſulden, ge‍reiſt, vnd 20. dar gepdiget, vnd na gedaner Pbige vnd uerleſung S. g. pſentation vnd genabige wille, van be gemeine gutwillig ane be geringeſte Webdes‍rede angenomme hora 12 meridiej 27 Nou. hora 3. p. m. mit b. wba. gehandelt um wegen dat ge‍naden Jar, baruor Jck er belauet 90 Daler.

Fabricius ſtand bei dem Grafen Enno III. in groſſen Gnaden. Dies geht nicht nur daraus, daß, ohne ſein Vorwiſſen, für ſeine Verbeſſerung geſorget worden, ſondern auch aus den mancherlei Geſchenken die ihm von dem Grafen und deſſen Gemahlin, Anna gebornen Fürſtin von Holſtein, von den Kaiſerlichen Geſandten, welche damals in hieſiger Provinz anwe‍ſend waren, und andern vornehmen Bedienten des Gräflichen Hofes gemacht worden, hervor, wovon mancherlei Nachrichten in dem Calender enthalten ſind. Ja er wurde wegen ſeiner Gelehrſamkeit und treuen Anhänglichkeit an dem Gräflich OſtFrieſiſchen Hauſe von dem Grafen und deſſen Hofe ſehr geſchätzet, und in den wichtigſten Landesangelegenheiten unter den damaligen Unruhen zwiſchen dem Landesherrn und Landſtänden, beſonders der Stadt Emden, mit ge‍brauchet, wie ſolches nicht undeutlich aus dem Ca‍lens

von dem Grafen als Geſandter nach Prag, Brüſſel, Haag und in andern wichtigen Landesangelegenheiten gebrauchet, wovon in dem 4ten und 5ten Theil der Funckſchen Chronik genugſame Nachricht vorhanden.

lender anscheinet. Denn während der Zeit, daß der Canzler Thomas Franzius sich als Gräflich Ostfriesischer Gesandter an den Kayserlichen Hof in Prag aufhielt, muste Fabricius gleichfalls dahin reisen, zu welcher Reise er am 18ten April 1601. 100 Gmthlr. (1 Gmthlr. ist 13 ggr. 4 pf.) von dem Grafen Enno erhielt, und solche am 1sten May antrat, wie er gegen diesen Tag mit den Worten: "in nomine Dej nach Prag gezogen, god helpe mit lane wedder tho Huß," angemerket. Er kam am 1ten Julius wieder zurück, und nachdem der Canzler Franzius im folgenden 1602. Jahre von seiner Gesandschaft aus Prag in hiesiger Provinz wieder angelanget war, reisete er im May nach Resterhave, um bei unserm Fabricius einen Besuch abzustatten. Fabricius war abwesend, muste aber bald darauf nach Aurich, und meldet er davon folgendes: "29 July bin Ich zu Awrich mit den Herrn "Kaiserlichen gesanten als Minquitz, Lichtenstein, Diet-"richstein, Graff gustauus vnd andern zu Dische gese-"ten ad lucem Lichtenstein, wie auch des andern dages "zu mittag und habe mit dem F. Lichtenstein des abents "nur ein stund geredet— — — mit H. Minquitz ein "sehr lange rede ghatt. bin ock 30 Jul. bei H. Rutzel "gewest.

Seine Wetterbeobachtungen hatten bey seiner Reise nach Prag nicht gelitten, vielmehr findet man die beiden Monate doppelt in dem Calender, mit den Ueberschriften: "Daß gewitter, wie es zu Resterhaue ab "uxore observiret is wurden in mea absentia" und "Verzeichniß des Wedders by miner Pragischen Reise ao. 1601 notiret.

Eben

Eben so hielt er es auch bey einer am 7ten Julii nach Holland gethanenen Reise, auf welcher er nicht weiter als bis nach Franeker gekommen zu seyn scheint, wenigstens gehen seine Annotationen nicht weiter.. Er kam am 9ten August von dort zurük, und wurde darauf am 13ten desselben Monats von dem Grafen Enno nach Friedeburg gefordert, woselbst er ihn, ohngeachtet die Hofpredigerstelle damals durch den M. Jacob Wigand, der im Jahr 1616, einer unvorsichtigen Aeusserung wegen von Marienhave, woselbst er damals stand, innerhalb 24 Stunden das Land räumen mußte, besetzt war, vom 20ten Aug. bis 11ten Octob. mit predigen aufwarten mussen. Eben so wurde er auch, als am 19ten Febr. 1604 das Beilager des Herrn Gundacker Freiherrn von Lichtenstein mit der Comtesse Agnes, Grafen Enno III. und Frau Walpurgis von Ritbergen jüngsten Gräfin Tochter gehalten werden sollte, nach Esens gefordert, um daselbst die Copulation zu verrichten. Immer Schade, daß die Beschreibung des dabei vorgefallenen Ceremoniels sich nicht ganz herausbringen lassen, und man hier nur ein Bruchstük davon zu liefern im Stande ist.

"Den 19 Feb. hora 3½ p. m. hebbe Jk Frowlin
"agnes graue Enno Dochter mit hern Gundacker van
"Lichtenstein tho Esens im groten Saal copuleret, na
"welcher copul. se ins Bedde gesatt, vnd be——— neben
"hern va Kniphus. de Brut den Lichtenstein soe com-
"mendeert ——tc Nußel het ——— paucis xbis ad
"Comite gratias agat be 12 ——— vor d. frowlin ———
"(———) alß se upt Sal kamen, ——— ———S.(———)
"——— in ter copulat. geben se sich trowringe uu de
"Hand,

"Hand, de Ick mit miner Hand befaten muſte un ſe in-
"ſegenen.   gab mir 23 Feb. hora 5 p. m. 60 Embder
"guld. in 12 ſtücken Gold (etwa 3 bis 74 Rthlr.)

Aus allen angeführten geht genugſam hervor, daß
Fabricius in beſondern Gnaden geſtanden und bey dem
Gräflichen Hofe ſehr viel gegolten haben müſſe. Son-
derbar iſt es aber bei allen dem, daß er von den Gegen-
ſtänden, warum er die Reiſe nach Prag und Holland gethan, von den Dingen, worüber die Conferenzen mit
den Kayſerlichen Geſandten und den Gräflichen Bedienten gehalten, und von dem Inhalt ſeines mit dem Canzler Franzius gepflogenen Briefwechſels nichts, ſondern
nur blos die Data, wann ſolches geſchehen, verzeichnet
hat.   Indes läſt ſich aus ſeinen Reiſen, aus ſeinen
mehrmaligen Zuſammenkünften mit den Kayſerlichen
Geſandten und dem Gräflichen Hofe, und aus dem
genauen Verhältniß, worin er mit dem Canzler Franzius geſtanden, die Vermuthung faſſen, daß er an den
Schriften, welche der Canzler Franzius in den damaligen Unruhen beſonders der Stadt Emden herausgegeben, Anteil gehabt, wo nicht zum Teil gänzlich
abgefaſſet habe.   Denn es geſchah in damaligen Zeiten mehr, daß man ſich in politiſchen Sachen des Raths
gelehrter und geſchikter Geiſtlichen bediente, wie denn
der berühmte Beninga zur Abfaſſung einer verbeſſerten
Policei-Ordnung im Jahr 1543 ſeinen Prediger in
Farſſum, Reiner Melchior gleichfalls gebrauchet hat,
wovon in dem I. Bande des Gelehrten OſtFrieslands
S. 97 u. f. hinlängliche Nachricht mitgeteilet iſt.

S. 208 wird wegen des unglüklichen Todes unſers
Fabricius erwehnet, daß er aus aſtrologiſchen Conſtel-
lationen vorausgeſehen, oder daß es ihm wenigſtens
geahn-

geahndet, wie ihm am 7ten May 1617 ein Unglük bevorstehe. Daß er auf dergleichen Ahndungen gehalten haben müsse, davon findet sich auch ein Beispiel in dem Geburtsregister seiner Kinder, deren er sechs verzeichnet, aber sieben gehabt hat, indem von einem in zarter Jugend zu Resterhave verstorbenen Sohne in dasiger Kirche annoch ein Monument vorhanden ist, so dieses bestätiget, welcher Sohn in dem Geburtsregister nicht mit vorkömmt. Bei einem jeden Kinde hat er das Jahr, Datum des Monats, den Tag und die Stunde genau verzeichnet, nur bei dem dritten Kinde, welches ein Sohn gewesen, ist er etwas abgewichen. Er hat von diesem folgendes angemerket: "Henricus natus "1590. 22 Decemb. die ⚥ inane hora." So muß ihm also gleich bei der Geburt wegen des Schiksals dieses Knaben nicht viel gutes geahndet haben, und 18 Jahr später in dem Calender, nemlich unter dem Jahre 1608 findet sich, daß aus demselben nichts anders, als ein ehrlicher Schuster gemacht werden können. Er schreibt davon: "den 12 April A. m. is min Sone "Hinrick na Norden in be Lehr gegan batt schomaker "Handwark (dar he ganz so tho gestimmet ge we= "sen) tho leren bi M. Harmen. er schal 2 Jar leren "vnd daruor geven 40 Dal. vnd 2 Rdal. der frowen, "god geue em sine segen dartho ame."

S. 212 geschieht des gelehrten Briefwechsels mit Tycho de Brahe und andern Meldung. Auch davon findet sich unter dem Jahre 1596 gegen den 11ten Aug. die Anmerkung: Scripsi primo in Dania ad Tychonem und gegen den 28ten Sept. b. J. literas Tych. accepi, welches hier beiläufig erwehnet wird.

S. 213

S. 213–216 wird ausführlich über den Tractat: De Maculis in Sole obſervatis & adparente earum cum ſole converſione, gehandelt. Dieſer ſoll durch ſeinen Sohn Johann Fabricius, den Walch, Wolff und Bertram gar für denjenigen halten, der dieſe wichtige Entdekkung zuerſt gemacht habe, herausgegeben ſeyn. Man iſt bisher immer bei dem Sohne ſtehen geblieben; allein in dem Calender findet ſich, daß unſer David Fabricius einen Bruder, der auch Johann geheiſſen, gehabt habe, und der gleichfalls, ſo wie er, zu Wetterbeobachtungen ꝛc. aufgelegt geweſen. Derſelbe hat in den Jahren 1596 und 1597 in Spanien und Italien gereiſet, und daſelbſt ſeine Obſervationen während ſeiner Reiſe angeſtellet. Unſer David Fabricius hat von den meteorologiſchen Annotationen ſeines Bruders auf einem beſondern Blatt Abſchrift genommen, und mit folgender Ueberſchrift verſehen: Aeris obſeruatio in itinere Hiſpanico et Italico a fratre meo *Johanne* facta (Ao. 96 & 97. p. 8. Sept. auch am Schluß dabey geſchrieben: Ex annot. fratris deſcripta ſunt. Vielleicht iſt dieſer Bruder unſers Fabricius, deſſen keiner bisher gedacht, der Verfaſſer jenes Tractats, oder Herausgeber deſſelben, oder machte mit ihm gemeinſchaftlich die Entdekkung der Sonnenflekken, und gab unter ſeinem Namen darüber den gedachten Tractat heraus. Dieſer Bruder würde es denn auch ſeyn, der vom Nordlicht geſchrieben, wovon in Reershemii lutheriſch. Prediger Denkmahl S. 207 Erwehnung geſchiehet. Man hält dies aus dem angeführten um ſo viel wahrſcheinlicher, zumal in dem ganzen Calender keine einzige Bemerkung, die von dem Sohne unſers D. Fabricius gemacht worden wäre,

vor=

vorkommt, wie denn auch das von dem Verfasser de[r]
Gelehrt. Ost Frieslands vermuthete Alter des Sohne[s]
getroffen worden, indem derselbe nach dem vorhin g[e]
dachten Geburtsregister am 8ten Januar 1587 geb[oh]
ren ist.

Wegen des Jesuiten **Scheiner**, dem nach S. 21[?]
von einigen die erste Entdeckung der Sonnenflecken z[u]
geschrieben werden will, hat Fabricius unter de[m]
Monat October des Jahres 1612 einiges angemerke[t]
bey aller angewandten Mühe aber hat man nichts we[i]
ter, als: Scheinerus iesuita scribit 1612 di[e]
29 Octobr. ——— ——— ——— herausbringen könne[n.]
Wäre hier die Dinte nicht so verbleicht und die Han[d]
nicht so unleserlich, so möchte sich vielleicht dadurch a[uf]
einmal der Streit über die erste Entdeckung der So[n]
nenflekken mit Gewißheit entscheiden lassen.

S. 230 Zeile 2 lies 30ten Junius.
S. 236 in der Anmerk. 16 Zeile 10 lies 1612.

Im zweten Bande.

S. 149 setze man unter No. 22. Historia nost[ri]
Temporis 1610.
"Diese Schrift hat Jacob Isebrand Harkenroht i[m]
"Jahre 1732 zu Gröningen in 4. drucken lassen,
und streiche dagegen diese Worte unter No. 23 weg.

www.ingramcontent.com/pod-product-compliance
Lightning Source LLC
Chambersburg PA
CBHW021955220426
43663CB00007B/822